전에 없던 새것은 없다.
모든 것은 옛것 위에서 이루어진다.
좋은 모범을 찾아라.
훌륭한 선례를 본받아라.
하지만 그대로는 안 된다.
바꿔야 한다.
현실에 맞게 고쳐라.
실정에 맞게 변경하라.
불필요하면 걷어내고, 안 맞으면 버리고,
없으면 보태고, 부족하면 채워라.
우리가 옛것에서 배울 것은
생각하는 방법이지 내용 그 자체는 아니다.
환골탈태하라.
쇠를 두드려 황금을 만들어라.
옛길을 따라가지 마라.
나만의 색깔,
나만의 목소리를 낼 수 있어야 한다.

-
다산 정약용

세상의 밥이 되는 공동체운동

초판 1쇄 펴낸 날   2019년 10월 28일

기획	모심과살림연구소
지은이	구도완, 하승우, 박숙현, 신승철, 이경란, 강내영, 양세진, 김용우, 김훈기
펴낸곳	도서출판한살림
펴낸이	윤형근
책임편집	장순철
편집	김이경, 유유형
디자인	더디앤씨 www.thednc.co.kr
출판신고	2008년 5월 2일 제2015-000090호
주소	(우 06732) 서울특별시 서초구 서운로 19, 4층
전화	02-6931-3612
팩스	0505-055-1986
누리집	www.salimstory.net
전자우편	story@hansalim.or.kr

ⓒ도서출판한살림 2019

ISBN 9791190405003 03000

· 이 책 내용의 일부 또는 전부를 재사용하려면 반드시 저작권자와 도서출판한살림 양측의 동의를 받아야 합니다.
· 잘못된 책은 구입하신 곳에서 바꾸어드립니다.
· 책값은 뒤표지에 있습니다.

이 도서의 국립중앙도서관 출판예정도서목록(CIP)은 서지정보유통지원시스템 홈페이지(http://seoji.nl.go.kr)와 국가자료종합목록 구축시스템(http://kolis-net.nl.go.kr)에서 이용하실 수 있습니다. (CIP제어번호 : CIP2019041219)

세상의 밥이 되는 공동체운동

한살림의 사회 의미와 역할

모심과
살림연구소
지음

한살림

차례

감사의 글
전환 시대, 한살림의 사회적 역할은 무엇일까? ... 006

서문

우리가 만드는 모두의 공동체
시장, 민주, 그리고 생명 ... 011
한살림의 사회 의미 돌아보기 ... 013
한살림이 나아갈 길 ... 017
한살림의 사회적 역할 ... 019

1부 함께 만드는 공동체

시민이 함께 만드는 공공성과 공동체운동
공공성과 공유재 ... 027
공공재로써 공간 ... 032
공동체 시간 ... 039
공생 공락을 위한 공공재·공유지 ... 044

지속가능한 사회와 공동체 역할
욜로, 그리고 지속가능한 발전 ... 052
지속가능한 발전, 그 오래된 이야기 ... 056
한살림의 사회 역할과 지속가능발전목표 ... 069

2부 기후변화 시대 마을과 지역, 그리고 협동주체

기후변화 대응과 적응을 위한 공동체 전략지도
다가온 미래, 불안한 미래, 오래된 미래 ... 083
사회 각 섹터의 탄소 감축 정책과 전략지도 ... 091
기후변화 대응 전략지도 ... 100
기후변화 적응 전략지도 ... 112
기후변화 시대, 공동체의 사회 역할 ... 120

마을에서 생활인으로 살기
내가 사는 곳에서 생활인으로 살아가기 ... 128
육아와 교육의 협동 ... 130

생활을 바꾸는 협동조합	133
삶의 터전 만들기	138
지역자산화와 공유문화 확대	142
마을에서 지역사회로, 그리고 협치	147
마을에서 살아가는 지역살림을 기대하며	150

지역을 살리는 일본 생협

생협의 사회 역할	159
소비자 생협의 벽을 넘어서	161
영역을 넘어서 생활을 살리는 지역살림운동	177
모두를 생활자 관계로 묶어내는 실천	185

협동조합 조합원 주체 되기

섬세한 감수성에 기반한 살림 공존	189
조합원 주체로서 존재 의미	191
협동 주체 되기 실천 의미	197
협동 주체 되기 철학 의미	202
주체 해석학	208
협동 주체 되기 사회 실천 방법	213

3부 농업을 살리는 공동체

탈근대 농지살림운동과 마을공동체운동

정책을 위한 성찰	229
농지살림운동 방향과 생태 소농공동체	240
농지살림운동 활성화를 위한 제언	248

한살림의 과학기술정책 대응 방향

생명과 살림을 위한 농업 연구개발	261
국내 농업 분야 연구개발 정책 추진 현황	263
농업 연구개발 정책 목표와 추진체계의 명과 암	267
지속가능한 유기농과 첨단농업을 위한 공존의 문제	273
농업살림의 눈으로 미래 농업을 바라보다	278

부록

한살림 30년 비전 제안 보고서 요약본

한살림, 새로운 30년 비전을 묻다	282

감사의 글

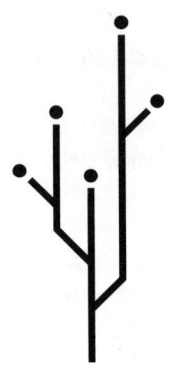

전환 시대,
한살림의 사회적 역할은 무엇일까?

황도근
모심과살림연구소 이사장

33년 전 겨울,
서울로 상경해 도시의 한쪽 모퉁이에서 시작한 작은 쌀가게 '한살림농산'.
이 작은 생명의 씨앗을 심고 가꿔서 이제는 68만 명의 소비자 조합원과 2천여 세대 생산자, 천여 명이 넘는 실무자와 활동가로 이뤄진 큰 숲을 이뤘습니다. 구성원 모두가 헌신적인 마음을 모았기 때문에 가능했던 일입니다. 그러나 눈을 더 크게 뜨고 보면 작은 씨앗에 불과했던 '한살림'을 받아주고 아껴주며 키워준 넓은 땅과 세상의 민심이 함께 하지 않았으면 불가능했을 일이었지요. 그래서 우리는 세상에 큰 빚을 지고 있습니다.

우리는 한살림 30주년 기념식에서 새로운 시대정신으로 '다시 세상의 밥이 되자'고 약속했습니다.

다시, 밥

1980년대 서슬 퍼런 군사독재 시절, 선배들이 한살림운동을 시작한 것은 분명히 좋은 음식 잘 먹고 잘 살자고 시작한 일이 아니었습니다. 서구 산업사회의 경제성장을 추구하면서 경쟁에 밀려나 버림받은 서민들의 삶과 농약으로 파괴되는 땅과 농민들의 아픔을 함께하고자 시작한 것입니다. 무위당 선생은 서화에서 "눈물겨운 아픔을 선생이 되게 하라"라는 말씀을 남기셨습니다. 선배들이 시작한 한살림운동은 먹을거리만을 위해 시작한 사회운동이 아니었고, 미친 듯이 성장과 경쟁으로 내몰려 벼랑 끝에 서 있는 나를 살리고, 가정을 살리고, 마을을 살리고, 땅을 살리고, 세상을 살려내고자 '더불어 사는 공동체'를 꿈꾸며 시작한 사회공동체 살림운동이었습니다.

성장을 향해 달려왔던 우리는 잠시 숨을 가다듬고 생각을 해봐야 합니다. 지금 우리는 어디에 서 있는지? 무엇을 지켜왔고 무엇을 잊고 사는지? 혹시 우리 주변에 고통받고 있는 이웃은 없는지? 더욱이 깊이 생각해봐야 하는 것은 숱한 고생을 하며 꿈꿔온 선배들의 시대정신을 다 잊고 사는 것은 아닌지? 찬찬히 생각해봐야 합니다. 특히 국가적으로 고도성장이 멈추고 있는 이 시점에 한살림은 더욱 깊이 생각해봐야 합니다. 한살림의 사회적 역할이 무엇인지를…

지난 한해 모심과살림연구소 연구기획위원들이 연구기획위원장을 중심으로 여러 차례 모여 '한살림의 사회적 역할'에 관하여 논의하고 토론하며 글을 정리하였습니다. 이들을 모아 〈세상의 밥이 되는 공동체운동〉으로 출간하게 된 것을 진심으로 감사하게 생각합니다. 어려워지는 시절에 우리가 잊고 있던 한살림운동의 정신을 되살려주는 좋은 말씀들을 들을 수 있었습니다. 연구기획위원분들의 수고로 이 책은 앞으로 우리가 가는 새로운 길에 희망의 등불이 될 것입니다. 고맙습니다.

한살림선언 30주년을 맞아 '다시 생명의 지평을 바라보면서'
함께 희망의 길을 나서는 한살림 가족들에게
사랑과 평화의 인사를 드립니다.

2019년 10월

서문

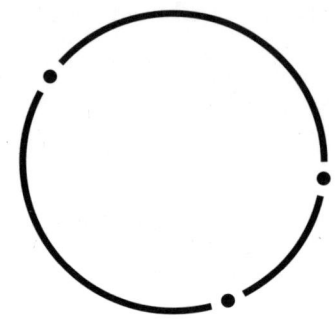

우리가 만드는
모두의 공동체

구도완
환경사회연구소 소장,
모심과살림연구소 연구기획위원장

시장, 민주, 그리고 생명

1987년에서 2019년에 이르는 30여 년 동안 한국 사회를 관통하는 두 가지 흐름을 든다면, 시장화와 민주화라고 말할 수 있다. 칼 폴라니(Karl Polanyi)의 개념으로 말하면, '자기 규제적 시장'이 사회와 자연을 지배하는 거대한 흐름 속에서 사람들은 전진과 후퇴를 거듭하며 '민주화'를 통해 사회와 자연을 지키기 위한 '자기보호 운동'을 벌여왔다.

한살림은 시장화와 민주화의 큰 흐름 속에서 생명을 살리는 운동을 일관되게 해왔다.[1] 이 운동은 민주화운동에 그 뿌리를 두고 있으나 그것으로 환원할 수 없고, 환경운동과 비슷하지만 철학과 운동 방식이 다르며, 협동조합이라는 틀을 갖고 있으나 '협동'과 '조합'으로만 설명할 수 없다. 다시 말하면 산업문명에 바탕을 둔 시장화 흐름 속에서 '생명'을 중심에 놓고 민주주의를 성찰하고 재구성한 운동이 한살림운동이다.

우리나라에서 민주화운동이 불타오르던 1986년에 '한살림농산'이라는 쌀가게가 생겼고, 1989년 베를린 장벽이 무너지기 직전에 '한살림선언'이 발표되

었다. 이런 사건들의 흐름 속에서 한살림운동은 민주주의, 사회주의와 같은 사회 제도를 넘어서서 '우주적 생명'이라는 각성을 바탕으로 새로운 문명, 새로운 삶을 지향하는 거대한 전환 기획으로 출발했다. 이로부터 30년 후, 2017년 1월에 한살림은 30주년을 맞아 『한살림, 새로

---

1   여기에서 한살림은 한살림소비자생활협동조합은 물론 한살림모임, 모심과살림연구소 등 한살림운동에 참여했거나 참여하고 있는 모든 조직과 사람들을 포함한다.

운 30년 비전을 묻다: 한살림 30년 비전 제안보고서』(이하 '비전보고서')를 발간했다. 이 비전보고서는 한살림이 그간 한 일과 앞으로 해야 할 일들을 자세하고 풍부하게 담고 있다.

이 보고서에서 가장 중요한 말 하나를 꼽으라면 그것은 '밥'일 것이다. 보고서는 한살림의 새로운 방향을 모색하며 밥을 통해 생산과 소비의 유기적 관계를 확충하고, 세상에서 가장 고통받는 깨진 놈들, 부서진 몸들, 밀려난 사람들의 '밥'이 될 것이라고 선언한다. '한살림은 서로가 서로에게 기대는 의지처, 안식의 공유지'가 될 것이라고 말한다.

> "지금까지 따순 밥이 되어준 농민들, 조합원들 덕분에 우리가 건강하게 살아올 수 있었듯이 이제 우리가 세상의 밥이 되고, 외롭고 쓸쓸한 사람들이 기댈 의지처가 될 것입니다. '지금까지 밥이 되어준 당신에게 감사하며, 나도 이제 누군가의 밥이 되려고 합니다.'" (비전보고서, 16-18쪽)

우리는 밥을 먹고 삶을 살아가는 힘과 위안을 얻는다. 한살림 사람들은 그 밥을 만들어 주고 키워준 사람들과 자연에 감사하며 내가 밥이 되겠다고, 세상의 밥이 되겠다고 말한다. 나 혼자 밥이 되는 것이 아니라 서로가 서로에게 기대어 안식의 공유지를 만들겠다고 다짐한다.

이 책은 세상의 밥이 되는 공동체, 안식의 공유지를 만드는 운동의 현재를 살펴보고 미래를 상상하는 책이다. 세상에는 많은 공동체운동이 있지만 우리는 특별히 한살림에 주목하여 한살림의 사회적 의미와 미래의 사회적 역할을 찾아보고자 한다. 그것은 한살림이 단지 거대한 협동조합이기 때문이 아니라 한살림의 사회적, 역사적 의미가 특별하기 때문이다.

이 책에서 우리는 30여 년의 역사 속에서 한살림의 사회적 의미를 검토하고 미래의 사회적 역할을 이야기하려고 한다. 한살림 30년이 우리 사회에서 갖는 의미는 무엇일까? 앞으로 한살림이 사회에서 해야 할 역할은 무엇일까?

이런 질문을 던지고 이를 해결하기 위해 많은 사람들이 생각하고, 토론하고, 실천하는 과정에서 어제보다 나은 한살림, 어제와는 다른 사람, 다른 사회가 생겨날 것이다.

모심과살림연구소 연구기획위원회는 2018년 한 해 동안 '한살림의 사회적 역할'이라는 주제를 놓고 여러 차례 모여서 깊이 있고 폭넓은 토론을 나누었다. 한살림이 우리 사회에서 해 왔고 앞으로 해야 할 역할이 무엇인지 여러 사람들과 토론하면서 우리는 생각과 실천이 풍부해지고 성숙해지며 확장되는 것을 경험할 수 있었다.

한살림의 사회 의미 돌아보기

한살림은 우리 사회에 생명과 살림의 가치를 확산시키고 그 가치를 바탕으로 협동운동을 성공으로 이끌었다는 점에서 역사적으로 중요한 의미를 갖는다. 한살림은 1985년 원주소비자협동조합, 1986년 한살림농산과 같이 작은 유기농 직거래 운동조직으로 시작하여 2019년 8월 현재 66만 명의 조합원이 참여하는 한국 최대 규모의 생협으로 성장했다. 이렇게 성장할 수 있었던 원인은 안전한 먹을거리에 대한 사람들의 관심과 열망, 그리고 이를 뒷받침하는 소득 증가 등의 외부 요인들을 들 수 있다. 하지만 무엇보다 한살림 사람들의 진지하고 성실한 헌신과 그것이 만들어낸 사회적 신뢰의 힘을 들 수 있다.

한살림운동을 한마디로 요약하면 '생명을 살리는 협동운동'이라고 할 수 있다. 지구상에 협동조합과 협동운동은 많지만 '우주적 생명' 관점에서 '살림의 문명'으로 전환한다는 거대한 전환을 목표로 하는 대중적 협동운동은 매우 드물다. 다른 한편으로 깊고 심오한 가치와 담론을 지향하는 집합적인 움직임은 많지만 이런 가치 지향 운동이 생활의 문제와 접합되어 실용적이고 대중적인 경제조직이며 결사체로 성장하여 제도화되고 발전한 사례는 흔하지 않다. 달리 말하면 한살림은 생명의 위기에 처한 사람들이 서로의 존재에 감사하며 선물을 주고받듯이 생산물을 주고받는 대중적 협동조직이다. 이 교환에 중앙은행의 화폐가 매개로 기능하지만 여기서 화폐는 가치 증식을 위한 수단이기보다는 사용 가치를 교환하기 위한 상호적이고 호혜적인 수단에 가깝다.

초창기 한살림에 이런 '생명운동'의 특성은 무척 강했고, 참여자들의 정서적 유대감도 매우 강했다. 1980년대 말, 1990년대 초의 생산자, 소비자, 실무자, 활동가들은 새로운 가족처럼 먹을거리를 나누며 공동체를 이루었다. 그러나 2000년대 이후 조합원이 급격히 증가하고, 사람들의 생활양식이 바뀌면서 '안전한 먹을거리를 판매하고 구매하는 또 하나의 슈퍼마켓'으로 인식하는 조합원이 늘어나기 시작했다. 조직이 성장하고 제도화되면서 활동가, 실무자, 생산자, 조합원, 경영자 등 다양한 자리에 따라 다양한 필요와 욕망이

> 농촌은 뿌리, 도시는 꽃.
> 생산과 소비는 하나

분화되었다.

그러면 한살림운동이 지향하는 밥상·농업·생명·지역살림과 문명 전환이 지난 30여 년간 어떻게 이루어졌는지 살펴보자.

첫째, 밥상살림운동은 안전하고 건강한 먹을거리를 소비자에게 공급하여 그들의 생명을 살리는 데 크게 기여했다. 후쿠시마 원전사고 이후로는 방사능 문제에 집중하여 자체 검사를 강화했고, 이를 조합원과 꾸준히 소통해서 신뢰를 쌓았다. 이러한 사회적 신뢰는 한살림뿐만 아니라 우리 사회의 커다란 자산이다.

둘째, 농업살림운동을 보면, 2,000여 생산자들의 연합체가 생기고, 이 농민들이 생활과 생존을 지탱할 수 있는 자립 기반을 만드는 데 크게 기여했다. 튼튼한 물류와 사람들의 연결망을 만들어 자립 기반을 스스로 만들었다는 점은 높이 평가할 만하다. 그러나 유기농과 관행농의 구분이 형식화, 제도화되면서 또 다른 구별을 낳고, 이것이 농업과 농촌을 모두 살리는 방향이 아니라 구별에 따른 상품화로 귀결되는 경향을 보이고 있다. 농업을 살릴 수 있는 기반은 마련되었지만, 지구적인 시장화와 공업화 흐름 속에서 농업살림운동은 뚜렷한 한계를 보이고 있다.

셋째, 지역살림운동은 1990년대 중반 이후 많이 논의되었으나 한살림이 주도해서 지역을 전환시킨 사례는 드물다. 한살림운동은 '우리끼리만' 잘 사는 것이 아니라 모두 잘 살고, 모든 생명을 살리기 위한 운동이다. 한살림 안에서는 '우리끼리' 행복한 데, 밖으로 나가면 무서운 경쟁 사회가 그대로 있다면 지역살림운동은 성공했다고 보기 어려울 것이다. 한살림이 주도하여 지역순환농업을 추진하고, 한살림이 지역 사회운동의 중심이 되는 지역도 있다. 그러나 전체적으로 한살림은 한살림 안에서 생산과 소비를 연결하고 이를 확장하는 데 자원을 집중해 왔고, 지역사회를 바꾸고 살리는 데에는 관심과 자원을 충분히 쏟지 못하고 있는 것으로 보인다.

넷째, 생명살림운동은 인간은 물론 모든 생명, 더 나아가 '우주적 생명'을 살리는 운동이다. 이 운동의 목표는 매우 크고 추상적이기 때문에 평가하기 쉽지 않다. 한살림선언에 의하면 생명은 유기체로 표상되고 생명살림은 죽임의 문명, 즉 기계문명을 넘어서는 활동이라고 볼 수 있다. 좁게 보면 자연을 살리고 개별 생명을 살리는 운동이고, 넓게 보면 한살림의 밥상·농업·지역살림이 모두 생명살림운동이라고 말할 수 있다. 그동안 한살림은 수돗물 불소화 반대운동, GMO 반대운동, 탈핵운동, 햇빛발전소 설립 등 생명을 살리기 위한 운동에 참여해 왔다. 이런 운동 사례들은 한살림이 '우리만의 공동체'가 아니라 지구를 살리는 데 기여해 왔다는 것을 보여준다.

특히 모심과살림연구소는 생명운동의 담론과 가치를 심화시키고 이를 확산하기 위해 많은 노력을 기울여왔다. 이런 활동 성과는 눈에 잘 안 보일 수도 있지만 생명 담론이 우리 사회에 넓게 퍼져 자연스럽게 받아들여지고 있다는 점을 볼 때, 한살림은 우리 사회의 생명 담론의 흐름을 유지시키고 발전시키는 데 큰 기여를 했다고 평가할 수 있다.

한살림운동은 작은 쌀 가게에서 시작해서 66만 조합원의 생협으로 성장했다. 생명을 살리는 농부들을 도시 소비자들과 연결하여 살림의 공동체를 만드는 작은 실험이 거대한 조직으로 제도화되었다. 증산을 위해서는 화학농법을 써야만 한다는 국가 담론을 '친환경 농업' 중심으로 바꾸어 농업의 제도·체제를 전환시켰다. 생명과 평화의 중요성을 누구나 공감할 정도로 사회문화도 바꾸었다.

그러면 죽임의 기계문명, 산업문명에서 생명의 새로운 살림문명으로 전환이 이루어지고 있는가? 수백 년에 걸쳐 이루어지는 문명의 전환을 30여 년의 시간 범위에서 평가하는 것은 매우 어렵다. 그럼에도 그 의미를 평가한다면, 한살림의 담론이 우리 사회에 새로운 관점과 문제 틀을 제기한 것은 분명하다. 많은 사람들이 경제성장, 산업주의, 인간중심주의에 빠져 있을 때 생명의 관점에서 근본적이고 급진적인 문명 전환의 담론을 제안한 것은 미래를 새롭게 구성할 수 있는 비전을 제시했다는 점에서 역사적으로 중요한 의미를 갖는다.

한살림이 나아갈 길

한살림은 2016년에 창립 30주년을 맞아 새로운 30년을 내다보는 '한살림 30년 비전위원회'를 만들고 수많은 간담회와 토론회를 열었고, 2017년에 비전보고서를 발간했다.[2] 한살림 비전보고서는 '밥, 한 사람, 공동체'를 새로운 비전의 열쇳말로 제안했다. 이 열쇳말들을 바탕으로 제안한 비전을 요약하면 아래와 같다.

1) 자립 기반 확충
   (1) 식량과 에너지 자립 기반 확대
   (2) 생활돌봄과 생산하는 소비자운동

---

2   한살림 30년 비전위원회, 『한살림, 새로운 30년 비전을 묻다: 한살림 30년 비전 제안보고서』, 2017.

2) 실천 과제

   (1) 사람을 기르고 한살림 하는 사람 되기

   (2) 참여와 소통 확대로 아래로부터 활력 높이기

   (3) 구심력과 원심력 함께 높이기

   (4) 한살림 체질 개선

   (5) 실행 제안: 공부, 혁신, 미래 설계

비전보고서에는 한살림선언처럼 거대하고 추상적인 담론보다는 구체적이고 실제적인 다양한 목소리가 많이 담겨 있다.[3] 이것은 이 보고서를 만드는 과정에 수많은 조합원이 참여하여 자신의 목소리를 내고 이를 '한살림 30년 비전위원회'가 잘 담으려고 애썼기 때문이다. 비전보고서는 오늘날 세계와 한국의 구조적인 상황을 분석하고 그간의 성과와 한계를 평가한 후 함께 만들어가야 할 미래를 '다 같이 생각해 보자, 함께 노력해 보자'고 말을 건넨다. 마지막 실행 제안이 거창한 그 무엇이 아니라, '공부, 혁신, 미래 설계'라는 것은 이 보고서의 한계일 수도 있지만 강점일 수도 있다. 이러한 특징은 구심

---

3   주요섭은 루만의 체계이론의 관점에서 한살림선언을 비판적으로 재해석했다. (주요섭, "루만으로 본 한살림선언: '작동적 구성주의'를 중심으로", 한국사회체계이론학회 발표논문, 2018. 5. 25.) 그는 생명 담론이 빠질 수 있는 독단론에 대해 다음과 같이 말한다. "생명이라는 구별은 탁월했다. 그러나 그것이 '또 하나의 구별'이 아니라 '최후의 구별'로 선언되었을 때 그것은 도그마가 되고 인식론적 감옥이 되었다. '생명이라는 우상'이 되었다." 또한 그는 한살림선언의 깨달음, 각성 같은 인식론적 비약을 다음과 같이 비판한다. "한살림선언은 생명세계를 전지적 작가 시점에서 말한다. 세계의 실상은 '생명의 그물'이라고 선언한다. 그러나 생물의 그물 안에 포함된 자신에 대한 성찰이 없었다. 지구 밖에서 지구를 보는 우주인처럼 말한다." 주요섭은 한살림선언의 의미를 부정하는 것이 아니라 그것을 다시 재귀적으로 해석하여 생명사상을 재구성하려고 한다. 이런 그의 비판적 재해석은 한살림이 새로운 30년을 기획하는 데 중요한 성찰적 전망을 보여준다.

력과 원심력을 함께 높이자는 제안에서도 나타난다. 모순처럼 보이는 두 과제를 함께 추진하자고 제안한 것은 결사의 결사를 강화하면서 결사의 자율성을 높여서 새로운 혁신을 해나가자는 뜻으로 이해할 수 있다.

비전보고서에는 미래 30년을 내다보며 더 강화해야 할 과제, 고쳐야 할 숙제, 새롭게 시도해볼 만한 실험 등 다양한 사업이나 프로그램이 제안되어 있다. 이러한 프로그램을 한살림답게 자율적이고 민주적으로 해나간다면 우리 사회에서 생명을 살리는 대안 사회의 씨앗이 크게 자랄 것이다.

한살림의 사회적 역할

서른 살 한살림은 이제 어지간한 비바람에도 견딜 만큼 크게 자랐다. 한살림은 자기를 스스로 재생산하는 하나의 조직을 넘어서서 세상을 변화시키는 새로운 공동체로 성장했다. 이런 한살림이 할 수 있고 해야 할 사회적 역할은 무엇일까? 여기에서 우리는 '우애와 환대의 공동체'를 생각할 필요가 있다.

인류는 가족과 씨족, 부족 공동체를 넘어서서 대규모 협동을 할 수 있는 민족과 국가를 만들었다. 이 과정에서 협동의 연결망은 넓어졌지만 언제나 우리 집단과 그들 집단의 경계는 분명했다. 한살림운동은 이런 경계를 넘어서 '우주적 생명'을 살리는 거대한 전환을 꿈꾸었다. 달리 말하면 한살림 사람들은 우리끼리 서로 우애를 나눌 뿐만 아니라 이웃을 환대하여 너와 나, 우리 집단과 그들 집단이 하나가 되어 밥과 사랑을 함께 만들고 나누는 공동체를 만드는 꿈을 꾸었고 지금도 그 꿈을 꾸고 있다. 그런데 이 꿈은 실현하기 매우 어렵기에 더욱 소중한 꿈이다.

한살림의 사회적 역할은 무엇일까? 간단히 말하면 그 역할은 한살림의 자기

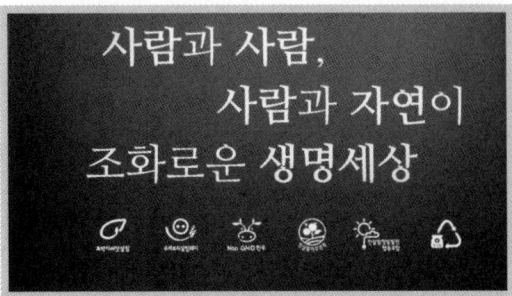

생산을 넘어서서 모두를 위한 생명과 평화를 만들어가는 것이라고 말할 수 있다. 여기에서 '모두'란 인간은 물론 비인간 자연을 아우른다. 모두가 기본적인 필요를 충족하며 강제와 폭력을 넘어서서 자신의 잠재력과 창의력을 발휘할 수 있는 평등하고 공평하고 자유로운 세상을 꿈꾸는 것은 매우 의미 있는 일이다.

한살림의 사회적 역할은 위로부터 국가 권력을 장악하여 정책과 제도를 바꾸는 제도 정치나 조직의 자원 동원을 통해 정치적 영향력을 미치는 정치와는 다르다. 한살림의 사회적 역할 특이성은 생명을 모시고 살리는 마음으로 스스로를 지탱하고 도움으로써 국가와 시장 사이에서 이들을 넘어서는 공동체를 만들어낸다는 점이다. 여기서 공동체(共同體)는 모두의 것(Commons)을 만들어가는(Commoning) 존재들의 모임이라고 말할 수 있다. 한살림은 밥을 매개로 공동의 것을 만듦으로써 우애를 넓고 깊게 만들며 환대의 힘을 키우는 공동체라고 할 수 있다. 이 공동체 속에서 한 사람은 고립된 개인이나 사회의 일부분이 아니라 자신의 특이성을 창조하며 모두의 것을 만들어가는 창의적이며 유기적인 존재로 스스로를 키우고 변화시켜 나간다. 한살림의 사회적 역할은 이런 한 사람을 키우는 공동체를 만들면서 그 한 사람과 공동체의 힘으로 우애와 환대를 국가와 시장으로 스며들게 하는 것이라고 할 수 있다. 달리 말하면 한살림의 사회적 역할은 국가권력을 잡아서 시장과 사회에 직접 영향을 미치는 법과 제도를 바꾸는 것이 아니라 한 사람을 변화시키고, 그 변화의 힘으로 새롭게 모두의 것을 만들어가는 공동체의 힘을 키우는 것이라고 볼 수 있다. 이 힘은 억압하거나 꼬드기는 권력이 아니라 특이하면서도 공통적인 사람과 공동체를 만들어가는 힘이다. 여기서 중요한 것은 공동체의 힘이 시장과 국가에 스며들도록 해서, 관료들에게 포획되거나 시장에 의해 전유된 공적 영역과 국가를 다시 모두의 것으로 만드는 것이다. 이렇게 될 때 국가는 더이상 억압적이거나 꼬드기는 외재적인 권력이 아니라 공동체 또는 사회 안으로 돌아오는 공동체의 관리인이 될 것이다.[4]

그러면 모두의 것을 만들어간다는 것은 무엇일까? 이는 수렵, 채취나 농경사회에서는 일반적이었던 공동 생산과 소비를 현대에 맞게 새롭게 재구성하여 모두의 특이성을 살리면서 공동의 삶을 자율적으로 만들어가는 것이다. 이는 국가의 이름으로 공동체를 전유하여 특이성은 물론 공동의 것을 사라지게 만든 국가 사회주의의 잘못을 비판하는 것이다. 또한 시장에 모든 것을 맡겨 '개인의 자유'라는 이름으로 소비하는 주체를 호명하는 시장 자본주의를 넘어서고자 하는 것이다. 그런데 시장이 모든 것을 상품화한 현대에 국가는

---

[4] 무엇이 모두의 것이고 이를 어떻게 만들어야 하는가에 대해서는 끊임없는 의견 차이와 갈등이 생길 수 밖에 없다. 이런 차이와 갈등은 모두의 참여(미래세대와 비인간 자연의 대리인과 후견인 포함) 아래 숙의(공평하고 평등한 토론과 심의)를 지속할 때 줄여나갈 수 있다. 그런데 현대의 공론장은 성장과 인간중심주의의 지배 아래 있기 때문에 생태적 지속가능성과 생명의 관점에서 생태적 공론장으로 재구성하는 것이 반드시 필요하다.

성장 강박에 빠져 모두의 것을 지키고 만들어내기 힘들 뿐만 아니라 관료제에 포획되어 국가 자신의 권력을 키우는 데 자원을 집중하는 경향을 보인다. 이 때문에 한살림과 같이 공동의 것, 우리 모두의 생명을 살리는 일의 중요성은 더욱 커진다. 한살림은 시장과 국가 사이에 있으며 그것을 넘어서는 '생명의 공동체'를 만들고 키우는 사회적 역할을 하고 있고 이를 더 잘해야 한다.

그러면 무엇을 할 수 있고 무엇을 해야 할까? 이 문제의 해답을 찾는 것이 우리의 과제다. 여기서는 밥상·농업·지역·생명살림의 관점에서 한살림의 역할을 논의해 보겠다.

첫째로 한살림은 밥상과 농업을 살려왔고 이를 더욱 심화시켜야 한다. 기후변화와 핵 위험이 상존하는 상황에서 밥을 살려야 밥이 될 수 있다. 김용우는 밥상과 농업을 살리기 위해 농지보전운동을 어떻게 활성화해야 하는지 살펴본다. 김훈기는 국내 농업 관련 연구개발 정책의 동향을 분석하여 한살림이 생명을 살리는 농업을 위해 무엇을 어떻게 해야 할지를 논의한다.

둘째로 한살림은 자기 재생산을 넘어서서 지역과 사회를 '우애와 환대의 공동체'로 만드는 데 기여할 필요가 있다. 이런 관점에서 일본 생협의 사회적 활동 사례는 우리에게 많은 시사점을 던져 준다. 강내영은 일본 생활클럽 생협의 사례를 소개하면서 한살림이 울타리를 넘어서서 이웃과 함께 하는 여러 가지 길들을 보여준다. 이경란은 성미산마을 사례를 통해 공유지 혹은 공동의 것을 만들어가는 사람들의 다양한 활동의 의미를 살펴본다. 하승우는 공공성과 공유재의 개념을 검토하면서 공(共)의 힘으로 공(公)을 새롭게 재구성하는 길을 이야기한다.

셋째, 한살림은 자연 속에서 자연과 함께 살아가는 공동체를 지향한다. 신승철은 지구 생태계 존속을 위협하는 기후변화 문제에 대응하고 적응하기 위한 한살림의 전략지도를 제시한다. 박숙현은 유엔의 지속가능발전목표를 소개하고 한살림이 할 수 있는 역할을 검토한다. 양세진은 한살림 사람들이 생명을 살리는 협동의 주체로 어떻게 되는지, 되어야 하는지를 이야기한다.

모심과살림연구소 연구기획위원회는 미래를 위한 한살림의 사회적 역할을 토론하고 고민하며 하나의 그림을 세상에 내놓는다. 이 책을 통해 많은 사람들이 '우애와 환대의 공동체'를 만드는 상상력을 키우고 즐길 수 있기를 바란다.

구도완
환경사회연구소 소장, 모심과살림연구소 연구기획위원장.
저서로는 『한국 환경운동의 사회학』, 『마을에서 세상을 바꾸는 사람들』, 『생태민주주의』 등이 있다.
환경운동, 대안적 발전 등에 관심을 갖고 연구하고 있다.

1부
함께 만드는 공동체

세상이
밥이 되는
공동체운동

**시민이 함께 만드는
공공성과 공동체운동**

하승우

**지속가능한 사회와
공동체 역할**

박숙현

현실의 지배 규칙이
독특한 사람과 노동하는 사람의 말과 행위를 억압한다면
공공성은 그런 억압에 적극적으로 대항할 때 실현된다.
그렇다면 지금 우리에게 필요한 것은
더 낮은 곳을 향한 관심이고 그것이 궁극적으로
우리 삶을 구원할 수 있다.
높고 낮음은 상대적인 위치이다.
서로의 위치를 바꿔서 생각해 보고
서로의 이야기에 귀를 기울이며
서로의 자유를 위해 행동하는 시도들이
우리 시대 공공성을 확장시키고 강화시킬 것이다.

시민이 함께 만드는
공공성과 공동체운동

●

하승우
더 이음 연구위원

● **공공성과 공유재**

국어사전에 따르면, 공공성(公共性)은 '사회 일반의 여러 사람, 또는 여러 단체에 두루 관련되거나 영향을 미치는 성질'을 뜻한다. 타인에게 미치는 효과만 따지면 행동 뿐만 아니라 말도 영향이 크고, 사실상 집 밖에 나가서 생활하는 것 자체가 공공성과 연관된다. 그리고 집 안에 있어도 요즘처럼 인터넷이나 소셜 네트워크 서비스(SNS)를 활발히 이용하면 집 안에서의 활동도 공공성에 영향을 미친다고 봐야 한다. 그래서 공공성을 논할 때 여기까지는 공적인 일, 저기부터는 사적인 일, 이렇게 구분해서 적용하기 어렵다.

공공성은 공적인 일을 뜻하는 라틴어 Res Publica에서 유래했다. 그 시절에는 가정 안과 밖이 엄격하게 분리되었다. 매우 바쁜 일상을 사는 우리들에게는 사생활을 돌볼 시간조차 부족하다 여겨지겠지만, 그 시기 시민들에게는 공적인 생활이 더 중요했다. 왜냐하면 생명과 안전을 지키는 일이 공동체의 방향과 무관할 수 없었기 때문이다. 토지 소유의 상한선을 정하고, 외국과 전쟁을 벌일지 말지를 결정하는 중요한 회의에 빠지면 한순간에 삶이 무너질 수 있기 때문이다. 그래서 사생활보다 공적인 생활이 우선이었고, 사생활은 공적인 삶을 보조하는 수단이었다. 노예에게 사생활은 있지만 공적인 생활은 없다는 말처럼, 시민은 공동체에 참여하는 사람으로 살 때에만 존재 가치를 인정받았다. 지금 우리 상식과는 정반대이지만 고대 아테네인이나 로마인에게는 공적인 장에서 활동한다는 것이 상당한 영예를 뜻했다. 시오노 나나미의 『로마인 이야기』를 읽으며 그 시대엔 왜 이리 영웅이 많았을까 생각할 수 있지만 그 시대엔 그런 인물들이 출현할 수밖에 없는 사회 분위기였다.

지금은 성인이 되면 정치에 참여할 권리가 저절로 생기지만 그때는 시민권이 있어야만 참여가 가능했다. 로마 시민들은 외부 압력에 굴복하지 않는 자유로운 삶이 다른 무엇보다 중요한 가치를 가진다고 믿었다. 그리고 이런 명예로운 시민권을 지키려면 로마가 안전해야 했기에 로마의 평화 유지가 가장 높은 가치였다. 그렇다고 로마가 시민의 자유 위에 군림하는 것을 로마 시민들은 바라지 않았다. 로마는 시민의 자유로운 삶을 지속시키고 서로의 자유를 지원하는 공동체로서 가치를 가졌다. 목숨이 아니라 자유가 더 중요한 가치였기 때문에, 로마에서 공동체의 영예를 지키려 했던 사람은 길이길이 기억되었고 죽어도 죽지 않는 역사의 삶, 시민들의 기억에 남는 영예로운 삶을 누릴 수 있었다.

공공성의 가치는 현대를 살아가는 우리에게도 마찬가지로 중요하다. 낡은 배의 운행 기간을 더 늘리는 것이 우리 삶과 무슨 상관이 있을까 싶지만 바로 그 때문에 세월호 참사가 일어났다. 최소한의 노동조건을 지키라는 규정이 실제로 도움이 될까 싶지만 규정을 어기도록 강요하는 노동조건 때문에 구의역 참사나 산업재해가 발생했다. 공적인 결정과 사적인 삶의 불분명한 경계는 이렇듯 우리 삶을 위태롭게 하기도 한다.

그래서 정치가 중요하고, 이 정치는 단순히 청와대와 국회 활동으로 그치지 않는다. 공공성은 그런 정치가 공적 영역의 경계를 정하고 자유롭고 평등한 사회 합의를 모아가야 함을 밝히는 개념이자 그런 과정을 위해 우리가 가진 공통의 힘을 모아야 함을 알리는 개념이다.

서양과 달리 동양은 중세 시대 이전부터 법으로 국가의 공적 영역을 규정짓고 확장시켜 왔다. 행정체계가 있었고 관리들이 지방으로 파견되었고, 왕은 치수(治水)나 대규모 공공 정책을 통해 백성의 삶을 돌봐야 했다. 예를 들어, 고려 시대에 이미 대비원(大悲院)과 제위보(濟危寶)가 만들어져 가난한 사람이나 일반 백성들을 치료했다. 고려 시대 중기에는 전염병을 막고 가난한 백성들의 병을 치료하는 혜민국(惠民局)이 만들어졌고, 각 지방에도 의사가 파견되어 병을 치료했다. 조선 시대에는 한양에 활인원(活人院)과 활인서(活人署)가 생겨 병을 치료하고 약품과 옷, 먹을거리 등을 제공했다. 그런 점에서 동양에서는 공공성이라는 개념이 등장하지는 않았지만 천리(天理)나 천하동리(天下同利), 위민(爲民)같은 개념을 통해 공공성이 실현되었다. 다만 이런 공적인 사업들이 많았지만 이 사업들이 지배자의 가치나 판단에 좌우되었다는 한계는 있었다.

그렇지만 동양에서는 관계망 속에서 자신의 위치를 파악하는 문화가 서양보다 일찍 발달했다. 서로 기대어 사는 사람(人), 앞서 가는 사람이 넘어지는 걸 받쳐주는 사람 인(人)은 서로를 떠받쳐야 온전히 설 수 있는 존재, 혼자서는 결코 완전할 수 없는 존재임을 뜻한다. 동양에서는 여민(與民) 사상이 공공성의 사상으로 뿌리를 내리고 있었다고 볼 수 있다.

그럼에도 한국 사회에서 공공성이 의제가 된 지는 오래되지 않았다. 해방 이후 미군정과 이승만 정부를 거치며 민주주의 맥이 약화되고 군사 정부를 거치면서 함께 할 수 있는 일들이 거의 없어졌다. 사람들이 모여서 무언가를 도모하는 것 자체가 불순한 의도로 여겨졌기 때문이다. 그러다 보니 비정상적인 정치 체제를 바로잡기 위한 민주화가 우선이고 다른 가치들은 부차적인 것으로 미뤄졌다. 1960년 4월, 1979년 10월, 1980년 5월, 1987년 6월, 1991년 5월, 그 뜨거운 거리의 시간들을 거치면서 민주주의는 조금씩 어렵게 자리를 잡아왔고, 공공성이라는 화두도 조금씩 얘기되기 시작했다.

그렇다면 지금 한국 사회에서 공공성은 어떤 위치이고 그것은 공공재와 어떤 관계가 있을까? 우리가 이용하는 재화와 서비스가 모두 공적인 의미를 가지는 것은 아니다. 공공성과 마찬가지로 공공재는 여러 사람과 두루 관련되거나 영향을 미치는 재화와 서비스를 가리킨다. 가령 우리가 숨 쉬는 공기는 대표적인 공공재이다. 누구나 편히 숨 쉴 수 있을 때에는 그것이 공공재라는 게 의식되지 않지만 지금처럼 미세먼지가 심해지면 공기가 공공성 차원으로 넘어온다. 예를 들어, 미세먼지 대안으로 공기청정기를 꼽는다면, 공기청정기를 집에 둘 수 있는 사람과 없는 사람의 건강 수준이 달라질 수밖에 없기 때문이다. 개인이 공기청정기를 구입할 수는 있지만 정부 정책이 공기청정기를 보급하는 수준에 그친다면 그것은 문제이다.

공공성 관점에서 생각하면, 1급 발암물질인 미세먼지의 시급한 해결책은 정부가 마련해야 한다. 왜냐하면 전 국민에게 영향을 미치는 중요한 사안이기 때문이다. 그래서 정부는 낡은 석탄화력발전소를 조기 폐쇄하고 자동차 운행을 조절하며 공장과 선박의 먼지 배출을 줄여야 한다. 그렇지만 낡은 건설기계 사용과 자동차 이용을 줄이는 것은 기업과 시민의 몫이기도 하다. 더 나아가 공공성 확보를 위해서는 우리 생활을 변화시켜야 한다. 그런 점에서 미세먼지를 줄이려는 노력은 공(公)과 공(共)의 협력을 요구한다.

또한 공공재를 Public Goods 관점에서 접근하면 재화나 서비스 생산의 문제이지만, 공공재를 공유재(Commons) 관점에서 접근하면 그건 공통의 것으로 주어진 또는 만들어가는 그 무엇이다. 가령, 지금 제주도에서는 관광객이 늘어나면서 기존 제주공항 외에 제주 제2공항을 건설하는 문제가 논란을 일으키고 있다. Public Goods 관점에서 제주 제2공항 개발 문제를 보면, 제주도의 환경수용력을 두 배나 초과하는 4천만 명의 관광객 수요를 예상하고 4조 원 이상의 막대한 세금을 써서 오름을 깎아내고 공항을 만드는 게 과연 공공 이익에 부합하는지 묻지 않을 수 없다.

그리고 정말 제주 제2공항이 공공재로 기능할 수 있을까? 공공재의 특성은 경쟁하지 않는 것(Non-Rivalry)과 누구도 배제하지 않는 것(Non-Excludability)이다. 내가 어떤 재화나 서비스를 사용하더라도 다른 사람이 그것을 똑같이 사용할 수 있고, 심지어 비용을 지불하지 않은 사람도 함께 쓸 수 있어야 한다. 그래서 민간에 맡기지 않고 정부나 공기업이 관리하는 것인데, 제주 제2공항이 과연 그렇게 이용될까? 기존 제주공항이나 항만만 보더라도 그럴 가능성은 낮아 보인다.

공유재 관점에서 접근하면 제주 제2공항은 더 심각한 문제를 낳는다. 왜냐하면 그 지역 주민들이 이미 가지고 있는 것, 즉 지역의 자연, 언어, 문화 등을 파괴할 뿐 아니라 앞으로 가질 수 있는 것, 새롭게 생성될 수 있는 그 무엇을 완전히 파괴하기 때문이다. 살 수 있고, 살고 싶은 삶, 함께 살아갈 수 있는 그 삶의 가능성을 완전히 차단하기 때문에 지역 주민들에게 제주 제2공항은 A와 B처럼 선택할 수 있는 옵션이 아니라 반드시 막아야 하는 사업일 수밖에 없다.

그리고 이제는 국가가 공공성을 담보할 유일한 주체일 수 없다. 그동안 국가에 요구하는 방식으로 공공성 운동이 진행되어 왔다면 이제는 좀 달라져야 한다. 그동안 공공성은 주로 공적인 것으로만 설명해 왔는데, 우리 시대 공공성은 정부만이 아니라 시민사회의 과제이기도 하기 때문이다. 공공성의 반대말이 민영화(民營化)보다 사유화(私有化)에 가깝다면, 공적인 대안도 국유화(國有化)보다 공유화(共有化)에 가까울 수 있다.

그리고 공공성운동은 사적인 이익을 위한 난개발을 막는 운동이기도 하다. 개발과 공공성이 항상 대립하는 것은 아니지만 개발이 최우선인 사회에서는 서로 대립될 수밖에 없다. 개발은 공공재만이 아니라 공유재를 파괴하기 때문이다. 근본적인 전환이 없는 한 한국 사회에서 공공성은 계속 위태로울 수밖에 없다.

● **공공재로써 공간**

공공성과 공공재를 얘기할 때 빠질 수 없는 것이 바로 공간이다. '토지공개념'이라는 개념이 공공성의 의미를 잘 보여준다. 현실적으로 토지는 사고파는 재화가 되었지만 누구에게나 땅은 필요하다. 그리고 내 땅이라는 이유로 막무가내 개발을 일삼는다면 자연 생태계는 모두 파괴될 것이다. 그래서 토지공개념이 정책에 도입되어 공공 목적을 위해 토지 이용을 제한하고 그린벨트(Greenbelt)를 설정할 수 있다. 그리고 시민들도 그렇게 사적인 소유권을 제한하는 것을 심각한 침해로 여기진 않는다. 유한한 자원인 땅은 공공 목적을 위해 활용되어야 하기 때문이다.

한국에서 토지공개념이 등장했던 이유도 부동산 투기나 난개발과 관련되어 있다. 1987년 민주화 이후에도 집값과 전·월세 등 부동산 가격은 폭등했고, 불로소득에 대한 비판이 끊이지 않자 노태우 정부는 토지공개념을 도입하고 '택지소유상한에 관한 법률', '토지초과이득세법', '개발이익환수에 관한 법률'을 제정했다. 그렇지만 이런 법률들이 제정된 이후에도 부동산 투기나 난개발은 끊이지 않았고, 토지의 공적 영역은 계속 잠식당했다.

그래서인지 2018년 2월 2일, 더불어민주당이 당론으로 확정한 헌법개정안에는 '토지공개념'을 강화한다는 내용이 들어갔다. 제안된 헌법 제128조에는

> ① 국가는 국민 모두의 생산과 생활의 바탕이 되는 국토의 효율적이고 균형 있는 이용·개발과 보전을 위하여 법률로 정하는 바에 따라 필요한 제한을 하거나 의무를 부과할 수 있다.
> ② 국가는 토지의 공공성과 합리적 사용을 위하여 필요한 경우에만 법률로써 특별한 제한을 하거나 의무를 부과할 수 있다.

국가가 토지의 효율적인 이용과 보전을 위해 이용을 제한할 수 있다는 것은 한국만의 특수한 상황은 아니다. 전 세계 대부분의 국가에서 토지 이용은 공적 목적을 위해 제한되고 있다. 모두를 위해 사용되어야 할 공통 자원은 공공재로 다뤄져야 하기 때문이다.

토지만이 아니다. 공공시설로 이름 붙여진 건물이나 장소들도 특정 개인이 아니라 공공 목적을 위해 만들어졌다. 공공도서관, 공공복지관, 공원(公園) 등은 공공재로서 기능을 맡는 공간이 지역사회에 반드시 있어야만 함을 뜻한다. 이 공간들은 특정 개인이 아니라 모두에게 개방되고, 장애인이나 노인, 청소년 등 사회 소수자들이 마음껏 쓸 수 있도록 접근성이 보장되어야 한다.

그렇다면 공공시설로 이름이 붙여지지 않은 공간들은 어떨까? 개개인의 집

은 온전히 사적인 공간으로 여겨지는데, 아파트는 어떨까? 아파트는 '건축물의 벽·복도·계단이나 기타 설비 전부 또는 일부를 공동으로 사용하는 각 세대가 하나의 건축물 안에서 각각 독립된 주거생활을 할 수 있는 구조로 된 주택(주택법 제 2조 3호)'이라 공동주택으로 분류되고 공동주택관리법의 적용을 받는다. 개인 집이지만 그것이 모여 있기 때문에 공동관리의 필요성이 생기고 입주자대표회의 구성과 교육, 관리비, 회계 운영은 법의 적용을 받는다. 따라서 아파트에 사는 주민이라면 내 집 출입문까지는 사적 영역이지만 그 문을 나서면 공동(共同) 공간이고 여러 사람에게 영향을 미치는 공적 공간이다.

반면에 아파트 단지는 아파트 밖에 사는 사람들에게는 사유지이기도 하다. 아파트 단지를 둘러싼 울타리가 높아지고, 외부인 출입을 금한다는 푯말이 늘어나는 건 공동 공간도 우리 밖의 외부인을 배제하는 공간이 될 수 있음을 뜻한다. 그렇다면 이런 공간들에서 공공성은 어떻게 실현될 수 있을까? 아파트 단지 내 놀이터나 휴식공간은 입주민만의 것일까? 만일 입주민만의 것이라면 아파트 단지 내 놀이터나 휴식공간에 지방 정부의 세금이 사용되어야 할까? 공공성에 대한 사유는 해답이 아니라 이런 질문들을 던지게 한다.

그리고 젠트리피케이션(Gentrification)이라는 외국말이 한국에도 낯설지 않은 단어가 되었다. 상권이 형성될 만하면 월세가 엄청나게 올라가 세입자가 쫓겨나는 현상을 가리키는 말인데, 오죽하면 '조물주 위에 건물주'라는 말이 있을 정도이다. '내 땅을, 내 건물을 내 마음대로 하는데 무슨 상관이냐'라는 인식이 한국 사회의 지배적인 인식이다. 그렇지만 건물은 건물주의 것이라 해도 거리와 사람들의 동선은 그의 것이 아니다. 열심히 일해서 그 공간으로 사람들을 이끈 세입자와 사람들이 돌아다니는 거리는 그의 것이 아니다. 그럼에도 건물주라는 이유로 그가 모든 이익을 취해야 할 근거는 무엇일까? 젠트리피케이션이 문제라면 토지 이용에 따른 이윤을 제한할 필요가 있지 않을까?

나아가 엄밀히 따지면 도시 자체가 공공성의 공간이다. '도시가 너희를 자유롭게 하리라'. 과거 중세 자유 도시의 정문에 적혀 있던 말이다. 자유 도시는 신분에서 자유로운 자유민들이 평등하게 공동체 미래를 논의하고 결정하는 공간으로 알려졌다. 소수가 일방적으로 결정하지 않기에 함께 결정해야 할 일들이 많았고, 이런 결정에는 시민 개개인뿐만 아니라 길드(Guild)라 불렸던 일공동체, 각종 단체들도 참여했다. 도시에서 벌어지는 일들은 시민들의 관심을 받고 함께 결정되어야 하는데, 지금 우리의 도시는 그렇게 운영되고 있지 않다. 이런 문제는 시민의 삶을 위협한다.

그렇다면 무엇이 필요할까? 공간은 공동체의 물리적 경계이고, 그 경계는 참여자의 위치에 따라 달라질 수 있다. 공공성의 장으로서 공간이 가지는 중요성은 그 배치에 따라 의미 전환이 가능하다는 점이다. 물리적으로는 동일한 장이라 하더라도 그 내부 관계망이나 소품 배치가 어떻게 되는지에 따라 그 의미는 전혀 달라질 수 있다. 가령 사적인 공간이라도 기능이 전환되면 공공 공간이 될 수 있다.

개인의 집은 사적인 공간이지만 그 공간에 어떤 목적이 생기고 외부인이 드나들기 시작하면 공간의 성격이 바뀐다. 예전에는 아예 그런 역할을 하는 공간을 따로 두기도 했다. 한국에서는 마당이 그런 역할을 해왔고, 서구에도 응접실이나 중정(中庭)이라는 공간이 그런 역할을 했다. 아주 내밀한 사적 공간과 완전히 노출된 공적 공간 사이에 존재하는 공간들이다. 이런 공간에서부터 변화가 시작될 수 있다.

예를 들어 한살림이 처음 반공급을 시작했을 때, 공급을 받은 어느 가정에선 여러 가정의 생활재를 나눠야 했다. 어떤 이들은 다른 집을 방문해 그걸 찾아가야 했다. 서로의 집을 드나들면서 오로지 사적이지도 공적이지도 않은 공간의 의미가 생성되고, 새로운 동선이 만들어진다. 낯선 사람이 아는 사람으로 바뀌면서 공간이 개방된다. 물리적인 공간은 변한 게 없지만 그 속에서 살아가는 사람들의 동선과 관계가 달라지면서 공간에 새로운 의미를 만들어 낸다.

역사를 되짚어보면 그런 장소에 목마른 사람들이 자율적으로 공간을 만들기도 했다. 유럽에서는 노동조합이 '개방센터'나 '민중의 집(Pub)'을 만들어 노동자들에게 모임 장소를 제공하고, 물건이나 음식과 술을 팔았다. 그곳에서는 노동자나 실업자, 퇴직자들을 위한 토론회나 영화를 보는 모임 등이 운영되었다. 유럽 사회에 다양하게 퍼져 있던 민중의 집도 그런 거점 역할을

맡았다. 협동조합을 통해 노동자들이 저렴한 가격에 생계를 해결하도록 하고, 민중의 집을 통해 다양한 시민들이 서로 만나 밥 먹고 놀이를 하며 흥겹게 교류했다. 이처럼 공공성을 위한 공간 형태는 사람들의 필요에 따라 다양해질 수 있다.

18세기부터 공제조합(共濟組合)은 질병과 사망에 대비해 노동자들에게 상호보험을 제공하는 역할을 맡아왔다. 시간이 흐르면서 공제 범위가 조금씩 넓어졌다. 가령 주택금융공제조합은 자기 노동력을 활용해 비용을 줄이고 공동주택을 건설하기 위해 공동으로 자금을 모으는 조합이었다. 공제조합의 범위는 한정되지 않고 사람들 삶에 유연하게 적용되었다. 협동조합도 이런 과정에서 등장했다. 19세기에 협동조합운동을 이끌던 사람들은 협동조합이 대중의 물질적 욕구를 충족시킬 뿐 아니라 자주성과 상호 부조의 이념을 널리 전파하며 민중을 조직해야 한다고 봤다. 왜냐하면 근대 국가와 자본주의에서 비롯된 여러 사회적 위기가 협동조합을 성장시켰지만 오랫동안 수동적인 복종을 강요당한 민중의 의식은 협동조합의 지속적인 발전을 보장할 수 없다고 봤기 때문이다. 이런 장소들에서 시민이 주도하는 공공성이 강화되었다.

그렇다면 한살림 매장은 어떨까? 협동조합 매장은 일반 기업이나 자영업자 매장과 어떻게 다를까? 매장에 들어와서 물품을 선택하고 계산하고 문을 나가는 그 순간까지 매장이라는 공간은 조합원에게 어떤 의미일까? 조합원들을 위해 편리하게 잘 꾸며지기만 한 공간은 기업형 슈퍼마켓과 정말 다른 공간일까? 공공성 관점으로 협동조합 매장을 해석한다면, 그곳은 각기 다른 조합원들이 공통된 필요에 따라 생활재를 구하기 위해 스스로 찾아오는 공간이자 매장활동가라는 조합원과 일반 조합원이 만나는 공간, 협동조합이 자신의 목적을 구체적으로 보여주는 공간, 지역주민이 협동조합을 느끼고 이해할 수 있는 공간이다. 협동조합 매장은 단순히 생활재를 전시하고 판매하는 공간이 아니라 협동조합의 정체성을 설명하고 깨닫는 공간이다. 그렇다면 협동조합의 매장은 상품 정보만이 아니라 조합원들이 조합의 의미를 되새기게 만들 다양한 장치들을 마련해야 한다.

그리고 소비자생활협동조합법에 따라 협동조합은 조합원 이용에 지장이 없는 범위에서 정관이 정하는 바에 따라 비조합원에게도 그 사업을 이용하게 할 수 있다. 따라서 매장은 조합원과 비조합원이 만나는 접점이기도 하다. 협동조합 매장은 조합원 것이지만 이용은 비조합원에게도 허용될 수 있다. 이것은 협동조합의 공간도 그 배치에 따라 경계가 달라질 수 있음을 뜻한다. 이런 협력공간, 협동공간의 힘이 더 세지면 시민공간이 출현할 수도 있다. 일본 생활클럽 생협의 요코다 카쓰미(橫田克己)는 시민주권을 행사하는 '참여형 정치'가 시민사회에서 더욱 활성화되어서 국가가 만들어내는 공적인 공간이 아니라 시민이 만들어내는 공적 공간, 즉 시민 간의 협력관계가 이루어지는 공(共)적 영역을 기반으로 하는 공(公)적 영역의 형성을 촉진하는 다양한 제도를 개발하고 성숙시킬 필요가 있다고 강조한다.

이런 필요는 한살림과 한국 사회에도 존재한다. 생명운동을 사상의 기반으로 삼고 있는 한살림은 하나의 협동조합을 운영하는 차원을 넘어 세상의 변화를 지향하고 있다는 점에서 시민의 협력공간, 시민의 협동정치를 활성화시켜야 하지 않을까? 조합원이 움직이는 동선부터 매장, 모임방 같은 물리적 공간까지 한살림이 공공성 영역을 확장하면 좋겠다. 각자도생(各自圖生)을 강요하는 사회 흐름에 사람들이 휩쓸리지 않도록 방파제가 되면 좋겠다. 그 방파제를 조합원만 찾지는 않을 것이다.

● **공동체 시간**

공간은 구체적으로 눈에 드러나기 때문에 그 공공성을 확인하거나 논의하기가 쉬운 반면 시간은 그 의미가 잘 드러나지 않는다. 우리가 각자의 시간을 사는 듯하지만 사실 사회의 시간을 함께 살고 있고, 그 시간은 국가의 규율을 받기도 한다. 예전에 실시했던 '서머 타임(Summer Time) 제도'를 생각해보면 금방 알 수 있다. 서머 타임 제도는 해방 이후 1960년까지 시행되다가 폐지되고, 1987년에 88서울올림픽을 대비한다며 잠깐 부활했던 제도로 표준시를 여름에만 한 시간 앞당기는 제도였다. 즉, 서머 타임이 적용되는 시점부터 시계를 한 시간 앞으로 당겨 놓는다. 여름에 한 시간 더 빨리 움직이고, 가용 시간을 더 늘린다는 취지였지만 실제로 그런 취지가 반영되지 않아 금방 폐기되었다. 이를 보면 시간은 절대적인 물리 영역이 아니라 사회적 합의임을 알 수 있다.

시간을 관리하는 것은 국가만이 아니다. 미하엘 엔데의 소설 『모모』를 보면, '회색신사'라 불리는 시간도둑들이 등장한다. 이 도둑들은 쓸데없는 곳에 시간을 많이 쓴다며 사람들을 설득해서 오로지 일에만 시간을 쏟도록 만들고 여유 없는 삶을 살게 한다. 시간도둑들이 사람들 개개인의 시간을 빼앗는 것 같지만 실제로 그들이 뺏는 건 바로 관계의 시간, 사회의 시간이다.

시간에 대한 상상력을 더 발전시킨 것이 〈인 타임〉이라는 영화이다. 이 영화에서는 시간이 모든 가치의 기준이다. 영화의 배경이 되는 사회에서는 모든 사람이 손목에 삽입되어 있는 시계에 시간을 제공받고, 그 시간으로 밥을 먹고 버스를 타고 온갖 계산을 한다. 그러다 이 손목의 시간이 0이 되면 사람은 목숨을 잃는다. 부자들은 엄청난 시간을 축적해서 영생을 누리고 가난한 사람들은 얼마 안 되는 시간을 얻으려 몸부림치다 숨을 거둔다. 역시나 이

사회에서는 사회적 관계라는 것이 형성되지 않고, 서로의 시간에 대한 욕망이 꿈틀거릴 뿐이다. 허나 자기만의 시간을 소비하다 서로 시간을 주고받는 관계가 형성되면서 이렇게 관리되는 사회도 변하기 시작한다.

물이나 공기처럼 시간 없이는 사람이 살지 못한다. 누구에게나 시간은 있지만 누구나 그 시간을 마음대로 쓰는 건 아니다. 시간은 무한할 것 같지만 한 사회가 붕괴하면 그 사회의 시간도 정지된다. 마찬가지로 생태계가 파괴되면 사회도 붕괴되고 시간도 정지된다. 물론 시간이 정지된다고 모든 생명이 한꺼번에 사라지는 건 아니다. 다만 그 생명들은 각각의 시간을 살게 된다. 미래의 디스토피아(Dystopia)를 다룬 영화에서 드러나듯, 좀비들의 세계나 모든 문명이 파괴된 세계에서 사람들은 개인의 시간을 산다. 그곳에서 시간은 시간이 아니라 생존이고 끊임없는 반복일 뿐이다.

따라서 시간이 시간으로서 의미를 가지는 것은 인간이 사회에 존재할 때이다. 자연계의 시간이 물리적이라면 사회의 시간은 다양한 생명체들의 관계 속에서 구성된다. 그렇기 때문에 시간 역시 공공재일 수밖에 없다. 쓰는 만큼 사라지는 것이 시간이지만 또 그만큼 구성되는 것도 시간이다.

한국처럼 노동시간이 긴 나라에서 시간은 항상 모자라다. 마치 소설『모모』에서 시간도둑들에게 시간을 빼앗긴 사람들처럼 우리는 바쁜 일상을 산다. 그래서 내 이해관계와 걸려 있는 일 외에 다른 것에 신경을 쓰는 건 낭비라고 여긴다. 그러면서 사회의 시간은 모두 쪼개져서 파편화 되었고, 우리들은 더 시간에 쫓겨 산다. 우리는 시간이 사유화 되고 소모되는 사회에 살고 있다.

그렇지만 누구나 한번은 느꼈을 신비로운 사실이 있다. 아주 지겨운 단순노동일수록 혼자 할 때보다 여러 명이 함께 하면 훨씬 즐거울 뿐 아니라 시간이 더 줄어든다. 개개인이 따로 일을 한 시간을 합칠 때보다 여러 명이 힘을 모아 일할 때 시간이 줄어든다. 이 시간을 '공동체 시간'이라 부를 수 있다. 공간에 공유지가 있듯이, 시간에도 공동체 시간이 있다. 이 시간은 홀로 있을 때는 생기지 않고 오로지 함께 있을 때에만 만들어진다.

그런 점에서 보면 우리는 개개인의 시간이 더욱 바빠지는 반면, 그 시간을 벌충할 수 있는 공동체 시간을 놓치며 살고 있다. 아무도 내가 겪는 어려움에 관심을 가지고 함께 하지 않기에 우리에겐 공동체 시간을 누릴 기회 자체가 사라지고 있다.

이것은 공적인 일에 투여할 시간 자체가 사라지고 있다는 말과도 이어질 수 있다. 개인의 삶에만 몰두하다 보면 사회나 공동체의 사건들에 관해 이야기를 나누고 뭔가 부조리하거나 불공평한 일에 분노할 여유도 사라진다. 애초에 그런 시간이 존재하지 않았던 것이 아니라 그런 공공의 시간들이 사라진다. 그러면서 개인의 삶은 더 척박해지고….

그렇다면 공동체 시간은 어떻게 만들 수 있을까? 가장 기본적으로는 타임 뱅크(Time Bank)처럼 서로의 시간을 교환하는 것에서 시작할 수 있다. 남을 도운 시간을 적립하고 도움이 필요할 때 그 시간만큼 찾아 쓰는 것이라 시간은 동일하다고 생각할 수 있다. 하지만 숙련도가 다르고 그렇게 형성된 관계망이 다른 필요를 충족시키거나 새로운 관심사를 자극할 수도 있다는 점에서 시간은 늘어날 수 있다.

자본주의는 노동자의 시간을 구매하고 그 대가로 임금을 지불하고, 상품가격은 생산원가와 이윤으로 결정된다. 이 생산원가에는 생태계와 생명의 가치도 포함되지 않고 이윤을 보장받기 위해 노동이 착취되는 경우도 있다. 그렇다면 협동조합의 가격은 어떤가? 협동조합에서는 생산자와 소비자가 함께 결정한다. 그렇기 때문에 이 과정에는 시간이 더 많이 필요하지만 이 시간은 서로가 서로의 삶에 관심을 쏟고 지속가능한 생산과 소비를 준비하는 대안의 시간이기도 하다. 지금 당장의 시간으로 보면 소모적이지만 미래가 보장된다는 점에서 시간은 더 늘어나기도 한다.

이렇게 공공성 관점에서 보면 조합원 활동시간도 달리 평가될 수 있다. 내가 조합원 활동에 참여할 때 개인의 시간은 분명히 줄어든다. 그렇지만 공동체 시간은 늘어난다. 함께 하는 시간, 협동의 시간은 공공성 관점에서 본다면 늘어나기도 한다. 그리고 그 시간은 순환한다. 공동체 시간은 순환되며 새로운 시간을 만들어낸다.

마찬가지로 공동체 활동으로 길어지는 시간은 비효율적이고 소모적으로 보일 수 있지만 다른 효율성을 발휘한다. 효율성이 최단 시간에 목표를 성취하는 것보다 사안과 연관되어 있는 다양한 관계들을 드러내고 그 관계들이 제 몫을 찾아가는 과정이라면 그렇다. 일을 할 때는 빨리 끝내는 것이 효율적이지만 사랑을 나눌 때는 최대한 시간을 버는 것이 효율적이다. 이렇게 똑같은 물리적 시간이지만 우리는 상황에 따라 다른 시간을 경험하고 시간의 효율성도 그에 따라 변한다. 그런 점에서 우리에게는 시간이 부족한 게 아니라 새로운 시간을 생성할 관계망과 공동체가 부족하다고 얘기할 수 있다.

물리적 공간은 고정되고 제한되어 있지만, 사회적인 시간은 확장될 수 있고 새로이 구성될 수 있다. 더구나 이 시간은 홀로 존재할 때는 결코 느낄 수 없고 쓸 수 없는 시간이다. 공동체 시간은 단순히 공동체를 구성하는 각자의 시간을 합친 시간이 아니다. 공동체 시간은 그 각각의 구성원들 사이에 흐르는 시간이다.

한살림은 올해로 33년의 시간을 맞이하고, 그 시간에는 수많은 조합원들의

시간들이 얽혀 있다. 서서히 움직였던 초창기 시간이 가파른 성장의 시간을 거쳐 숨을 고르며 서 있는 자리를 돌아봐야 할 시간에 이르렀다. 한살림은 '생산과 소비는 하나'라는 초창기 가치를 지금의 체계 속에 어떻게 구현하고 있을까? 조합원과 조합의 시간은 활동을 통해 늘어나고 있을까? 의미 있는 시간이 이어질 수 있도록 서로가 서로를 마주보고 있을까? 한살림이 이런 질문들에 하나씩 답을 찾아가면 좋겠다.

더구나 지속가능성이 생존가능성과는 다른데, 생존하지 않으면 아무런 의미도 없다는 강박관념이 협동조합운동 내에도 널리 퍼지고 있다. 지속이라는 말의 의미는 단지 과거를 반복하는 현재를 연장시키는 것을 넘어 새로운 질적 차이를 생성함을 뜻한다. 그렇다면 지속가능성은 단지 살아남는 게 아니라 끊임없이 현재를 어떻게 살아갈 것인가에 관한 질문이어야 한다. 한살림은 어떤 지속가능성을 만들고 있을까?

- **공생 공락을 위한 공공재 · 공유지**

　　시공간이 분리되어 있지 않음을 염두에 둔다면 공공성과 공공재란 결국 우리가 좀 더 행복한 삶을 함께 누리기 위한 방법이다. 공공재로서 공간이 그 삶의 터전이라면, 공공재로서 시간은 그 삶을 운용하기 위한 방법이다. 공공성을 보장하는 시공간이 활성화되려면 시민의 관심과 참여가 필요하다.

그런 점에서 최근의 공공성 논의에서 강조되는 건 시민들이 공적인 사안에 관해 관심을 가지고 그 문제를 해결하기 위해 함께 노력해야 한다는 점이다. 정부의 힘만으로 공공성을 실현하기 어려운 것은 삶이 총체적이라는 점 때문이기도 하다. 정부가 개인의 사사로운 활동 모두에 개입한다면 그만큼 시민의 자율성은 줄어든다. 사실 정부가 그렇게 모든 개인의 삶을 관리하는 건 불가능할 뿐 아니라 올바르지도 않다. '아이 한 명이 자라기 위해서는 한 마을이 필요하다'는 아프리카 속담처럼, 아이의 성장에 필요한 건 어느 한 가지 정책이 아니라 한 마을이다. 총체적인 시각에서 본다면 보육은 노동의 문제이자 성 역할의 문제, 공동체의 문제이다. 아이와 함께 보낼 충분한 여가 시간을 보장받고 남녀가 함께 아이를 기르고 아이를 데리고 안심하고 돌아다닐 공간이 있어야 제대로 된 보육이 가능하다. 보육 정책은 보육과 관련된 다양한 이해당사자들의 의견을 반영할 때 올바른 방법을 찾을 수 있다.

그런데 일제 식민지 이후 한국 사회의 공공성은 한편으로 파괴되거나 다른 한편으로 관에 독점 당했다. 한편으로 일제 식민 권력과 군사독재는 시민들의 함께함을 금지하고 탄압해서 사회적인 관계가 자율적으로 형성될 수 있는 장을 붕괴시켰다. 그런 붕괴 과정은 자본주의가 마을의 공유지를 울타리가 있는 사유지로 만들었듯이 공적인 생활에 영향을 미쳤다. 더구나 우리 일상의 공설(公設), 공안(公安), 공권(公權), 공직자(公職者)같은 말들은 공공성에 대한 우리의 인식을 우리 것이 아닌 관의 것으로 제한했다. 그러면서 함께 구성하는 공공성은 사라지고 자유는 온전히 개인의 몫이 되었다. 다른 한편으로 행정은 공공성을 독점하며 자신과 대립하는 시민의 자발적인 관계들을 사적인 것으로 만들고 그 관계에 개입했다. 해방 이후 대부분의 주요한 사회 자원을 국가가 몰수하고 기업이 소유했는데, 이런 자원을 바탕으로 정부와 기업들은 시민들을 다스려 왔다.

공유(共有, 公有)의 주체여야 할 시민이 소외된 상황을 극복하려면 홀로는 어렵고 다양한 주체들이 서로 힘을 모아야 한다. 힘을 모으는 방법은 다양할 수 있다. 옛날처럼 계를 조직하거나 단체를 만들 수도 있고 협동조합이나 마을금고를 만들 수도 있다. 여러 사람과 단체, 모임이 다양한 자원을 공유하고, 다른 무엇보다도 함께 모여 먹고, 자고, 놀고, 배우며 자주 모임을 가져도 좋다. 이런 함께함(共有)이 없다면 함께 누림으로써의 공유(公有)는 누구도 공통의 것을 소중하게 여기지 않는 '공유지의 비극'을 겪거나 홀로 누리려는 사유(私有)에 정복당할 수밖에 없다.

그런 의미에서 앞서 얘기했던 일본의 시민운동가 요코다 카쓰미는 공공성 개념이 하나로 엮여 있지만 "본래 공(公)과 공(共)을 형성하는 조건과 방법은 상이한 것"이라 주장한다. 왜냐하면 "공(共)영역은 사람들이 세금을 지불해서 사회를 개혁하는 틀과 자신들이 직접 자신들의 자원을 내서 리스크를 부담하는 가운데 사회를 개혁하는 틀이 함께 작동하는 곳"이기 때문이다. 공(公)과 공(共)을 붙여서 함께 사용하면 "공권력이 운영의 주체가 되는 공영역(公領域)과 공권력에 복종하는 시민적 공영역(共領域)의 세계가 당연한 것으로 받아들여질 가능성이 높고, 시민(私)이 운영하고 시민이 만들어 내는 공(共)적인 세계가 지니는 공공성(公共性)의 의미가 정부와 행정이 만들어 내는 공공성의 그늘 뒤로 가려져 버리는 것"이라 우려한다. 즉 공과 공을 섞어서 쓰다 보면 공(共)의 의미가 줄어들기에, 공(共)의 영역을 강화시키려는 운동은 자신의 관점에서 공공성을 재구성해야 한다.

요코다 카쓰미는 자신이 속한 생활클럽생협의 운동이 "공영역에서 '국가가 만드는 공공성'을 후퇴시키고 '시민이 만드는 공공성'을 확장시키는 것을 목표로 삼는" 시민자치형 정치라고 주장한다. 이 시민자치형 정치는 "나(私)와 다른 타자(私)를 수평적으로 연대하고 공생하는 것을 가능하게 만드는 공영역을 형성하는 과정 속에서 '공'(公)을 만든다, 혹은 그러한 공영역을 활성화시키기 위해 '공'(공공 제도, 공공 정책, 그리고 공권력)을 사용"하는 공화주의 정치이다. 요코다 카쓰미는 공·공(公·共)에 대치되는 사·공(私·共)의 영역을 사회에 넓혀서, 정부가 만드는 공공영역과 시민이 만드는 공공영역이 힘의 균형을 이루게 하고 동시에 이 두 영역이 만드는 가치가 선순환 관계를 통해 확대 재생산될 수 있는 사회를 지향해야 한다고 강조한다.

요코다 카쓰미의 말처럼 공(公)과 공(共)의 조건과 방법이 서로 다르기 때문에 공과 공의 균형을 잡는 것이 중요하다. 함께함의 힘으로 모든 문제를 해결하고 인격적인 관계로 모든 관계를 대체하자는 것이 아니다. 갈수록 커지는 정부와 기업의 힘을 제어하려면 시민의 힘이 강해져야 한다.

한국의 역사에서도 그런 장소를 찾을 수 있다. 충청남도 예산군에서 활동했던 윤봉길은 20살의 나이에 매달, 매 철마다 돈과 곡식을 모아 상을 당하거나 경사가 생겼을 때 서로 도우며 친목을 도모하는 위친계(爲親契), 달마다 자신이 직접 번 돈 10전 씩을 모아 돼지와 닭을 기르고 유실수를 재배하는 월진회(月進會), 건강한 신체에 건강한 정신이 깃든다며 수암체육회 등을 조직했다. 이와 더불어 윤봉길은 "뭉쳐야 한다. 그리고 혁신해야 한다. 살 길은 단결과 혁신 뿐이다"라며 마을회관인 부흥원(復興院)을 세우고 이 건물에 야학당과 구매조합, 각종 회의공간을 만들었다. "첫째, 증산운동(增産運動)을 펴야 한다. 둘째, 마을 공동의 구매조합을 만든다. 셋째, 일본 물건을 배척하고 우리 손으로 만든 토산품(土産品)을 애용한다. 넷째, 부업(副業)을 장려해야 한다. 다섯째, 생활개선이다."라는 실천 목표를 제시했던 부흥원은 두레와 품앗이를 권장할 뿐 아니라 민중의 자각을 일깨우는 야학과 독서회 모임을 열었다. 만주로 떠나기 전까지 윤봉길은 지역 사회를 조직하는 일에 전념했다. 이런 실험은 한국판 '민중의 집'이라 불릴 수 있다.

그리고 1920, 1930년대 한국의 지식인들이 만들려고 했던 이상촌은 학교와 협동조합이라는 두 기둥으로 구성되었다. 학교는 민중의 자각을 일깨우며 하나 된 의식을 만드는 기둥이었고, 협동조합은 민중이 살림살이를 이어가며 다른 사회로 전환할 힘을 모으는 기둥이었다. 오산학교를 이어받아 이찬갑이 주옥로와 함께 충남 홍성군에 세운 풀무학교는 '위대한 평민'이라는 구호를 내걸었다. 풀무학교는 이 정신을 가르치는 기관이었고, 풀무생협은 이 정신을 일상 속에서 실천하는 기관이었다.

도산 안창호도 산과 강이 있고 땅이 비옥한 지점을 택해서 200호 정도의 집단 부락을 세우려 했다. 이 이상촌에는 공회당(公會堂), 여관, 학교, 욕장, 운동장, 우편국, 금융과 협동조합의 업무를 담당하는 기관이 설치되어 집단적인 회식과 오락"을 담당했다. 그리고 이 부락에는 금융기관과 협동조합이 있는데, 금융기관에서는 저금과 융자 일을, 협동조합은 생산품 공동판매와 일상 생활용품 공동구매 배급기관"을 담당한다. 이상촌에는 일반학교와 직업학교가 만들어져 학교를 졸업하면 소자본과 약간의 연장으로 직업을 갖고 이상촌의 한 몫을 담당하도록 했다. 안창호는 무실역행(務實力行)을 강조했다. "아무리 옳은 것을 알더라도 행함이 없으면 아니 하는 것과 다름이 없다"고 봤고, 무실역행하는 중요한 기관이 학교와 협동조합이었다. 일제 총독부의 탄압을 받으면서도 민중의 자발적 힘을 조직하려는 시도는 끊이지 않았다.

이런 다양한 장소들은 공(共)의 힘으로 공(公)을 탈환할 수 있는 거점이 되었고, 이 거점은 단지 운동을 조직하기 위한 수단만이 아니었다. 그 속에서 삶이 이어졌고 인민들은 자신의 주체성을 회복할 수 있었다. 머리를 조아리고 무릎을 꿇지 않아도 살 수 있고, 그렇게 살아갈 수 있다면 공(共)의 힘이 강해질 수밖에 없다. 그렇게 회복된 자신감은 국가나 자본과 맞설 수 있는 힘을 만들었다.

일본의 사상가 사이토 준이치(齋藤純一)는 독일의 사상가이자 철학자인 한나 아렌트의 말을 빌려 공공성이란 '자유를 위해 행동할 권리(The Right to Action)', '의견을 피력할 권리(The Right to Opinion)'를 박탈당하지 않을 정치적 자유를 위한 장소라고 얘기한다. 공공성이라고 해서 각자의 개성을 없애자는 얘기가 아니다. 오히려 그 반대로 각자의 개성이 공평하고 평등하게 드러날 수 있는 장이 바로 공공성의 장이다. 따라서 공공성을 보장하고 확대하려는 시도는 그런 장소를 적극 보장해야 한다. 현실의 지배 규칙이 독특한 사람과 노동하는 사람의 말과 행위를 억압한다면 공공성은 그런 억압에 적극 대항할 때 실현된다. 그렇다면 지금 우리에게 필요한 것은 더 낮은 곳을 향한 관심이고 그것이 궁극적으로 우리의 삶을 구원할 수 있다.

한살림이 관심을 쏟아야 할 더 낮은 곳은 어디일까? 가깝게는 한살림과 거래를 시작한 생산자일 수 있고 조합에 가입했으나 모임이나 활동을 부담스러워하는 조합원일 수도 있다. 한살림에서 일하는 조합원 활동가나 실무자일 수 있고, 이제 막 활동을 시작한 협동조합일 수도 있다.

높고 낮음은 상대적인 위치이다. 서로의 위치를 바꿔서 생각해보고 서로의 이야기에 귀를 기울이며 서로의 자유를 위해 행동하는 시도들이 우리 시대의 공공성을 확장시키고 강화시킬 것이다.

참고문헌
마거릿 콘 지음, 장문석 옮김, 『래디컬 스페이스』(삼천리, 2013년)
매헌윤봉길의사기념사업회 홈페이지(http://www.yunbonggil.or.kr/index.php)
미하엘 엔데 지음, 한미희 옮김, 『모모』(비룡소, 1999년)
사이토 준이치 지음, 윤대석 등 옮김, 『민주적 공공성』(이음, 2009년)
안병욱 등 지음, 『안창호 평전』(청포도, 2004년)
요코다 카쓰미 지음, 나일경 옮김, 『어리석은 나라의 부드러우면서도 강한 시민』(논형, 2004년)
이반 일리치 지음, 허택 옮김, 『누가 나를 쓸모 없게 만드는가』(느림걸음, 2014년)
하승우 지음, 『공공성』(책세상, 2014년)

하승우
더 이음 연구위원
저서로는 『최저임금 쫌 아는 10대』, 『정치의 약속』,
『내가 낸 세금, 다 어디로 갔을까』 등이 있다. 자치와 자급의 삶에 관심이 많다.

2008년 전 세계 금융위기 시
유엔은 협동조합을
경제위기에 새로운 대안 모델로 보고
이를 지원하기 시작했다.
협동조합이 추구하는 사회적경제는
구성원 전체에 도움이 되는 공동체 행복을
더 중요하게 여기는 모델이기 때문이다.
협동조합 발전은
개인이 아닌 사회 자산 증가로 이어진다.
협동조합이 지향하는 정의로운 배분과 협동과 신뢰라는
사회 자본 형성은 우리 사회를 보다
지속가능한 사회로 만들어가는 힘이 될 것이다.

지속가능한 사회와
공동체 역할

●

박숙현
지속가능시스템연구소

욜로(You Only Live Once, YOLO)라는 트렌디한 말보다 지속가능 발전이라는 말은 고루하기 짝이 없다. 게다가 모호하고 추상적인 개념을 구체적 목표로 삼는다는 것은 얼핏 이해하기 어렵다. 그러나 그 단어가 담고 있는 의미를 제대로 이해한다면 심오한 생태적 삶은 아니더라도 한살림 조합원들과 일반 시민들의 마음을 다소 묶어줄 수 있는 통합적인 가치가 아닐까 하는 생각에 글을 쓰게 되었다.

지속가능발전목표(Sustainable Development Goals, SDGs)의 핵심 가치는 보편성과 자율성, 그리고 통합성이다. 과거 개발도상국이나 후진국의 사회개발 목표로써 활용되었던 개발 의제가 아니라 '모든' 국가가 제도 속에서 담아내야 할 보편적 가치가 지속가능 발전에 있어야 한다는 점에서 보편성이 중요하다. 그러나 각 국가 혹은 지방, 소공동체가 처한 입장은 모두 다르기 때문에 그 맥락에 적합한 목표를 갖추는 일은 자율적으로 시행되어야 한다. 따라서 중앙집권의 하향식 구조가 아닌 자발적 상향 방식으로 이루어지는 의사결정 구조가 자율성을 의미한다. 통합성은 지속가능 발전이 환경 정책, 경제 정책으로 구별되는 것이 아니라 우리의 삶이 '나'라는 매개를 통해 세상과 연결되어 있듯이, 결국 생산자가 소비자가 되고, 기업이 소비자 없이 살 수 없으며, 소비자 역시 농민이나 기업 없이는 살 수 없다는 것, 경제와 환경이 결코 떨어진 일이 아니라는 것을 의미한다. 수자원을 이용하기 위해 생태를 훼손하는 일이 결코 수자원의 이용 가치를 높이기만 하는 행위가 아닌 것처럼 지구 시스템의 상호 구조를 깨닫고 이들이 서로 조화를 이루도록 통합적인 사고를 해야 한다는 점이 이번 지속가능발전목표에서 강조하고 있는 부분이다. 그러기에 한살림과 같은 협동조합의 역할은 지속가능발전목표의 보편성, 자율성, 통합성을 사회에 알리는 좋은 사례가 되어주는 일부터 학습 및 교육 사례로서 능동적으로 활용하는 일까지 다양할 것이라 생각된다.

- **욜로, 그리고 지속가능한 발전**

오바마 전 대통령은 오바마 케어 가입을 독려하기 위한 짧은 동영상에서 "YOLO, Man"이라는 인사로 끝을 맺는다. 한 번뿐인 너의 인생에 후회하지 않을 결정이 될 것이라는 의미가 아니었을까. 욜로는 한 래퍼의 음악에 등장하면서 시작되었지만 이제는 전 세계 어디를 가더라도 만날 수 있는 말이 되었다. 〈죽은 시인의 사회〉 키팅 선생님의 "카르프 디엠(Carpe Diem)"이라는 말처럼 바로 이 순간을 즐기라는 의미로도 통용되기도 한다. 인생의 버킷 리스트(Bucket list)를 실행하는 여행족이나 맛집 순례 문화 등과 어우러져서 한 번뿐인 인생을 즐기고 행복하게 살아가라는 현실의 낭만주의로 드러나기도 한다. 어찌 보면 욜로 혹은 욜로족으로 대표되는 이 문화는 불안한 미래를 준비하며 현실을 참고 살아가기 보다는 이 순간을 즐기되,

과거와는 다른 새로운 삶의 방식을 개척하라는 것이 아닐까.

욜로라는 단어에 비해 '지속가능성'이라는 말은 참 멋없는 말임에 틀림없는 듯하다. 게다가 지속가능한 발전이라니! 누구는 이 말이 모순[5]이라고 하고, 누구는 이 말이 듣기 좋은 수사(Rhetoric)에 불과하다고도 한다. 그러나 지속가능하다는 말은 매우 본능적이고 본성적인 말이다. 모든 생명은 태어나서 성장하고 죽음을 향해 걸어간다. 현재의 인간은 대개 100년도 못 살고 죽기 마련이다. 개인의 생명은 단기적 삶을 누릴 뿐이지만 모든 동식물은 자손을 번성시켜 종족의 지속가능한 번영을 추구한다. 따라서 지속가능한 발전이라는 말은 인류가 살아남기 위한 본능적 전략이자, 후세에게 더 나은 세상을 물려주고자 하는 내리사랑의 본성일지도 모른다. 모든 생명체는 번식이라는 유전적 본능을 가지고 태어난다. 그리고 종족이 지속가능하기 위한 삶의 전략을 선택한다. 흔히 말하는 K전략과 r전략일 것이다. 전자는 소수의 자손을 낳더라도 생존율을 높이는 방식으로 번식하는 경우이고, 후자는 자손을 보호하기 보다는 여럿을 낳아 그중에서 환경에 적응하고, 포식자로부터 살아남는 자손이 대를 이어 번식하는 방식이다. 인류는 아마도 r전략에서 K전략으로 진화해온 듯하다.

그러나 오늘날 우리 인간은 그런 본능을 직감적으로 해체하는 과정에 들어가고 있는 듯하다. 출산율이 줄어드는 것이 한 예이고, 욜로 역시 그런 해체 과정을 반영하는 하나의 문화 산물일 것이다. 단순히 한순간을 즐기는 것이 아니라, 생애에 걸쳐서 내가 감당할 수 있는 소비와 행복을 추구하는 소확행

---

5 Sustainable Development는 대개 지속가능한 발전으로 번역되지만, 국제협력이나 개발의제를 다루는 외교가에서는 지속가능한 개발로 부르는 경우가 있다. 지속가능한 개발이라는 말 자체가 개발을 계속해서 지속할 수 없기 때문에 모순이라는 지적을 받는다.

(작지만 확실한 행복)의 삶이기에, 출산이라는 번식본능조차 제어되어 버리는 기제가 작동했는지도 모르겠다. 욜로의 삶이 불투명한 미래에 직면한 청춘, 즉 연애, 결혼, 출산, 대인관계, 내 집 마련을 포기한다는 5포세대의 슬픔을 투영한 것이 아니냐는 지적에 필자도 충분히 공감하고 아파한다. 하지만 이 글에서는 욜로의 의미를 기존 삶을 변화시키라는 의미로 해석한다. 최근에는 덴마크에서 통용되는 '휘게(Hygge)'라든가 스웨덴의 '라곰(Lagom)'이라는 단어를 우리나라에서도 어렵지 않게 만날 수 있다. 휘게는 자신을 편안하게 만들어주는 환경이나 상황을 의미한다. 이 사람 저 사람을 만나고 복잡한 관계망에 들어가기보다는 가족이나 가까운 이웃들을 중심으로 소규모 공동체 안에서 편안함을 느끼고 싶어하는 사람들의 라이프스타일을 의미한다. 라곰 역시 그러한 편안함을 뜻하기도 하지만 '적당함' 혹은 '중용'을 의미하기도 한다. 북미에서 시작된 킨포크(Kinfolk)문화와 잡지[6] 역시 그런 편안함과 느림을 중심 가치로 두고 있다. 경쟁과 급격한 변화에서 한 발쯤 벗어나 협력과 느림의 라이프 스타일로 조금씩 옮겨가고 있는 듯하다. 개인의 삶의 전환은 이러한 라이프 스타일의 변화로 시작되지만, 결국 우리가 닿을 곳은 개인 삶의 행복이 공동체나 사회 발전을 저해해서는 안 된다는 것이다. 지속가능한 발전은 자연이 허용하는 범위 안에서 현 세대가 최대 번영을 누리면서도 미래 세대를 위해 자원과 생태적 건강성을 보장해주는 방식의 라이프 스타일을 의미한다. 현재 사회체제 내에서는, 미래 세대에 가장 큰 위

6 　네이단 윌리암(Nathan William)과 그의 친구들이 2012년 포틀랜드의 작은 사무실에서 시작한 잡지. 킨포크(Kinfolk)는 가족을 의미하는데, 라이프 스타일에서 가족이나 가까운 이들의 소중함을 생각해보게 하는 문화운동과 연결되어 있다. 현재는 포틀랜드 뿐만 아니라 유럽과 아시아 등에 사무실을 두고 4가지 언어로 발간되는 계간지로 성장하였다.

협이 되고 있는 기후변화와 종 다양성의 파괴를 막고, 숲과 같은 야생서식지를 잘 보전하려는 정책 방향을 의미한다. 동물계의 한 종으로서 인간은 지구 육상을 지배하는 가장 강력한 포식자로 성장했다. 하지만 이제는 '성장의 한계'라는 자원의 한계와 문명과 환경 사이의 불균형한 되먹임 현상에 직면하게 되면서, 과거 누려왔던 소비와 개발의 방식을 바꾸지 않으면 멸종할 수 있다는 위기의식을 가지게 되었다. 기후변화와 사막화, 멸종 위기의 동식물들이 한결 같이 그런 위기를 대변하고 있다. 그럼에도 불구하고, 누구 하나 근본적인 문명의 전환을 설득력 있게 파급하지 못하고 있기에 안타까운 현실이기도 하다. 한살림은 문명의 전환과 생명운동의 길을 걸어왔고, 다수의 조합원들이 한살림운동을 자신의 삶의 일부로서 받아들이고 있는 듯하다. 따라서 이 글은 한살림 조합원들의 양적 성장을 벗어나 질적 개선을 이루는 전환의 삶, 이를 실천하기 위한 방법으로서 지속가능한 발전과 이에 합당한 정책적 목표에 관해 이야기한다. 특히 한살림과 같은 협동조합은 기존의 성장 방식을 대체하는 핵심적인 단위이자 주체가 될 수 있기 때문에 지속가능 발전목표의 설계와 내용을 제대로 이해한다면 한살림과 국내외적 연대도 가능하고 사회적으로 기여할 수 있다. 한편에선 지속가능 발전 프레임이 UN을 중심으로 한 국제적 논의이기 때문에 한살림 비전과는 맞지 않는다고 생각할 수도 있다. 하지만 국제적 논의에 참여한 많은 지구촌 사람들이 농민이나 원주민을 포함한 다수의 NGO와 과학기술자, 여성, 청소년, 기업, 지방 정부와 같은 국가 외의 회원들이었음을 생각해볼 때 한살림과 같은 협동조합에도 시사하는 바가 적지 않을 것으로 판단된다. 따라서 이 글의 본문은 지속가능 발전의 개념과 목표에 대하여 설명하면서 2015년 국제적으로 합의된 지속가능발전목표가 한살림운동이 지향하는 바와 연동될 수 있는지 타

사례를 통해 알아보고, 또 그것을 어떻게 활용할 수 있을지 제시하고자 한다.

- ### 지속가능한 발전, 그 오래된 이야기

    지속가능 발전[7]의 등장

    1992년 리우에 모인 전 세계 정상들은 '개발과 환경'이 더이상 대립되는 개념이 아니며, 지속가능한 번영을 위해 경제와 환경이 조화를 이루면서 대립과 경쟁이 아닌 통합적인 발전을 추구해야 한다고 입을 모았다. 그것이 국제적으로 합의된 지구헌장과 의제21에 포함된 '지속가능한 발전'이었다. 1987년 『브룬트란트 보고서』에서 이미 지속가능한 발전이 정의된 상황이었지만 그것을 이해하는 사람은 많지 않았다. 개념을 실행으로 옮기기 위한 의제21은 국가 단위에서 지속가능발전위원회를 만들고, 지방에서는 지방의제21을 만들면서 환경 거버넌스가 발전하게 되었다. 이즈음 환경단체들도 많이 생겨나고, 환경만을 고집하는 것이 아니라 생태적인 삶 속에서도 경제와의 조화를 이야기하는 사람들이 늘어났다. 우리나라 역시 시민사회의 성장과 함께 민관이 협력하여 정책을 만들고, 실행하는 이른바 환경 거버넌스를 시도하면서 경제부처와 사회부처, 개발부처와 환경부처의 갈등을 조율하고, 국토계획에까지 그 영향이 번져 나갔다. 그러나 새로운 발전 모델을 주장한 이후 사반세기가 흐르는 동안 우리의 삶은 무엇이 달라졌을까? 온실

---

7   지속가능 발전이란 미래세대가 그들의 수요를 충족시키는 능력을 저해 받지 않는 수준에서 현 세대의 수요를 충족시키는 발전 형태를 의미한다.(1987 브룬트란트 보고서) 즉, 후손에게 물려줄 자연자원이 충분해야 하고, 사회나 문화적으로도 민주주의와 국민 참여를 통해 지속되는 체제이면서, 언제든 회복할 수 있는 수준의 환경파괴만을 허용하는 경제발전 모델이다.

가스로 인한 기후변화와 공해는 심각해지고, 종 다양성은 더 파괴되었으며, 경제는 덩달아 저성장의 골짜기로 파고들고 있고, 양극화로 인한 사회적 갈등과 공동체는 붕괴되고 있다는데 동의하게 되지 않을까. 매일 아침 일기예보가 아닌 미세먼지 농도를 확인하며 외출을 준비하는 사람들이 늘어나고, 공장식 축산으로 인한 각종 전염병의 창궐은 살아있는 동물과 죽어가는 동물 모두의 복지를 고민하지 않을 수 없는 상황으로 우리를 몰아간다.

이러한 악화 조짐에 사람들은 지속가능 발전에 회의감을 갖기도 하였다. 어쩌면 지속가능 발전이라는 말 자체에 피로감을 느끼고 있는지도 모르겠다. 애는 썼으나 개선의 여지가 보이지 않으니, "문제는 경제야, 바보야!(It's the Economy, Stupid!)"라는 클린턴 대통령의 구호처럼 삶의 만족도는 결국 경제적 풍요로 귀결되는 것처럼 느껴지기도 한다. '쿠즈네츠 환경곡선(Kuznet's Environmental Curve)'은 경제가 발전하면 환경문제가 해결될 수 있다는 희망을 심어준 곡선이었다. 노벨경제학상 수상자인 경제학자 쿠즈네츠는 국민소득 회계를 발명한 학자이다. 그는 소득이 증가할수록 불평등이 한동안 증가하다가 그 다음에는 불평등이 줄어든다는 것을 발견하고 뒤집힌 U곡선을 통해 경제가 성장하면 불평등이 완화된다고 주장하였다. 실제로는 농촌의 낮은 임금을 떠나 도시로 이주한 사람들의 소득이 오르면서 발생한 상황을 제대로 반영하지 못했다는 비판을 받기도 했지만, 쿠즈네츠 곡선은 당시에 경제성장을 지지해주는 주요한 이론이 되기도 하였다. 다른 경제학자들도 앞 다투어 이러한 현상이 발견되는 곡선을 찾아서 발표하였는데, 그 중 하나가 쿠즈네츠 환경곡선이었다.

성장의 과정에서 환경오염은 필연적인 과정이라는 잘못된 생각을 심어주기에 이르렀고, 고통이 없으면 얻는 것도 없다는 격언을 떠올리게 하였다. 경

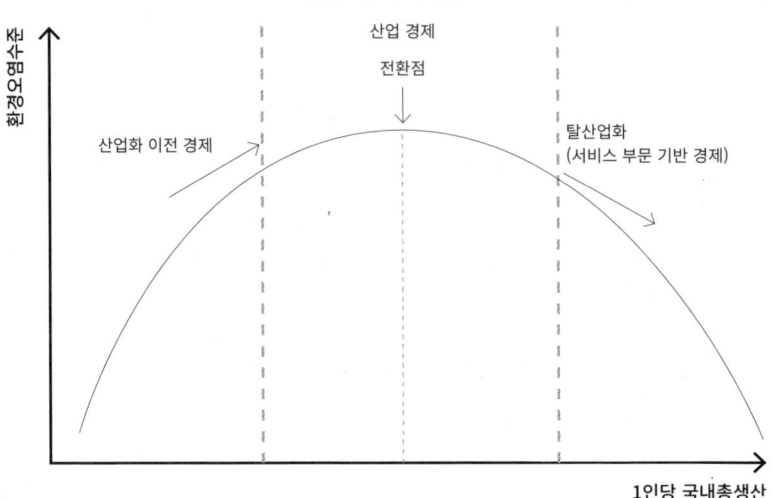

제적으로 풍요로워지면 국민들이 삶의 질을 더 중요하게 생각하게 되고, 정부도 더 강력한 환경 규제를 시행하게 되니, 환경의 질이 좋아진다는 것이다. 규제는 청정기술을 개발하는 동기가 되기도 하므로, 더 깨끗한 환경을 만드는 과학 기술이 발전하게 된다는 주장이기도 하였다. 그러나 이러한 주장은 선진국 사례들을 근거로 했기 때문에, 선진국의 오염산업이 개발도상국이나 후진국으로 이전되었다는 점과 공장에서 많이 배출되는 아황산가스와 달리 미세먼지나 온실가스의 경우엔 적용되기 어렵다는 점 때문에 비판을 받아야 했다. 결국 경제성장과 환경의 질은 뒤집힌 U곡선으로 설명되기보다는 환경을 고려한 전반적인 정책 전환이 발생하지 않는 한 경제성장과 동시에 환경의 질을 개선할 수 있다는 말은 근거 없는 희망이 되고 만다. 과연 지속가능한 발전은 가능하기나 한 것일까?

녹색경제

리우 정상회의로부터 10년이 지나서도 지속가능 발전은 그저 이상적인 이론이거나 허황된 수사로 그치는 듯하였다. 세계화에 대한 비판이 있었지만 IMF와 WTO를 필두로 한 자유 시장 경제는 몇 번의 위기에도 불구하고 승승장구하였고, 농업 개방 압력도 더욱 거세졌다. 몇몇 국가는 국가지속가능발전위원회를 없애기도 하였고, 지방의제21을 추진하던 자치단체의 거버넌스 체계도 약화되기 시작하였다. 일부는 지방정부의 예산을 지원받는 중간조직으로 그 활동의 범위가 축소되기도 하였다. 국제적으로도 지지부진한 지속가능 발전 모델이 지속가능 발전의 모호한 정의 때문에 발생한다는 비판도 일었다. 그러다 보니 환경을 고려한 경제 정책이자 지속가능 발전을 대신해서 '녹색경제(Green Economy)'가 등장하기 시작하였다. 녹색경제는 하나뿐인 지구의 한계를 인식하고, 환경에 최소한의 피해만 주면서 인간의 후생(Well-Being)과 사회적 형평성을 중시하는 경제 모델을 의미한다. 환경산업이나 협동조합, 공유경제, 순환경제가 이러한 모델에 포함된다. 녹색경제는 애매모호한 지속가능 발전을 대체하면서[8] 2000년대 중반 이후 널리 알려지기 시작하였다. 우리나라에서는 '녹색성장'이 녹색경제를 대신하여 국가 정책 목표로 등장하기도 하였다. 이명박 정부는 에너지와 환경 분야 산업을 주축으로 새로운 경제개발의 동력을 만들어보겠다는 취지에서 녹색성장을 전면에 내세웠다. 그것이 토목사업으로 빠져들지 않았다면 녹색성장은 환경 분야의 신산업으로 각광받을 수 있었을지도 모른다. 토목사

---

8   실제로 녹색경제는 지속가능 발전을 구현하는 모델로서 활용되었고, 현재에도 UN을 중심으로 녹색경제는 녹색성장이라는 말과 더불어 지속가능 발전이 정책 수단으로 이해된다.

업의 대표격인 4대강 사업은 기후변화 적응사업으로 제시되어 집행되었다. 4대강 사업의 뿌리는 경부운하에서 왔지만 명분은 기후변화였다. 기후변화에 대응하는 두 가지 방법은 기후변화를 줄이기 위한 온실가스 감축 노력과 어쩔 수 없이 발생하는 기후변화로 인한 손실을 줄이기 위한 적응 노력이다. 이명박 정부는 이 두 가지를 담당하기 위해 '저탄소 녹색성장기본법'을 제안하였다. 이 법의 등장으로 2007년 노무현 정부 때 어렵사리 기본법의 지위를 갖게 된 '지속가능발전기본법'은 2010년 '지속가능발전법'으로 격하되었다. 따라서 저탄소 녹색성장법에 근거한 국가녹색성장위원회는 지속가능발전위원회보다 강력한 지위를 가지게 되었고, 2018년 현재까지, 정부 교체로 그 역할이 축소되긴 하였지만, 여전히 지속가능발전위원회보다 상위 기관으로서 저탄소 경제, 에너지와 기후변화라는 정책 분야에서 지속가능 발전의 일부 정책을 시행하고 있다.[9]

지속가능발전목표의 등장

지속가능한 발전이라는 애매모호한 구호보다 실체를 갖게 된 녹색성장이 오히려 더 정책 실행에 도움이 되지는 않을까. 그러나 녹색성장은 태양광 사업을 촉진하고, 에너지 효율을 높이고, 자원순환사회를 지향하고, 저탄소 상품을 취급하는 녹색매장을 늘려가는 등 기후변화에 대응하는 에너지 분야 및 친환경 산업으로의 전환을 담당할지언정 우리 소비자와 사회 전반의 인식 변화를 견인하지 못하는 한계가 있었다. 녹색의 범위에 핵발전

---

[9] 문재인 정부의 녹색성장위원회는 개혁적 구성원 변화 등을 통해 에너지전환 등 지속가능한 발전을 위한 활발한 노력을 기울이고 있으나 지속가능발전기본법 격상을 위한 논의가 진행 중이므로 두 위원회 간의 병립과 합병에 관한 결과는 조만간 국회의 논의에 따라 결정이 될 예정이다.

소를 저탄소 에너지의 핵심으로 포함하였기 때문에 큰 비판을 받기도 했다. 법적으로도 녹색성장은 현 세대와 미래 세대의 세대 간의 정의 뿐만 아니라 사회적인 형평성을 고려한 환경 정의의 정신을 충분히 반영하지 못하기 때문에 결코 지속가능 발전보다 상위의 기본법으로 인정되기가 어렵다. 따라서 이번 정부가 들어서면서 '지속가능발전법'을 원래의 '지속가능발전기본법(2007년 8월 3일 제정)'으로 격상하기 위한 법안이 제출되어 있는 상태이다.

국제적으로도 2012년 리우+20 정상회의에서 새로운 개발 의제를 논의하였다. 기존의 '새천년개발목표(Millennium Development Goals, MDGs)'라는 개발 의제가 2015년에 종료됨에 따라 이를 대신하는 새로운 목표 선정이 필요했다. 그것이 바로 '지속가능발전목표'이다. 유엔은 지속가능발전목표 개념에 개발과 환경에 관한 첫 리우 정상회의의 내용을 담되, 기존의 빈곤 퇴치와 보건이라는 UN의 개발협력 의제의 내용도 함께 담고자 하였다. 이를 위해 2~3년간 UN의 주요 그룹과 국가들로부터 의견을 수렴하였고 2015년

지속가능발전목표(SDGs)

부터 유엔총회 의결을 통해 목표 시한인 2030년까지 이를 새로운 개발 의제로 시행하게 되었다. 지속가능발전목표는 경제, 사회, 환경의 세 축을 넘나들면서 여전히 많은 분야를 말하고 있지만, 구체적인 목표를 수립하고 진행하는 임무는 각 국가에 자율적으로 맡겨졌다. 유엔이 발표한 지속가능발전목표는 17개 분야, 총 169개 세부 목표로 구성되어 있다. 이전의 개발 의제인 MDGs의 목표가 8개였던 것에 비하면 매우 방대하고 적용 범위가 넓다. 또한 각 세부 목표는 개별 국가가 처해있는 상황에 따라 변형할 수 있도록 자유를 허용한다. 일단 거버넌스를 통해 국가의 지속가능발전목표치를 정하게 되면, 목표에 근접했는지를 점검할 수 있는 지표를 선정하도록 한다. 목표 점검은 2년마다 각 국가에서 보고서를 통해 자발적으로 발표하도록 정했다. 우리나라도 환경부 소속으로 지속가능발전위원회가 이를 담당하고 있으며 2018년 12월 국가 지속가능발전목표(K-SDGs)와 지표를 수립하였고, 국무회의를 통과하였다. 2019년 현재 K-SDGs라는 한국의 지속가능발전목표는 17개 목표 분야, 총 122개의 세부 목표로 구성되어 있으며, 214개 지표를 통해 목표 달성을 점검하게 된다. 2015년부터 준비된 K-SDGs는 200명에 가까운 전문가와 K-MGoS(Major Group and Other Stakeholders)라는 시민사회와 이해관계자 네트워크가 참여하였다.

지속가능발전목표 내용

국제적으로 결의된 17개 지속가능발전목표는 1) 빈곤의 종식, 2) 지속가능한 농업과 식량안보로 기아문제 해결, 3) 모든 연령층에서 건강과 후생(Wellbeing) 증진, 4) 포용적인 교육기회와 양질의 교육, 평생교육, 5) 성평등 달성, 6) 깨끗한 식수와 위생시설 접근권 보장, 7) 근대적인 에너지 사용권 및 지속가능한 청정에너지, 8) 지속적이고 포용적인 양질의 일자리 보장과 경제성장, 9) 지속가능한 사회 및 산업 기반시설로 회복탄력성을 증진, 10) 국가 내 및 국가 간의 불평등 해소, 11) 도시의 주거 및 도시민의 환경영향 최소화로 지속가능한 도시와 공동체, 12) 지속가능한 소비와 생산, 13) 기후변화에 적극적인 대응, 14) 해양자원 보존과 지속가능한 방식의 이용, 15) 육상생태계 보호 및 사막화 방지, 생물다양성 보전, 16) 부정부패가 없는 평화롭고 정의로운 사회 제도 구현, 17) 데이터 개방 및 파트너십을 통한 국제 협력 증진 등으로 구성되어 있다.

지속가능발전목표가 기존의 MDGs와 달라진 점은 지속가능발전목표의 대상이 지구상의 모든 국가라는 점에서, 개도국 중심의 목표에서 벗어나 어느 사회나 필요한 목표를 설정하도록 권고한다는 점이다. 이에 따라 빈곤과 기아를 퇴치하기 위해서 반드시 필요한 경제성장이라는 목표가 다소 약화되고, 사회 구성원 간의 평등이나 기후변화 등의 재난 회복탄력성[10]과 생태계 보전의 중요성이 강조되었다.

우리나라에서 진행되고 있는 K-SDGs 목표와 평가 과정은 누구든지 지속가능 발전포털사이트(www.ncsd.go.kr)에 접속하면 확인할 수 있다. 한국의 현실을 고려한 빈곤에 대한 목표1과 지표를 예로 들자면, 모든 성별과 장애 유무에 관계없이 빈곤 수준을 OECD 평균 이하 수준으로 줄이자는 목표에

---

10   회복탄력성은 리질리언스(Resilience)라는 영문으로 사용되기도 하고, 복원력이나 회복력으로 번역되기도 한다. 외부적인 충격이 왔을 때 원래의 상태로 돌아가려는 힘이나 시간으로 표현된다. 즉 기후변화로 인한 가뭄이나 홍수, 폭염, 병충해, 사고 등 예상하지 못한 충격이 발생하였을 때 원래의 안정된 상태로 되돌아가기 위해서는 충격을 완화시켜주는 장치와 정부의 재난관리 체계, 의료시설, 공동체 간의 협력상태 등에 따라 회복되는 시간이 달라진다. 따라서 피할 수 없는 기후 재난 예방 및 관리에 관한 체계를 갖추는 일이 지속가능성 측면에서도 중요해진다.

상대빈곤율을 지표로 포함한다. 빈곤층이나 민감계층군의 회복력을 구축하고 기후변화와 경제, 사회, 환경적 충격의 취약성을 개선하기 위해 하절기 온열질환자수를 살피기도 한다. 목표2에서는 지속가능한 식량 생산 체계를 구축하기 위해 생산적이고 지속가능한 농업에 사용되는 농지면적 비율을 모니터링해서 유기농법이나 농생태학적 방법을 확대시켜 나갈 계획이다. 건강한 삶과 웰빙을 보장하기 위한 목표3에서는 한국의 현실을 반영한 저출산과 인구 고령화 시대를 대비하는 목표를 신규로 편입시켰다. 그러나 출산장려 정책이 저출산에 대비하는 목표로 선정되었지만 여성의 존엄과 가치를 해치는 모든 유해한 관습을 근절하고, 임신과 보건 측면에서 여성의 권리와 보편적 접근성을 보장한다는 목표5번과 충돌할 수 있기 때문에 이에 걸맞은 조율과 조화가 필요해 보인다.

이 외에도 목표2에서 농가소득의 다각화를 통해 농가소득 증대를 목표로 포함하고 있지만 농업에서 양질의 일자리 개선을 위한 구체적인 목표는 포함되어 있지 않다. 양질의 일자리에 관한 목표8에도 농촌의 일자리에 관한 사항이나 농촌의 성차별적인 요소는 누락되어 있다. 단, 성평등에 관한 목표인 목표5에서 토지 소유자의 성별을 조사함으로써 농촌의 성차별적인 상황을 모니터링하자는 내용이 포함되어 있지만, 조사에 그치는 수준이다. 또한 농촌에서 일하는 외국인 노동자 차별에 관한 사항도 지속가능발전목표에 반영되지 않은 것은 미흡한 점이다. 이 외에도 목표9는 산업이나 인프라에 관한 목표이다 보니 복지서비스와 정보 접근성을 위해 도로를 확대하겠다는 목표를 담고 있다. 이는 목표15에서 말하는 산림자원이나 생태 보호 목표를 훼손할 수 있다. 목표11에서도 지방의 고속도로 접근성을 높이자는 목표가 나왔고, 이를 평가하는 지표로 고속도로 진입로(IC)로부터 30분 내 거리 인구를 반영하자는 의견이 나왔으나, 이는 전문가들 간의 논의를 거쳐 현재 제외되었다. 기존에 개발을 중심으로 정책을 제안하고 집행하던 산업부나 국토부 입장에서는 지속가능한 발전 중에서 '경제적 발전'을 상대적으로 크게 보는 반면, 환경부나 시민사회에서는 '지속가능한 환경과 사회의 근원을 생태적 건강성'으로 보고 있기 때문에 목표 간에 다소 갈등의 소지는 있었다. 하지만 통합적인 접근을 통해 기존의 국가 개발주의가 삶의 질과 환경 보전으로 조금 더 다가설 수 있다는 측면에서는 지속가능발전목표의 역할이 분명 긍정적이라고 볼 수 있다.

앞선 설명들을 보면, 지속가능발전목표는 국가의 목표처럼 보이기도 하지만, 지방정부나 산업계, 교육계 등 다양한 집단에서 활용이 가능하다. 특히 지방정부는 국제사회에서 제시한 목표를 준용하되 시민들의 의견을 반영한 목표와 지표를 활용하려고 노력 중이다. 예를 들면 당진시의 경우 1번 목표인 빈곤 퇴치에 관한 목표에서 농촌의 고령화를 핵심 문제로 고민하면서 노인 빈곤 문제 해결이 강조되었다. 서울시의 경우 2번 목표로서 도시농업을 말하고 있다. 국가 목표로서 11번 목표는 도시 대기오염 중 미세먼지 문제를 중요하게 다루면서 대기오염 저감을 목표로 내세우고, 이에 따라 자동차 운행 자제와 자발적 협력을 강조한다. 서울시나 경기도와 같은 광역 지방 자치단체뿐만 아니라 기초 자치 단체에서도 지속가능한 발전 방식을 도입하기 위해 목표와 이행계획을 협치의 주요 의제로 다루고 있다. 에너지 전환이나 플라스틱 줄이기 정도에 그치게 될지라도 구체적인 이행 계획과 목표를 합치시키려는 노력은 다양한 변화를 만들어가는 중요한 모티브가 될 것이다.

협동조합과 지속가능발전목표 연계

지속가능성은 국제협동조합연맹(International Cooperative Alliance, ICA)의 『협동조합 10년 계획』에서 2020까지 '사회, 경제, 환경'의 지속가능성을 위한 5가지 핵심 영역에도 포함되어 있다. 국제협동조합연맹은 2014년 협동조합이 지속가능발전목표에 무엇을 기여할 수 있을지 연대적 차원에서 논의를 하고 보고서를 낸 바가 있다.[11] 이러한 보고서가 편찬된 배경에는 UN을 중심으로 국제사회에서 지속가능발전목표를 논의할 당시에 이해관계자로서 협동조합의 목소리가 분명하게 들리지 않았던 점이 작용하였을 것이다. '왜 협동조합은 지속가능발전목표라는 국제적 담론에 협력하지 않을까?' 이에 대한 답은 이 보고서의 서두에서 찾아볼 수 있었다. 협동조합 내부에서 지속가능발전목표에 관한 이해와 협동조합이 이에 기여할 여지에 대한 이해가 부족했다는 평가였다.[12] 이에 따라 본 보고서는 지속가능발전목표가 현재 협동조합들이 시도하는 많은 일들과 어떻게 연계되는지를 제시함으로써 조합원들의 이해를 돕고자 하였다. 특히 아프리카나 동남아 개도국의 빈곤 종식을 위해 기여해 온 부분, 일자리 창출, 여성 성차별 감소, 환경 부담을 최소화하는 친환경 농업 생산양식으로의 변화 등이 주요한 기여가 될 것으로 보았다. 그중에서도 네델란드의 VEL, VANLA 환경농업협동조합의 사례는 지속가능발전목표가 기존의 조합이 하던 영역과 동떨어진 전혀 새로운 내용이 아니라, 협동조합에서 이미 시도해 온 자발적

---

11   ILO, 2014, Cooperatives and the Sustainable Development Goals: A contribution to the post-2015 development debate.
12   Ibid, p. 2
13   Pierluigi Milone, 2009, Agriculture in Transition, published by Van Gorcum,

인 친환경 농업 및 관리에 관한 경험과 매우 맞닿아 있다는 것을 환기시켜 준다. 우리나라에도 소개된 바 있는 네덜란드 VEL(Vereniging Eastermar's Landsdouwe)과 VANLA(Vereniging Agrarisch Natuur en Landschapsbeheer Achtkarspelen)는 1992년 프라이슬란 우드랜즈(Fryslan Woodlands)에서 처음 만들어진 친환경 조합인데, 당시 국가 중심의 하향식 환경 규제에 대응하는 농민 생산자협동조합으로서 매우 효과적이고 효율적인 결과를 낳으면서 현재는 200여 개의 단위조합이 참여하고 있다. 이들이 초기부터 내세웠던 주요 가치는 다음과 같았다.[13]

가) 환경문제는 자연 보전과 경관으로서 농업 행태와 뗄레야 뗄 수 없는 관계를 맺고 있다.
나) 환경과 농업의 통합된 목표는 집합적인 책임(Collective Responsibility)과 연결된다.
다) 농업 행태, 환경, 자연생태와 경관 등 모든 고려사항이 구체적인 맥락으로 서술되어야 한다.
라) 농민과 지방정부, 지역, 국가에 이르는 기관들과의 새로운 제도적 프레임을 만들어야 한다.

네덜란드 협동조합 사례를 분석한 헨크 우스틴디(Henk Oostindie) 박사논문 표지

이들의 문제의식은 농업 생산과 환경 보전, 경관 보존 간의 압력이 강화되고 있던 시점에서 발생하였고, 목이 조여오던 상황에서 스스로 조합을 통해 자체적인 화학물질 규제와 지역 현실에 맞는 답을 찾아가는 것이었다. 특히 당시 네덜란드 농경지는 작물생산량을 증가시키기 위한 질소, 인산비료, 화학제초제의 과도한 투입으로 유럽연합 OECD 국가 평균 질소수지보다 세 배 이상 높은 345kg/ha로 국토에 심각한 환경오염 요인이 되었다.[14] 이는 식수원 수질과 산성비 등 다양한 매체오염으로 이어졌다. 이에 따라 정부 규제가 강화되고, 특히 산성비에 약한 오리나무 방풍림과 관목을 점진적으로 제거하겠다는 정부 발표에 농민들은 자발적으로 생태경관 보전 방식을 제시하였다. 결국 이들은 자연경관 관리를 통해 농촌 관광으로 농가의 소득 다각화를 모색하였고, 조합원 농가의 자율적인 규제에 따라 생태 보전 및 자연경

지속가능한 식품체계

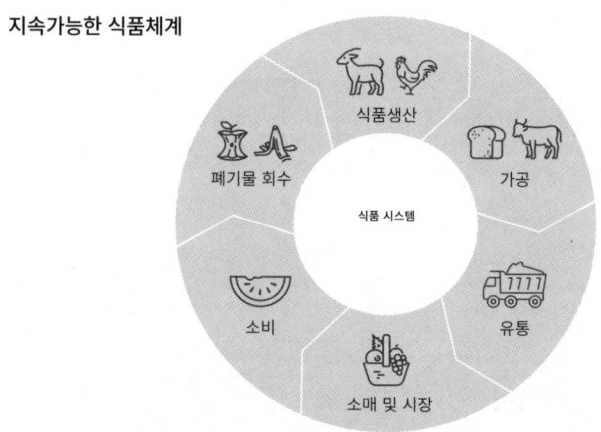

---

14 최용주, 2012, "농업농촌 발전 모델의 전환과 농업협동조합의 과제: 네덜란드 환경협동조합 사례를 중심으로, 협동조합네트워크

관 관리 프로그램을 운영하였다. 이로서 질소과다량도 2년만에 연간 257Kg/ha으로 줄어드는 효과를 보였고, 지역에 맞는 축산분뇨 퇴비화와 시비기술을 산학 협력을 통해 개발하기도 하였다. 오리나무 방풍림의 경관·관광적 가치를 살리면서 농가가 스스로 관리하는 체계도 갖추게 되었다.

이러한 사례가 협동조합과 지속가능발전목표의 다각적 연계를 잘 보여주고 있다. 조합이 가진 자발성과 생산효율성, 친환경성, 전통적 지식의 활용은 지속가능발전목표에서 말하고 있는 물·농업·에너지·생태·교육 등 융합(Nexus)접근법[15]을 쉽게 이해시켜주는 사례가 되었다. 지속가능한 농업이 수질 및 토양을 포함한 육상생태계의 건강에 기여하고, 지역의 수자원과 경관을 보호할 수 있으므로 다른 목표에도 부합될 수 있음을 보여주었기 때문이다. 2014년 발간된 이 보고서를 통해 협동조합의 경험이 구체적인 지속가능발전목표를 만드는 데에 기여하였다고 판단된다. 이러한 이유에서, 유엔을 중심으로 논의된 지속가능발전목표가 우리에게 동떨어져 있는 정책적 목표가 아니라, 오히려 협동조합이나 지역 소공동체가 구체적인 사례를 만들어 갈 수 있는 실천 의제가 될 수 있음을 인식해야 한다. 특히 협동조합의 정신과 활동이 지속가능발전목표 모범 사례로서 기여하고 있음을 이해할 필요가 있다.

- **한살림의 사회 역할과 지속가능발전목표**
  한살림 비전과 지속가능발전목표

---

15 NEXUS 접근법은 물 · 에너지 · 식량이 각각의 개별적인 접근으로 해결될 수 없는 상호연계성을 가지고 있으므로, 세 가지를 통합적으로 보아야 한다는 시각이다. 물 · 에너지 · 식량 외에도 목표 간의 상호연계성이 뚜렷한 요소들은 통합적인 시각을 가져야 한다는 의미이기도 하다.

한살림의 30년 비전보고서는 지속가능발전목표를 협소한 의미로 제시한 바 있다. 한살림이 농업과 관련되어 있기 때문에 2번 목표인 기아 종식, 식량안보 확보, 지속가능한 농업과 영양 공급이 지속가능발전목표 중에서 한살림에 적용할 수 있는 주요 목표로 제시되어 있다. 이 목표는 소규모 생산자와 농업생태학, 전통지식 활용과 이익 공유 측면에서 한살림의 비전과 맥락을 같이 한다. 그러나 한살림이 지속가능발전목표와 연결될 수 있는 지점은 한 두 곳이 아니다. 또한 지속가능발전목표를 활용하여 한살림이 사회적 역할을 할 수 있는 방법도 모색할 필요가 있다. 이를 위해서는 한살림 공동체를 하나의 결사체로 보아서 적용하는 방법도 있고, 참여하는 단위조합 차원에서, 혹은 조합원을 사회 일원으로 바라보고 적절한 지속가능발전목표를 적용하도록 유도함으로써 공동체로서, 혹은 시민으로서 지속가능한 발전에 기여하는 방법도 있다. 앞서 언급하였듯이 지속가능발전목표는 자발적인 참여를 기본으로 하며, 목표 및 지표 설정에 자율성을 인정하고 있다. 따라서 전체 항목을 도입할 필요도 없고, 범위나 대상도 다르기 때문에 전체적인 적용이 적절하지도 않다. 그 중에서 한살림 및 한살림 조합원들이 활용할 수 있는 부분을 한번 제안해보고자 한다.

프랑스의 중대형 슈퍼마켓은 유통기한이 다 되어가는 식품을 버릴 수 없다. 대신 이를 푸드 뱅크(Food Bank)나 자선단체에 기부하도록 정하였다. 2015년 정해진 법 때문이다. 일명 '식품낭비 금지법'으로 불리는 이 법은 기부 계약관계를 통해 식품을 폐기하는 대신 기부함으로써 빈곤 퇴치에도 기여하고 음식물쓰레기 발생을 줄이는데도 기여하고자 제정되었다. 물론 슈퍼마켓이 팔지 못하고 버리는 쓰레기 양이 전체 음식물쓰레기 발생량 중 10% 정도로 크지는 않지만, 이런 정책은 주변 국가에도 영향을 주었다. 이탈리아는 식품을 기부하는 정도에 따라 폐기물 관련 세금을 삭감해 줌으로써 기부를 활성화시키는 정책을 운영하고 있다. 영국의 일부 대형마트 역시 지역 사회에 식품을 기부하게 하였다. 이 과정에서 마켓은 효과적인 기부를 위해 기술적인 개선도 시행하였다. 앱을 활용하여 식품 재고를 확인하여 기부를 돕는다든가 이탈리아처럼 판매기한과 소비기한을 구별함으로써 그 사이에 식품을 기부할 수 있도록 공중보건을 고려한 정책을 도입하기도 하였다. 우리나라에도 푸드 뱅크는 있고, 이미 기부가 이루어지고 있긴 하다. 생협매장에서도 불우이웃을 돕는 차원으로 상품바구니 기부를 받기도 한다. 그러나 지속적인 연계와 지원이 제도적으로 이루어지고 있는 곳은 많지 않다. 대개 유통기한이 도래하기 전 할인품목으로 쓰레기가 발생하지 않도록 조치를 취한다. 이러한 사례를 들게 된 이유는 식량안보, 영양공급이라는 지속가능발전목표가 결국 폐기물 발생이라는 생태발자국을 최소화함으로써 공동의 목표를 통해 이루어질 수 있다는 연계성을 보여준 것이다. 지속가능발전목표들은 서로 연결되어 있고, 종합적으로 바라볼 필요가 있음을 상기시킨다.

한살림을 결사체로 인식하여 적용할 수 있는 지속가능발전목표는 양질의 일자리 공급, 성평등, 돌봄 및 공동체 교육, 재생에너지로의 전환, 재생 가능한 포장재를 활용한 자원순환, 지속가능한 농업과 어업 등 다양하다. 지속가능한 농업 분야에서는 농업생태학을 도입한 소규모 농장의 운영(목표2)과 지속가능한 생산(목표12), 귀촌을 돕는 지원 활동도 가능하다. 귀촌에 합당한 지원과 교육은 양질의 일자리 제공(목표8)과도 연계된다. 생산자 연령이 높아지면서 '후계자가 없는 농장'이 농업생산에서 가장 우려된다는 조사도 있었다. 예전에 필자는 어떤 간담회 자리에서 지속가능한 어업을 이야기하면서 어민들이 자신의 자손을 어민으로 키우지 않으면서 어떻게 지속가능한 어업을 논할 수 있느냐는 질문을 던진 적이 있다. '닭이 먼저냐 달걀이 먼저냐'라는 질문과 일맥상통한 대화가 오갔다. 농민들 역시 마찬가지일 것이다. 농업이 천대받아온 역사, 어업이 무시당한 역사를 생각해보면 자식들은 제대로 교육받고, 도시에서 화이트칼라로 편히 일하게 하고 싶은 마음은 농어민에게 너무나 당연한 것이다. 일찌감치 농업이 양질의 일자리가 되고, 안정된 소득을 올릴 수 있었다면 적성을 떠나 누구나 한번쯤은 농민을 꿈꿔봤을 것이다. 양질의 일자리는 매장에서 조합원들을 대하는 활동가나 조직 내 전문분야 업무를 수행하는 실무자들에게도 역시 중요한 주제이다.

지속가능발전목표 2번과 8번 목표 외에도 한살림의 농업은 직거래 장터와 서울의 마르쉐(Marché)와 같은 생산자와 소비자를 엮어주는 교량 역할을 하고 있다. 협동조합으로서 지속가능한 소비와 생산을 인지하고 학습하게 하는 역할도 수행한다. 공동체로서 한살림이 지속적인 교육사업이나 자발적인 학습을 유도하는 노력이 필요하다. 생산자들이 요구하는 책임생산과 책임소비라는 지속가능한 소비와 생산(목표12)이 조합원들에게 더욱 중요하게 전달되어야 한다는 생각이다. 조합원들은 소비활동을 통해 지속가능한 생산을 가능하게 하는 주체이다. 또한 목표11번에서 의미하는 도시 소비자로서 생태발자국을 최소화하는 활동에도 참여할 수 있다. 농어촌 생산자가 자신들의 지식과 경험으로 땅을 살리고 바다를 살리는 지속가능한 생산을 할 의지를 갖고 있다면, 이를 지속시키기 위해 한살림이 제도적 뒷받침을 할 수 있다. 살림의 제도화를 통해 외부적으로 목표16(평화와 정의의 제도화)에도 기여할 수 있다. 남북 화해 모드에서 한살림은 남북한의 협력 과정에 어떻게 참여할 것인지도 고민해야 하는 시점이다.

지속가능발전목표를 유엔을 중심으로 하는 국제사회나 국가 중심의 것으로 여겨, 생명운동을 해 온 한살림 공동체운동에 거부감을 가지고 바라보는 이들도 있을 수 있다. 그렇지만 유엔에는 주요 그룹이 있는데, 그 안에는 청년(Youth), 여성, 농민, 노동자, 원주민, 지방정부, NGO, 기업, 과학자 등의 이해관계자 그룹이 있고, 생산자 공동체로서 농민의 목소리에 한살림이 목소리를 보탤 수도 있다. 이들의 이야기나 시민단체들의 목소리는 결코 한살림 공동체와 동떨어진 이야기들이 아니기 때문이다. 오히려 유엔은 선진국의 도시농업이나 개도국의 토양 황폐화, 전통지식의 파괴, 심각한 생물다양성 훼손 우려의 목소리를 전달받을 수 있는 열린 소통 채널이 되기도 한다. 다만, 유엔 의사결정은 총회에 참여하는 국가들에 의해 결정된다는 한계는 있다. 그럼에도 불구하고 지속가능발전목표를 만들어가는 과정은 비교적 개방적이고 포용적이었다는 평이다. 지속가능한 발전 자체가 하나의 정책이 모든 지역에 다 적용될 수 있는(One-size-fits-all) 상황이 아니기 때문에 자율성을 두고 고려할 필요가 있다.

어떻게 이행할 것인가

필자는 한 지역의 한살림 조합원들이 스스로 생태적 삶을 살아가기 위한 책 나눔을 하는 소모임 자리에 참석한 적이 있다. 그 자리에서『단순하게 살기』라는 생태발자국에 관한 책을 권해 드리면서 조합원들이 자신의 생활 변화를 통해 이웃이나 공동체의 변화를 함께 만들어갈 수 있지 않을까 이야기를 나눈 바 있다. 한살림 공동체 내에는 이러한 나눔의 자리가 가능하다. 그것이 물품평을 나누는 자리든, 생각을 나누는 자리든, 육아와 돌봄을 나누는 자리든, 자기만의 운동이 아닌 공동체운동, 더 나아가서 한살림을 벗어난 사회적 역할을 고민할 수 있는 시간이 되기 때문에 매우 소중한 기회라 생각한다.

지속가능발전목표와 관련하여 소공동체나 모임, 나눔이 중요한 이유는 지속가능 발전이라는 용어가 낯설고 그 내용을 쉽게 알지 못하기 때문에 이에 대한 학습을 할 수 있는 단위가 되기 때문이다. 지속가능 발전이라는 것이 막연하고 모호한 개념만 있을 뿐 그에 따른 실천이 뿌리내리지 못한 것도 사실이지만 이러한 모임들을 통한 공동체 소통과 학습이 이루어질거란 기대가 있다. 일반 시민들이 여전히 잘 알지 못하는 지속가능발전목표를 위한 공감대를 조합원들이 스스로 만들어 가기란 어려울 것이다. 따라서 이해를 돕는 노력이 필요하다. 읽기 쉬운 문답집을 만들거나 한살림 조합원들의 눈높이에 맞는 교육 자료를 만들고, 그동안 한살림에서 해왔던 노력들과 이 목표가 어떻게 맞닿아 있는지 정리할 필요가 있다. 지속가능한 발전이 생명운동의 어떤 부분과 닮아 있는지를 적절하게 정리한다면 국가나 지방정부의 일이 아닌 우리 삶에 적용 가능한 지속가능발전목표를 만나게 될 것이다. '욜로'와 같은 트렌디한 용어가 만들어진다면 그 파급효과는 더욱 클 것이다. 아쉽게도 필자에게는 그런 수준의 창의력과 감각이 없다. 지속가능 발전 학습 과정에서 누군가가 그런 아이디어를 제안한다면 획기적인 기획이 될 것이다.

조합원들이 지속가능발전목표를 이해하고 지속가능한 발전을 한살림에 도입하고자 하는 의도는 이해하더라도 이것을 실제로 집행하고 의사결정하는 일은 또 다른 차원의 이야기이다. 이미 국가와 지방정부에서는 이를 위해 지속가능발전위원회를 조직하여 시민들의 의식을 조사하고, 지표를 만들기 위해 전문가들을 동원하여 거대한 계획을 시행하고 있다. 한살림은 한살림의 체계가 있고, 의사결정 방식이 있기 때문에 동일한 방식을 채택할 필요는 없다. 하지만 예산과 인력을 투입할 여력이 있는 정부와 달리 작은 공동체의 지속가능발전목표 도입은 거대한 프로젝트로 비춰져서는 안된다. 오히려 새로운 전환운동의 실천과 연계될 수 있기 때문에 한살림의 비전을 구성하는 단위에서나 조합원들간의 소소한 모임들에서 건설적인 논의로 시작하는 것이 적절하다. 그것이 한살림이 지속가능발전목표를 통해 사회적 역할을 할 수 있는 기회라고 생각한다. 한살림의 모심과살림연구소는 비정기적으로 조합원들의 설문조사를 통해 조합원의 의식조사와 지속가능성 보고서를 발간하고 있다. 이미 지속가능발전목표를 적용할 수 있는 기반을 가지고 있다고 판단된다.

앞서 지속가능발전목표 중 지속가능한 소비와 생산을 한살림이 시도할 수 있는 주요 목표로 언급한 바 있다. 지속가능한 '소비'는 조합원들의 의식적 노력과 이를 뒷받침해주는 활동가들을 통해 가능할 것이고, 지속가능한 '생산'은 생산자조합의 자발적인 참여를 통해 가능할 것이다. 지속가능한 소비가

생산을 가능하게 한다는 긍정의 되먹임 현상은 모니터링과 소통을 통해 강화될 수 있다.

필자는 상주의 농부님으로부터 매해 포도나무 한 그루를 분양 받는다. 직접 키울 수 없는 도시민을 대신해 농부님은 기록적인 폭염과 가뭄에도 불구하고 포도나무를 잘 키워 수확한 달콤한 포도송이를 보내주셨다. 사전에 계약된 금액을 지불하고 그저 믿고 기다렸다. 농약을 치지 않기 위해 손으로 나무껍질을 하나하나 벗기고 포도가 스스로 열매를 잘 맺을 수 있는 환경을 만들어주신 것을 알고 있기에 그저 고마울 따름이다. 이러한 포도는 시중에서 파는 포도보다 2배쯤 비쌀 수 있다. 하지만 신뢰가 만들어 준 관계는 농부님의 노고와 마음을 헤아리게 해 준다. 상품과 소비자로 만나는 대형 슈퍼마켓에서는 기대할 수 없는 책임생산·책임소비이다. 한살림도 마찬가지다. 협동조합원으로서 모든 생산자를 알 수도 없고 그렇기 때문에 책임소비, 더 나아가서는 지속가능한 소비가 시장가격을 넘어서서 이해되기 쉽지 않다. 그렇기 때문에 생산자와 소비자의 신뢰관계가 핵심이고, 이를 강화함으로써 지속가능한 소비와 생산의 긍정적 되먹임 현상을 촉진할 수 있다.

이러한 되먹임 현상은 어떻게 파악할 수 있을까? 국가의 지속가능한 소비와 생산을 점검하는 방법은 주요 지표를 통해서 파악된다. 예를 들면 국민들의 '녹색제품 구매율', '물질발자국', '1인당 자원소비량', '단위면적당 생산량' 등이 이에 해당한다. 하지만 이것은 통계자료를 바탕으로 연결시킨 것에 불과하며, 이 지표가 과연 지속가능한 생산을 가능하게 하느냐는 의문을 갖게 만든다. 더 많은 농약과 화학비료를 투입하면 토양의 질은 떨어지지만 단위 면적당 생산량은 증가할 것이기 때문이다. 녹색제품 구매율 역시 탄소발자국을 중심으로 평가되는 녹색제품에는 몸에 해로운 식품도 포함될 수 있다. 녹색제품 인증은 같은 종류의 생산품 중에서 이 상품이 환경에 미치는 영향이 가장 작다는 정도의 정보만을 제공할 뿐이다. 하지만 한살림의 통계는 다른 방향으로 이루어질 수 있지 않을까. 토양에 투입되는 자원의 양과 인건비는 생산량과 판매소득을 중심으로 지속가능성을 평가할 수 있을 것이다. 투입되는 자원과 인력이 높아지는데도 불구하고 경제성이 감소하거나 판매소득이 기울고 있다면 그것은 지속가능한 생산이 될 수 없기 때문이다. 기후변화로 인한 재해와 재난은 차치하고서라도 지속적인 통계자료를 만들고 이것의 변화를 살피면서 지속가능한 생산이 가능하도록 조합원 참여를 이끌어내는 일이 전적으로 필요해 보인다. 한살림의 사례는 지속가능한 소비와 생산의 긍정적 되먹임 모델로서 사회에 시사하는 바가 클 것으로 보인다.

지속가능한 미래를 위한 힘

소득주도 성장과 최저임금이 고용 쇼크를 일으킨 것 마냥 미디어가 떠드는 것을 목격하면서 우리 사회의 '문제는 경제야!'라는 구호를 다시 한 번 더 떠올렸다. 통계를 통해 살펴본 바에 따르면 우리나라의 엥겔지수(가계지출에서 식료품비가 차지하는 비율)는 15%를 넘지 않는다. 후진국일수록 엥겔지수가 높다는 인식 때문에 엥겔지수가 높게 차지하는 것을 좋게 인식하지 않는다. 하지만 먹고 산다는 것은 우리의 존재 자체일 수 있다. "You are what you eat."이라는 문장이 들려주듯 우리는 우리가 먹는 것으로 이루어져 있다. 혹자는 가계지출을 차지하는 큰 부분이 교육비라고 생각할지도 모르겠다. 하지만 그것 역시 지난 20년간 소득 증가에 비례해 다소 증가하였지만 가계 지출에서 차지하는 비율이 크게 상승하지는 않았다. 물건을 구매하고, 여행을 가고 다양한 소비가 발생하는 것은 경제 순환에서 중요

한 부분일 것이다. 물론 불필요한 자원을 낭비하는 것은 지양해야 하지만, 그것이 사회가 지속가능하도록 만들어주기 때문에 일정 수준에서 지속되어야 한다. 그렇다면 무엇이 문제일까. 주택을 구입하기 위해 대출을 받거나 주택이나 건물 임대료를 지급하는 지출이 일반 소비 외 지출로서 큰 몫을 차지하고 있고 계속 증가해 왔다. 부동산 가치가 널뛰기를 하면서 소득의 큰 부분이 조물주보다 높은 건물주에게, 다주택 소유자들에게 묶이게 된 것이다. 소득주도 성장의 핵심은 주택가격을 안정시키고 소득이 소비로 연결되어 안정되고 지속가능한 생산체계를 만들어 내는데 있다. 더불어 재생가능한 에너지와 재생가능한 물질을 소비하고, 물과 자원이 잘 순환될 수 있도록 녹지를 확보하고, 습지를 훼손하지 않음으로써 물질적인 순환이 가능하도록 제도가 정비되어야 한다.

한살림은 지속가능발전목표를 활동과 사업에 연계함으로써 바람직한 협동조합 모델을 사회에 제시하는 역할을 수행할 수 있는 공동체이다. 2015년 유엔 결의를 거쳐 2030년까지 시행될 예정인 지속가능발전목표는 그동안 말로만 그쳤던 지속가능한 발전 체계로의 전환을 구체적으로 명시하고 있다는 점에서 1992년의 기억을 한걸음 진전시켰다. 경제 체계와 소비문화 등 그동안 전환에 걸림돌이 되어왔던 많은 영역에서 지속가능발전목표를 각 사회 정책 목표로 삼음으로써 국제사회는 전환사회의 계기를 만들기 위해 애를 쓰고 있다. 하지만 지속가능 발전 이행주체를 국가와 지방정부라는 틀로 이해한다면 진정한 지속가능 발전의 모델을 구현할 수 없다. 기존의 경제성장의 프레임이 바로 국가 혹은 정부였기 때문이다. 국가 개발주의로 대표되는 성장 프레임은 새로운 전환사회의 패러다임에 적합하지 않은 프레임이자, 쉽게 바뀌지 않는 속성을 가지고 있다. 따라서 많은 사회가 국가의 틀보다는 작은 지방정부, 마을, 공동체 단위에서 전환의 모습을 찾아가는 대안을 선택하고 있다. 2008년 전 세계에 금융위기가 왔을 때 유엔은 협동조합을 경제위기에 새로운 대안 모델로 보고 이를 지원하기 시작하였다. 협동조합이 추구하는 사회적경제는 시장을 통한 개인의 이익보다는 구성원 전체에 도움이 되는 공동체의 행복을 더 중요하게 여기는 모델이기 때문이다.

2016년 세계협동조합의 날은 '지속가능한 미래를 위한 행동하는 힘'이라는 슬로건을 내세운 바 있다. 협동조합의 발전은 개인이 아닌 사회의 자산 증가로 이어진다. 협동조합이 지향하는 정의로운 배분과 협동과 신뢰라는 사회적 자본의 형성은 우리 사회를 보다 지속가능한 사회로 만들어가는 힘이 될 것이다.

박숙현
지속가능시스템연구소장, 모심과살림연구소 연구기획위원.
저서로는 『거꾸로 환경시계 탐구생활』이 있으며, 기후위기시대에 지속가능한 전환을 위한 사회생태시스템 연구에 관심을 갖고 있다.

2부
기후변화 시대 마을과 지역, 그리고 협동주체

기후변화 대응과 적응을 위한 공동체 전략지도
신승철

마을에서 생활인으로 살기
이경란

지역을 살리는 일본 생협
강내영

협동조합 조합원 주체 되기
양세진

기후변화는

생명도, 자연도, 농업도, 미래 세대도

살아갈 수 없는 상황으로 향해 가고 있다.

전환의 시작은 위기와 끝, 유한성에 맞선

거대한 민중들의 응시로부터 시작된다.

그것은 죽음과 죽임의 미래가 아니라,

전환사회와 새로운 열정과 예술, 창조가 만들 미래이다.

거대한 기후위기 앞에

우리 자신을, 지금-여기-가까이를 바꾸는 것으로부터

세상이 바뀔 수 있다.

이제 한 사람 한 사람이

문명 전환, 녹색 전환, 에너지 전환을 위한

마중물이 되어야 한다.

기후변화 대응과 적응을 위한 공동체 전략지도

●
신승철
생태적지혜연구소 소장

● **다가온 미래, 불안한 미래, 오래된 미래**

북반구를 연일 40℃의 폭염으로 몰아넣은 2018년 여름, 기후변화가 이후 초래할 상황을 다룬 절망적인 정보와 기사를 접하고 많은 이들이 망연자실, 전망 상실, 비관의 늪에 빠졌다. 한때 생태주의자를 자임했던 한 선배는 "더 이상 아무것도 하지 마라, 이미 끝난 거다"라며, 기후변화가 공동체와 제도, 시스템의 범위에서 벗어났으며, 정정이 불가능한 미래를 그만 포기하라고 종용했다. 필자 역시도 얼어붙고 경직되고 주저하게 되었던 것도 사실이다. 비관적인 기사를 접한 혹자가 다가와 절망적인 통계수치와 최신 정보를 말하면서 생존의 갈급함과 절망감을 호소하기도 하였다. 기후변화는 빨리 다가왔지만, 사회변화는 더디고 전환사회를 향한 전망이 요원했기 때문에 사람들의 아우성과 절규는 깊어만 갔다.
여기 변화와 희망의 가냘픈 목소리를 담은 판도라의 상자가 있다. 그 속에 나지막이 속삭이고 있는 한 줄기 희망이 한살림소비자생활협동조합(이하 한살림)이다. 기후변화 시대, 한살림의 사회적 역할은 더욱 절실히 다가오는 이유이기도 하다. 우리는 왜 이러한 지경이 되었는지에 대한 정보와 지식이 주는 확실한 대답에 머물러서는 안 된다. 지식과 정보가 주는 대답은 분명하지만 우리의 전환사회를 향한 문제의식이 더 우리를 실천으로 이끌 것이기 때문이다. 정보가 아닌 정동(Affect)[16]으로, 지식이 아닌 지혜(Sophia)로, 의미화가 아닌 지도화(Cartography)[17]로 문명전환을 맞이해보자고 조심스럽게 제안해 본다. 이는 "왜?"라는 본질이 아닌 "어떻게"라는 작동의 문제로 패러다임을 이동시키기 때문이다. 그리고 그 "어떻게"의 질문은 우리 삶의 방식의 대대적인 변화를 초래할 것이기 때문이다. 그것을 가능하도록 촉매하고 고무하는 역할이 한살림의 사회적 역할이 아닐까 하는 생각에 이르게 되었다.

엄습한 미래는 지구와 생명, 인류의 끝, 유한성, 한계를 분명히 보여준다. 그리고 그 끝을 응시하고 한계와 유한성을 응시하는 순간, 불안하지만 자유로운 실존과 삶을 응시하게 된다. 실존의 무상성(無常性), 전락성(轉落性)[18], 유한성, 불안 등이 찾아오는 순간은 우리가 속칭 얘기하는 "내려 놓는다"라고 말하는 순간이기도 하다. 우리 안에서 도망가고 싶은 마음, 염려의 마음, 회피하고자 하는 마음이 생기는 것은 자연스럽다. 그러나 내려놓은 사람이

---

16   정동(Affect)은 스피노자에게는 기쁨, 슬픔, 욕망이며, 일시적이고 돌발적인 감정과 달리 자기원인이 있는 정서의 형태이다. 정동은 돌봄, 살림, 보살핌, 모심, 섬김처럼 아끼고 보살피고 돌보는 과정에서 움직이는 마음의 유형이기도 하다.
17   베이트슨은 "지도화는 영토화가 아니다"라고 간단히 정리한다. 의미화는 입구와 출구, 문제제기와 대답, 원인과 결과가 일치하고 대면하는 유형이라면, 지도화는 입구와 출구가 분열되어 있는 탈주의 유형이다. 즉, 전혀 예상치 못한 영역에서 출구전략을 가질 수 있는 것이 지도화이다.
18   전락성은 밑바닥 경험을 통해 자신의 한계를 응시하고 놀랄 만한 주체성 생산을 이루는 것을 의미한다. 이와 달리, 시스템의 기계부품으로 전락하는 경우는 실존의 전락성과 거리가 멀다.

무엇을 해야 하나? 실존의 응시는 끝이 아니라, 문제 해결의 시작이기 때문이다. 여기서 샤르트르가 말했던 앙가주망(Engagement), 즉 '실존주의를 넘어선 실존'에 주목할 수밖에 없다. 즉, 현실 참여를 통해서 세계를 바꾸려는 시도를 하는 것, 실존의 끝을 응시하는 사람들이 공동체 판을 깔고 미래 세대가 뛰어놀 수 있는 자리를 마련하는 것, 그것이 실존의 과제인 것이다. 물론 우리에게는 시간이 많지는 않다. 지구 평균기온 1.5℃ 상승 이후에는 기후변화는 인류의 통제로부터 벗어날 것이기 때문이다. 풍요롭게 누리고 향유한다면 기후변화의 시계침은 더 빨라질 것이다.

대답으로서 주어진 기후변화가 보여주는 미래상은 참혹하고 절박하고 그래서 신성하기까지 한 종말론의 지평을 드러내고 있다. 그러한 주어진 대답은 많은 사람들로 하여금 미래 세대를 포기하고, 찰나를 탐닉하고, 생존의 발버둥을 비하하고, 인류와 생명 본연의 가치를 도외시하게 만든다. 그래서 더

위기다. 그것이 마음의 위기이기 때문이다. 우선 지속가능한 미래 사회를 구성하고 만들기 위해서는 자신의 삶의 양식을 윤리적이고 미학적으로 바꾸고 문명을 바꾸고 제도를 바꾸는 구체적인 실천과 행동이 요구된다. 그래서 마음이 중요하다. 주체성 생산이 중요하다. 미래 세대를 고려하고 안타깝게 생각하는 마음을 가진 사람, 인간, 공동체, 생명의 지속가능성을 염려하고 연민하고 고려할 수 있는 마음을 가진 사람들을 만들어내는 것, 더 나아가 그 일을 해낼 사람을 만들어내는 것이 더 시급하다.

자본주의 문명의 기존 시간관은 과거에서 현재로 미래로 선형적인 진보의 흐름을 그려냈다. 그런데 어제보다 나은 오늘, 오늘보다 나은 미래를 생각하는 진보 사상은 더 성장하고 더 나아지도록 디자인되었다. 그러나 무심결에 '내일이 찾아오면 해결되겠지'라고 생각되는 미래가 없어지고, 한계, 유한성, 끝으로서의 미래가 찾아온 현재의 시점에서 시간의 개념이 변형될 수밖에 없다. 이제 과거, 현재, 미래는 우리가 총동원해야 할 특이점(Singularity)[19]이라고 할 수 있다. 우리는 먼저 과거 속에서 잠재적인 상태로 내재해 있는 생태적 지혜(Ecosophia)의 방법론을 추출해야 한다. 물론 과거의 생태적 지혜를 낡은 것, 구습, 미신, 주술이라고 여길 수도 있다. 그러나 생태적 지혜는 대지, 자연, 생명과 교감하면서 얻은 무정형의 지식 체계이거나 암묵지 형태의 노하우를 의미한다. 이는 위생적이고 탈색된 관계 속에서 유통되는 대량의 정보와 지식이 갖고 있는 특유의 무기력지층[20]을 극복하는 경로를 개척

---

[19] 특이점은 에너지의 반복이 물질되는 포인트이다. 그런 점에서 욕망, 정동, 사랑의 반복지점으로서의 특이점이 시간의 수평선 위에 아로새겨진다고 할 수 있다. 특이점은 문명의 선택할 수 있는 경우의 수이기도 하다. 이를 테면 현 세대의 사랑의 반복이 만든 특이점으로서의 오늘은 내일 다가올 미래세대에게는 선택할 수 있는 경우의 수가 된다.

할 것이다. 그런 점에서 지식과 정보가 아닌 지혜와 정동의 입장에서 과거의 잠재력, 즉 오래된 미래의 역량을 최대치로 끌어올려야 할 것이다.

또한 현재는 '사라지는 짧은 과거'와 '다가오는 미래'가 교차되는 '지금-여기-가까이'의 실존적인 단독성(Singularity)[21]을 재건하는 것이어야 한다. 이는 미래로 차압되거나 과거에 저당 잡히지 않는 온전한 현재를 살아가는 것을 의미한다. 현재는 욜로(You Only Live Once, YOLO)족처럼 미래를 향한 전망을 포기하고, 찰나 동안 흥청망청 소모하고 소비하는 삶이 아니라, 유한성, 특이성, 사건성[22]을 구성하고, 발견하고, 실존을 재건할 수 있는 특이점이 되어야 한다. 지금 현재를 살아가는 존재들이 세상에 단 하나밖에 없는 유일무이한 존재라는 점을 깨닫고, 지금 이 순간은 인생에 단 한번뿐인 순간임을 깨닫는 것이 그것이다. 더불어 미래는 과거-현재-미래의 선형적인 흐름이 도달할 미지의 영역, 즉 무심결의 미래나 메시아적 미래, 유토피아적 미래로 여겨져서는 안 된다. 미래는 그 한계가 분명한 특이점이다. 그렇기 때문에 이미 도래한 미래 세대와 앞으로 도래할 미래 세대의 삶을 고려하는 것이 필요하다. 이를 지속가능성이라는 개념으로 설명하는데, 이는 미래로부터 현재를 역으로 규정하는 역행(Involution)적 방법론을 적용시킨다. 즉, 미래

---

[20] 무기력지층은 개인이 구조에 직면했을 때, 자신이 할 수 있는 것이 아무것도 없다는 것을 의미한다. 위생적이고 기능화되고 자동화된 사회에서 개인은 특유의 무기력증에 사로잡혀서 혼자가 되면 기존의 삶을 그대로 유지할 뿐이다.

[21] 실존적 단독성은 "지금·여기·존재가 유일무이한 존재"라는 점과 "지금 이 순간이 인생의 단 한번뿐인 시간"이라는 점에 기반한다. 하이데거의 『존재와 시간』은 실존적 단독성에 대한 탐색이며, 단독성은 특개성, 특이성, 일의성, 유일우이성과 동의어이다.

[22] 사건성은 사람들을 뻔하게 보는 것이 아니라, 가까이에 있는 사람의 깊이와 잠재성을 응시하고 발견할 때 갑자기 나타난다. 사랑의 놀라운 순간인 사건성은 우리의 기억 저편에 있는 유년기 동안의 사랑과 정동이라는 잠재성이 나타나는 특이점이기도 하다.

관점에서 현재를 바라보는 것이다. 그래야 비로소 지속가능성과 미래 세대의 권리가 드러날 수 있기 때문이다. 이러한 과거-현재-미래의 시간 특이점들의 총동원은 기후변화 시대 전략지도의 일부이다.

기후변화 시대가 개막되었음에도 성장주의자들은 여전히 도처에서 똬리를 틀고 있다. 사실상 성장주의자들이 탄소파시즘-분리주의, 고립주의, 폐쇄경제-의 담론 지형을 갖고 있다는 사실이 곳곳에서 확인된다. 대량 절멸의 상황에서 자신만 살겠다고 나선 이 성장주의자들이 갖고 있는 논리는 사실상 증오와 차별, 혐오의 파시즘을 주춧돌로 삼고 있다. 자연, 생명, 제3세계 문명의 외부가 사라짐으로써 성장 동력으로서 외부효과를 상실한 성장주의자들에게는 증오와 차별, 분리는 내부의 외부를 설정하여 그 낙차 효과 속에서 외부를 만드는 전략 중 하나이다. 즉, 공동체 구성원 중 일부였던 이주민, 난민, 소수자들을 향한 차별을 통해 외부를 설정하는 방법이 그것이다. 결국 이러한 외부에 대한 설정은 지구촌 내부 구성원 중 일부를 차별하고 배제함으로써 그들에 대한 배려와 돌봄, 더 나아가 생명권을 박탈하는 것을 의미한다.

그러나 외부의 내부를 만드는 방법 중 다른 방법이 있다. 다시 말해 증오의 경제가 있는가 하면 사랑의 경제도 현존한다. 한살림이 기반으로 삼고 있는 사회적 경제가 그것이다. 우선 사랑과 돌봄, 정동의 경제를 작동시키는 사

---

23 분자적인 것은 여러 모델을 이행하고 횡단하는 재미와 놀이에 입각한다면, 몰적인 것은 하나의 모델에 수렴되고 집중하는 의미와 일에 입각하고 있다고 할 수 있다. 분자적인 것은 욕망, 사랑, 정동이라면, 몰적인 것은 계급이익, 이해, 요구와 같은 것이라고 할 수 있다. 자본주의는 분자적인 욕망을 생산하면서도, 끊임없이 소비로 귀결시키는 방향으로 향한다. 이런 점에서 자본주의는, 움직여라 동시에 멈춰라, 라고 말하는 이중구속(Double bind)를 내부에 갖고 있어 정신분열증과 상동성을 갖는다.

회적경제에서 탄소 감축의 방향성은 퇴행과 선택지의 감소, 쪼그라듦을 의미하는 것이 아니라, 탄소 소비를 회피하면서도 사랑과 욕망, 정동을 강렬히 순환시킬 방법을 찾아야 한다. 이는 분자적(Molecular) 욕망이 몰적(Molar) 소비로 귀결되어 왔던 자본주의 경제[23] 작동방식을 벗어나, 분자적 욕망, 정동, 사랑의 해방을 의미한다. 동시에 사랑, 정동, 돌봄에 기반한 생활양식 변화, 문명전환을 의미한다. 현재 성장주의는 파시즘과 공명하는 점이 드러나고 있는 시점이다. 성장주의 논리는 더 이상 생명, 자연, 대지 등 외부를 향해 약탈하고 착취할 수 없기 때문에 내부로 눈을 돌려 사랑, 욕망, 정동을 억압하고 차별, 식별, 증오, 혐오, 분리에 기반한 탄소파시즘으로 수렴되는 경향이 있다. 그런 점에서 사랑, 정동, 돌봄 등이 작동하는 관계망으로부터 분리된 개인들이 소비주의로, 물신주의로, 탄소 중독적 문명으로 나아갈 수밖에 없다는 점에서 사랑과 정동, 욕망이 순환하는 관계망으로서 한살림의 역할이 주목된다.

한살림이 기후변화 대응(탄소 감축)과 적응으로 나아가려고 한다면 사실상 기후변환 관련 최신 정보를 소개하고, 결국 절망과 무기력을 양산하는 것이 아니라, 문제의식, 지혜, 정동이 갖고 있는 방향성과 지향성, 방법론, 변화의 리듬과 화음, 마음의 생태학 등을 생산하고 창조해야 한다. 그러한 방향성으로 향하기 위해 정보와 지식처럼 "~은 ~이다"라고 의미화 하고 규정하는 전문가의 대답이 필요한 것이 아니다. 오히려 삶의 지혜와 사랑과 정동, 욕망의 흐름에 따른 지도화가 필요하다. 그래서 굳이 정보와 지식을 소개하지 않고 "한살림이라면 어떻게 해야 하지?", "우리는 무엇을 할 수 있을까?", "우리는 어떻게 변화의 시초점이 되지?"라는 문제 제기를 던지는 것이 필요하다. 사실 대답으로서 지식, 정보를 나열하기는 아주 쉽지만 그것을 현실 변화의 계기로 삼는 문제 제기의 지평으로 나아가기란 쉽지 않다. 여기서 이론이 복잡계가 아니라, 현실이 복잡계라는 점에 주목해야 한다. 전문가를 자임하는 것은 쉽지만, 현실이 갖고 있는 풍부함과 다양성, 복잡성에 기반한 문제 제기에 더 주목해야 한다. 전문가들은 문제 제기에 대한 대답은 하나라고 말하지만, 현실 속에서의 문제 제기에 대한 대답은 모두가 대답일 수도, 여럿일 수도, 없을 수도 있기 때문이다. 그런 점에서 현실은 "~은 ~이다"라는 전문가의 하나의 대답, 즉 의미화의 영역이 아니라, 여러 의미를 끊임없이 횡단하고 이행하고 변이하는 지도화의 영역이라고 할 수 있다.

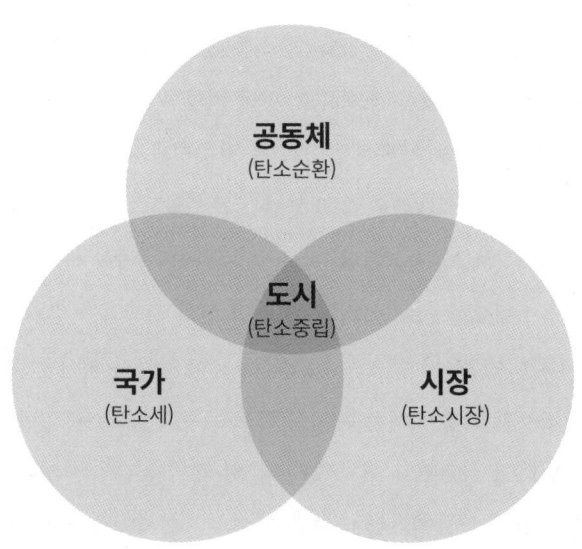

여기서 한살림이 기후변화 시대에 해내야 할 사회적 역할의 전략적 지도 제작이라는 아주 큰 타이틀을 달고 생태적 지혜를 발휘하고, 상상력과 열망, 정동을 고무하여 삶의 전환, 문명의 전환, 녹색전환의 가능성을 타진하려고 한다. 엄중한 기후변화 현실에서 예외란 있을 수 없다. 요행을 바라고 '나만은 아니겠지'라거나 마음의 위로나 위안으로 머물러서는 안 된다. 우리는 더욱 기후변화의 민감성을 키워 나가면서 현실 변화를 촉발할 계기를 찾아야 한다. 미래를 희망, 불안, 절망이라고 막연히 규정하기보다는 하나의 특이점으로 만들어내어 사고할 필요가 있다. 즉, 이미 도래한 미래 세대가 향후 기후변화 상황에서 어떤 삶을 살지 정확한 인식이 필요하다. 한살림의 미래 전망은 바로 미래 세대를 어떻게 생각하고 사회적 역할을 할 것인가의 여부와 무관치 않기 때문이다.

- **사회 각 섹터의 탄소 감축 정책과 전략지도**

    공동체_탄소순환(=생명순환)

    헝가리 경제학자 칼 폴라니(Karl Polanyi)는 국가, 시장, 공동체의 삼원 다이어그램 구도를 그려냈던 인물이다. 그에 따르면, '선물을 주고받는 공동체'와 '상품을 사고파는 시장', '모아서 나누는 국가'의 기능과 역할이 지도로 그려진다. 각각의 영역이 조화와 균형을 통해서 기후변화 시대에 대응하는 것을 다시 그려볼 수 있는데, 탄소순환 공동체와 탄소시장, 탄소세의 국가, 탄소 중립의 도시 등으로 이루어진 다이어그램으로 구현될 수 있다. 여기서 탄소 감축을 위한 사회 각 주체의 노력 속에서 가장 두드러지게 강조되어야 할 영역이 바로 공동체의 탄소순환 영역이다. 왜냐하면 복원점 이후에 지속되어야 할 문명의 형태이기도 하지만, 탄소 감축을 이룰 수 있는 기반이 되는 기본적인 판과 구도이기 때문이다. 탄소순환의 공동체는 인류의 과거, 현재, 미래를 함께 하면서 오래된 미래로서의 전환사회가 과연 어떤 곳인가에 대한 상상력의 기반이 되어 왔다. 물론 재생에너지와 녹색기술 등의 문명이 갖고 있는 장점을 버리자는 얘기가 아니다. '탄소순환=생명순환'의 주춧돌 위에 그것을 배치하자는 얘기다.

공동체에서 탄소순환은 생명순환이며, 유기농업, 유기축산, 재생과 순환, 되살림의 영역에서 경제를 작동시킨다. 그러한 탄소순환 사회의 전망을 염두에 두면서 한살림은 자급자족이 가능하도록 설립된 모듈 단위[24], 커뮤니티 단위의 탄소순환경제를 작동시킬 필요가 있다. 공동체의 탄소순환은 생명의 생로병사와 함께 하며, 생명의 부산물로서 유기물 순환에 기반한 농업이라고 할 수 있다. 지구 생태계는 질소순환, 산소순환, 탄소순환의 거대한 3대 순환계의 질서이며, 그 중 탄소순환은 나무와 식물이 자라나서 탄소를 머금고 다시 땅에 묻혀 바이오매스(Biomass)가 되는 과정에 따른다. 지금 내가 앉아 있는 책상도 원래는 나무였고, 그 이전에는 공기였고, 그것이 효용을 다하면 다시 되살림 되어 다른 누군가가 쓰게 되는 순환과 재생, 되살림의 과정이 우리 앞에 펼쳐진다. 한살림은 유기축산, 친환경 축산, 유기농업, 친환경 농업 등에 기반하여 탄소순환을 위한 공동체의 판을 넓혀 나가야 한다. 화석연료에 기반한 관행농업이 아닌 생명순환에 기반한 농업이 미래 세대에게 건강한 먹을거리를 제공할 뿐만 아니라, 지구생태계의 지속가능성에도 도움이 됨을 직시해야 한다.

---

[24] 모듈(Module)은 기능적으로 완결되어 있는 결사체의 단위를 의미하며, 2~5명의 근접 거리의 사람들로 구성된다. 쿠바의 유기농혁명 당시 2~3명의 농부들이 서로 이야기를 하면서 모듈을 구성했던 역사적 사례가 있다.

한살림은 탄소순환 사회로의 전망을 협동조합이 갖고 있는 결사체와 사업체 간의 내적 긴장이 공동체와 시장 사이의 접점이 갖고 있는 역동성임을 발견하여야 한다. 문제는 막대한 기후변화나 생명 위기 시대에서 시장 영역의 기능 정지가 두드러지게 나타날 것이라는 점이다. 이에 따라 탄소순환에 기반한 공동체의 기반이 되는 결사체적 성격을 더욱 강화함으로써, 기후변화 대응과 적응의 잠재력을 높여야 한다. 동시에 기후 단절이나 생명 위기상황에서 주권이나 공공영역이 작동하지 않을 때 탄소순환 공동체가 취해야 할 전략적 지도 제작을 미리 해두어야 한다. 기후변화로 인한 가뭄이 지속되거나 위기 상황이 벌어질 때 주권과 공공영역이 작동하지 않은 사례는 시리아, 일본, 아프리카 여러 국가 등에서도 나타난 바 있다. 이에 따라 탄소순환 사회로 이행을 도모하고 동시에 기후변화 적응 전략으로서 공공 기능 정지 상황에 대비하여 '생명민회'의 생태민주주의 씨앗을 심는데 한살림이 마중물이 되어야 한다. 한살림은 기후 단절에 대비해서 자기 완결적인 모듈 형태의 커뮤니티를 구성하여 자기 생산적이고 자급자족이 가능한 단위를 위한 구도를 그려나갈 필요가 있다. 그렇다고 노아의 방주를 만드는 것만이 해결책이 될 수 없다. 사회와 공공 영역을 향한 개입과 참여는 여전히 중요하다.

국가_탄소세

돌봄, 모심, 살림, 보살핌 등의 정동(Affect) 영역이, 의미화될 수 없는 지도화의 영역, 명사형이 아닌 동사형, 본질이 아닌 양상, 다시 말해서 철저히 흐름(Flux)의 영역이라는 점에 주목해야 한다. 물론 공공의 돌봄서비스 일부를 협동조합 등이 담당하면서 국가가 해야 할 '모아서 나누는 것'의 영역을 민간이 대리하는 경우도 있지만, 대부분 돌봄이나 정동의 영역은 명

사가 아닌 동사로 간주되어 상품과 같이 명사의 본질로서 적시되는 방식으로 의미화의 내부로 들어갈 수 없는 것으로 간주되어 왔다. 이를테면 어떤 상품을 "이것은 내거다"라고 적시할 수는 있지만, 그것을 돌보고 닦고 정돈했던 돌봄과 정동의 과정을 적시하기는 힘들기 때문이다. 그러나 "~은 ~이다"라는 의미화의 외부나 주변에 사랑, 욕망, 정동, 돌봄이 자리 잡는 것으로 머물러서는 해결책이나 전환사회가 가능하지 않다. 오히려 의미의 내부로 깊숙이 들어가는 것이 탄소 감축의 전략적 방법이라고 할 수 있다. 이에 따라 상품의 내부에 탄소세를 기입하는 방법은 아주 시의적절한 탄소 감축 방법이 될 수 있다. 국가의 역할은 이제 탄소 중독적 삶에 탄소세를 부여하여 탄소 감축적인 전환사회로 향할 산업구조 재편의 씨앗자금을 마련하는 것으로 향해야 한다. 이를 테면 공장식 축산업에 육류세를 부과하여 친환경 축산이나 동물복지 축산기금으로 활용하는 것이 필요하다. 또 석유산업에 기반한 탄소량이 많은 상품에 탄소세를 부과하여 탄소복지기금과 재생에너지 기금으로 활용하는 것을 생각해 볼 수 있다. 긴 실천 과정에서 한살림은 탄소세, 기후세, 육류세 등의 제도 창안과 입법화, 그리고 지속적인 문제 제기와 여론 확대를 위해 노력해야 한다.

이러한 탄소세의 시작점은 푸드 마일리지가 높거나, 관행농에 기반하거나, 제철채소가 아니거나, 택배를 통한 운송에 탄소 소비를 하거나, 과도한 육식을 조장하는 등의 먹을거리 문화에 대한 문제 제기로부터 시작될 수 있다. 중세 논의에서 탄소세, 기후세, 육류세 등의 문제 제기는 지속적으로 이루어져야 한다.

더 나아가 공공에서 나서지 않을 경우 마을정부를 운영하여 자발적 탄소세 납부를 통한 탄소감축기금의 확보도 생각해 볼 수 있다. 여기서 형성된 기금으로 재생에너지 확충과 탄소복지기금으로 사용하는 것도 생각해 볼 수 있다. 그러나 이것은 공공영역이 지나치게 견고해 움직이지 않는 경우를 가정한 것이다. 오히려 지속적인 협치를 통해 탄소세의 지속적인 요구와 여론 형성이 필요하다. 한살림에 있어서 탄소세, 기후세, 육류세 등이 중요한 이유는 시장에서 '값이 싸다'라고 여겨졌던 관행농, 공장식 축산업, 하우스 농업 등이 사실상 값싼 화석연료에 기반했기 때문이라는 점이 분명하고, 탄소세 도입은 가격경쟁력 측면에서도 유기농, 동물복지축산, 로컬 푸드, 제철채소 등이 우위에 서게 되는 상황이 도래할 것이기 때문이다. 여기서 하나의 제안은 한살림 물품 모두에 탄소 마일리지를 표기하는 것이고, 이미 '가까운 먹을거리 운동'을 통해 그 일부를 수행한 바 있다. 물론 일반 상품과 비교를 통해 탄소 절감 효과를 알리는 것도 중요하다. 이를 테면 수입밀 라면과 우리밀 라면이 얼마나 탄소 감축 효과가 있는지 구체적인 수치와 도표가 필요한 상황이기 때문이다. 이를 통해 탄소세가 왜 필요한지 여론 조성에도 탄소 마일리지는 한 몫을 할 것이다. 한살림 입장에서는 먹을거리를 중심으로 탄소세 부과를 끊임없이 요구하는 것이 전환사회를 앞당길 뿐만 아니라, 사실상 시장의 의미화 논리에 들어가는 상황에서도 유리할 것이라는 점이 드러난다.

시장_탄소시장

2017년 한국에서도 탄소배출권 거래시장이 생겼다. 그리고 소리소문 없이 탄소배출권 거래시장이 작동하고 있다. 그럼에도 그 역할이나 기능이 본래 의미와 달리 제대로 작동하지 않는 상황이다. 여기서 기업의 탄소 배출 총량을 산정하는 과정에서의 문제점은 여전히 남아 있다. 탄소배출권을 과도하게 부여하는 것이 아니라, 갈수록 적게 발행하는 방식의 마이너스 성장에 따라 탄소 감축을 위한 탄소시장 본래의 기능이 제대로 작동되지 않고 있다는 점도 문제점 중 하나이다. 오히려 탄소시장이 해마다 성장한다는 것은 과도한 탄소배출권 발행에 따른 결과일 가능성이 높다. 그러나 탄소시장의 작동은 사실은 탄소 감축을 위한 시발점이 될 수 있다는 점은 분명하다. 그런 점에서 해외 사례에서도 보이듯이 시민단체들이 탄소배출권을 사서 주기적으로 소각하는 등의 노력은 여전히 필요한 상황이다. 그것이 실효성을 갖기 위해서는 탄소시장의 정상화로부터 시작할 것이다. 우선 한국 사회에서 시장의 자율적이고 자구적인 노력의 일환으로 배출권 거래 제도가 형성된 것은 중요한 시발점이지만, 이를 가시화하고 구체화하기까지는 시간이 소요될 것으로 보인다.

한살림은 기업의 탄소 배출 총량 산정의 문제나 기타 탄소배출권 거래 제도의 정상화 과정에서 의도적으로 개입하여 기업 간 협의테이블에 들어갈 필요도 있다. 더 나아가 한살림 자체적으로 탄소시장을 작동시킨다는 상상력을 발휘하면 어떨까? 협동조합 내에서 지역화폐를 운영하고 협동조합 내에서 만든 소규모 탄소시장과 연계하여 작동시키고, 각 가정, 사업장, 소농 등의 탄소살림과도 연계시켜 탄소 감축을 위한 협동조합 내부의 탄소시장을 만들어내는 것이다. 특히 탄소살림의 일환으로 가정의 탄소 배출 총량을 산정하여 탄소배출권을 거래하도록 하는 것은 시장의 방법론을 옮겨다 놓지만, 사실상 가정의 탄소살림이 협동조합이 만든 지역 가상화폐와 연계되도록 설계된다면 많은 협동조합원의 상상력과 실천의지를 자극할 것이다. 물론 이러한 노력은 탄소배출권을 발권하여 거래하면서도 주기적으로 협동조합원이 탄 배출권을 소각하는 과정을 통해서 탄소시장이 성장주의와 돈의 논리에 기반하지 않고, 스스로 윤리적이고 미학적인 절차와 과정으로 느껴질 수 있도록 설계되어야 한다.

도시_탄소 중립

도시에서의 삶은 탄소 소비를 피할 수 없는 삶의 방식으로 양식화 되고 있다. 이를테면 자동차 사용이나 아파트 사용, 전기에너지 과다 사용 등이 그것이다. 그러나 재생에너지, 자전거와 보행, 대중교통 이용, 유기농 먹을거리 등에 따라 탄소 중립적인 방향으로 설계되어야 한다. 여기서 도시의 탄소 중립적인 삶의 방식에 대한 지도 제작이 반드시 필요한 상황이다. 예를 들면 민간까지 포괄하는 강력한 자동차 2부제 제도 확충이 반드시 요구되며, 이는 카풀이나 카쉐어링 등과 연계되어 추진될 때 실효성을 갖게 될 것이다. 이에 따라 공유경제 모델이 확산되어 사람들의 상상력을 자극했듯이 탄소 중립적인 도시 모델이 새로운 상상력을 자극할 시점이 되었다. 우선 한살림에서는 도시생활자의 삶을 탄소발자국에 입각한 탄소이력제도를 적용하여 지도그리기를 해서 정보를 유통시켜야 한다. 이를 통해 어떤 상품에 탄소발자국이 얼마인지 조합원을 위한 지도 제작이 이루어져서 도시생활자의 책임과 윤리를 상기시킬 수 있도록 구체적인 상과 이미지를 형성해야 한다.

그러나 탄소발자국에 따른 탄소이력제도를 구체화하기 위해서는 상품에 얼마나 탄소가 들어가 있는지 구체적인 본질 적시가 필요하다. 미국의 오바마 행정부가 구체화했던 탄소이력제 연구조사와 자료수집이 필요하며, 한살림이 조합원들의 구체적인 생활현장에서의 고민과 조사연구 등을 수집하여 탄소이력지도를 그려 나가야 한다. 상품에 탄소발자국이 얼마인지를 그려낸다는 것은 구체적이고 실증적인 연구가 필요할 수 있다. 우선 탄소발자국을 한살림 유기농 먹을거리에 적용하면서 다른 관행농과 비교하는 것도 가능하다. 특히 도시생활자의 삶의 과정에서 탄소발자국을 계산하여 소규모 탄소시장을 작동시키거나, 탄소포인트제도 등의 인센티브를 부여하는 것도 생각해 볼 수 있다.

가정_탄소살림

가정에서의 탄소살림은 지구와 미래 세대에 부담을 주지 않으면서도 삶을 영위할 수 있는 최소한의 자원이 어느 정도인지에 대한 사유로부터 시작된다. 이 경계선에서 엄청난 생태적 지혜들이 만들어진다. 그러나 그 생태적 지혜를 위한 조사연구, 취합, 자료화, 공유 등은 아직 미비하다. 이에 따라 탄소살림을 위한 구체적인 열망과 욕망을 고무해야 하는 기후변화 시대의 한살림의 사회적 역할은 매우 중요해졌다. 일단 탄소살림에 한살림이 얼마나 기여하고 있는지 먹을거리를 중심으로 보여줄 필요가 있다. 탄소살림의 노하우, 암묵지, 생태적 지혜 등을 유통하고 공유함으로써 기후변화 적응과 대응에 대한 방법론을 세울 필요가 있다. 이를 위해 기후변화 시대를 살아가는 각 가정의 탄소살림이 갖는 생각의 경로와 문제의식, 생태적 지혜의 공유와 확산을 위한 지혜의 실 꾸러미가 필요하다. 이를 통해 기후변화 적응과 대응을 위한 구체적인 지도 제작이 가능하게 될 것이다.

최근 탄소살림의 구체적인 사례들을 얘기하는 경우가 빈번해진 것도 사실이다. 목욕탕 욕조에 샤워 물을 받아 사용하는 것, 설거지를 그릇에 받아서 하는 것, 냉난방기 온도를 외부와 5℃ 차이로 한정하는 것, 마트에 가지 않고 인터넷 택배를 최소화하는 것 등 탄소살림의 사례는 무수히 많다. 물론 기후변화 문제를 다소 과도하게 개인책임으로 환원한다는 지적으로부터 자유로울 수 없다. 이를 테면 한국 사회에서 전기 생산의 대부분을 차지하는 화력발전소에서 배출되는 온실가스 문제를 배제하고 말할 수 없으며, 탄소 복지와 탄소 불평등과 관련된 기후정의의 문제제기를 던질 수밖에 없기 때문이다. 그러나 기후변화 시대에 한살림은 탄소살림운동을 제도적인 요구로 확산시키는 방향으로 나아가야 한다. 이를 위해 앞서 얘기했듯이 탄소시장, 탄소세, 탄소포인트 등을 한살림 자체적으로 탄소살림을 기반으로 실험해보고 이를 전 사회적인 운동으로 확산하는 것도 생각해 볼 수 있다.

개인_탄소 절감

개인은 구조에 마주치면 무기력에 사로잡힌다는 얘기가 있다. 그래서 관계망이 필요하고 제도가 필요하다. 그런데 최근 한살림과 관계를 맺기 시작한 개인들이 많아짐에 따라 한살림이 개인의 탄소 감축을 위한 관계망 역할을 해야 한다. 개인의 경우, 자신의 통치, 자기위치 설정하기, 즉 자기통치가 굉장히 중요하다. 자기 자신과 맺는 관계가 중요하다. 결국 탄소 감축 매뉴얼과 같은 모델화 되고 의미화 된 작업 역시도 개인에게는 굉장히 중요하다. 이를 위해 개인의 삶과 관련된 콘텐츠나 윤리적이고 미학적인 삶의 방식을 위한 메시지 등이 매우 필요한 상황이다. 이를 위해 네트워크라는 관계망이 십분 활용되어야 한다. 탄소 감축을 위한 다양한 메시지와 정보, 탄소살림의 지혜 등이 유통되는 쉽게 접속 가능한 미디어와 커뮤니티, SNS 등이 전략적으로 필요하다.

개인의 삶을 바꾸는 것 역시 관계망이다. 그리고 한살림은 개인과 더 풍부하고 다양하게 관계 맺을 수 있는 방법들을 연구해야 한다. 탄소 감축이 가장 최선의 윤리적인 삶의 방식임을 알고 있음에도 불구하고, 이를 이끌 수 있는 프로그램이 없다면, 이 역시도 문제라고 할 수 있다. 그런 점에서 협동조합 내 가상화폐와 연동되는 탄소시장, 탄소세, 탄소포인트제도 등이 개인에게 다양한 접속 경로를 제공해 주어야 한다. 더 나아가 주기적인 탄소감축 어워드나 탄소감축 삶에 대한 모델 제시, 프로그램화 되고 매뉴얼화 된 콘텐츠 등이 제공되어야 한다. 이를 통해 원자화 되고 분해된 개인이 아닌 특이성을 강건하게 반복하는 분자로서의 삶을 살도록 전환의 씨앗을 뿌려야 한다.

- **기후변화 대응 전략지도**

    기후변화 역추산법에 입각한 밥상에서 탄소발자국 감축

    신기후체제는 지구 평균기온을 2℃ 이하로 되도록 1.5℃보다 낮게 유지하기 위해서 각 국가가 탄소 감축에 합의했다. 그러나 이 정도가 되기 위해서 엄청난 탄소 감축이 이루어져야 한다. 이를 역추산해보면 지금 추세대로라면 2050년까지 4℃ 상승이 예상되는 상황에서 1/2을 감축해야 한다는 것이다. 제3세계에 비해서 14배의 에너지를 더 쓰는 제1세계 입장에서는 1/28을 감축해야 한다는 계산이 나온다. 그런 점에서 생태학자들은 현 상태를 유지하는 선에서는 1/10정도의 감축이 이루어지는 것이 최후의 마지노선이라고 보고하고 있다. 그렇다면 아주 낮게 잡아서 1/10정도의 감축을 한다는 입장에서 현존 문명의 삶의 형태에서 어떤 것을 줄이고 감축해야 할까? 사실상 탄소살림에 있어서 실행자들 각자의 자존감을 크게 훼손하지 않는 선에서 감축을 해야 함도 분명하다.

다음 쪽에 나오는 농림수산식품부의 탄소발자국 계산기는 열량에 따른 탄소발자국 계산이 가능하도록 만들어졌다. 그런데 우리는 생태학자 데이비드 피멘텔(David Pimentel)의 계산법에 따라 관행농이 유기농보다 3배 정도의 화석에너지를 더 사용한다는 보고에 주목할 필요가 있다. 그런 점에서 먹을거리에서 1/3의 에너지를 감축하기 위해서는 유기농산물 이용이 필수적이다. 즉, 관행농의 경우 하루 2,700kcal의 열량을 섭취하려 할 때 화석연료 8,100Kcal를 소모하는 셈이다. 이는 81Kg의 물을 100℃로 끓이는 에너지양의 1/100이다. 더불어 육식은 식량을 먹는 사람들 수로 볼 때 9배이고, 칼로리로 계산할 때 22배의 에너지를 사용한다. 즉 81×22kg을 100℃로 끓이는 에너지의 1/100이다. 결국 채식을 하거나 '조금씩 가끔 적게 제 값 주고' 동물복지 축산을 이용하는 것이 탄소 감축에 도움이 된다.

또한 푸드 마일리지라는 용어를 처음으로 만든 팀 랭(Tim Lang)이 계산한 푸드 마일리지는 중량 × 거리에 따라 측정된다. 한국이 프랑스에 비해 10배

가까이 푸드 마일리지가 높다는 도표를 참고해 보면, 결국 로컬 푸드와 도시농업이 상대적으로 그 비중이 낮다는 것을 반증한다. 이는 탄소발자국을 심각하게 높이는 결과를 낳는다. 그러므로 해외 농산물을 밥상에서 1/10정도 줄이는 노력과 로컬 푸드를 사는 것이 필요하다는 것을 알 수 있다. 결국 로컬 푸드는 도시와 농촌을 연결하는 한살림과 같은 생활협동조합운동이 필요하다는 것을 의미한다. 이를 통해 해외 농산물을 줄이고 밥상의 대부분을 생활협동조합을 기반으로 설계하는 것이 필요하다는 점이 드러난다. 더불어 제철채소의 중요성은 아무리 강조해도 지나치지 않다. 하우스에 요구되는 냉난방기의 문제뿐 아니라, 해외 농산물의 문제는 철을 잊은 과일이나 채소를 찾을 때 발생된다. 식생활에서 식단을 절기살이에 따라 짜는 것이 바로 탄소발자국을 낮추는 방법이라는 점이 드러난다.

한살림 친환경 유기농 먹을거리가 갖고 있는 밥상에서의 탄소발자국 감축과 푸드 마일리지 감소 등의 효과는 두말 할 필요가 없다. 그러나 구체적으

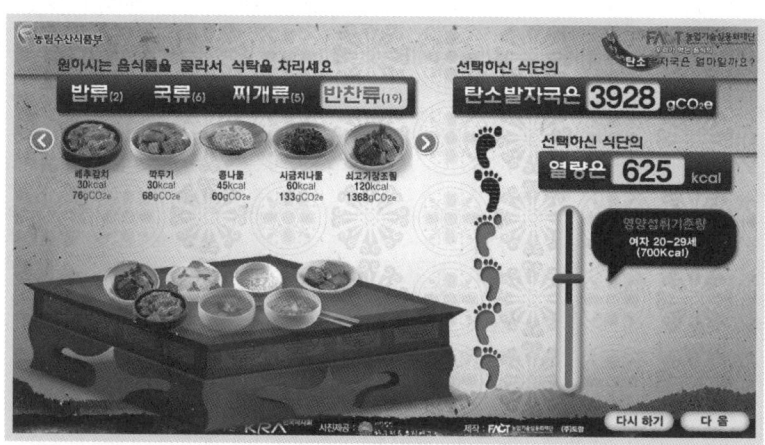

로 어떤 효과가 있는지 감이나 이미지는 떠오르지 않는다. 그런 점에서 탄소 발자국이나 푸드 마일리지 지표에 기반한 탄소 마일리지를 물품에 표기해 소비자들에게 알리는 것도 중요하다.

그런 점에서 2016년부터 시작된 한살림의 '가까운먹을거리운동'에서는 수입 먹을거리와 비교해서 한살림의 친환경 유기농농산물이나 가공식품이 밥상에 오를 때까지의 탄소감축량을 표기한 점은 큰 의미를 갖는다. 이에 따르면 한살림의 찹쌀백미를 먹었을 경우 한 해 CO_2를 24톤 줄이고, 귤을 먹을 경우 60.6톤을 줄이는 것과 같다는 것이다. 이 운동이 조합원의 호응을 얻었다는 점은 고무적인 일이다.

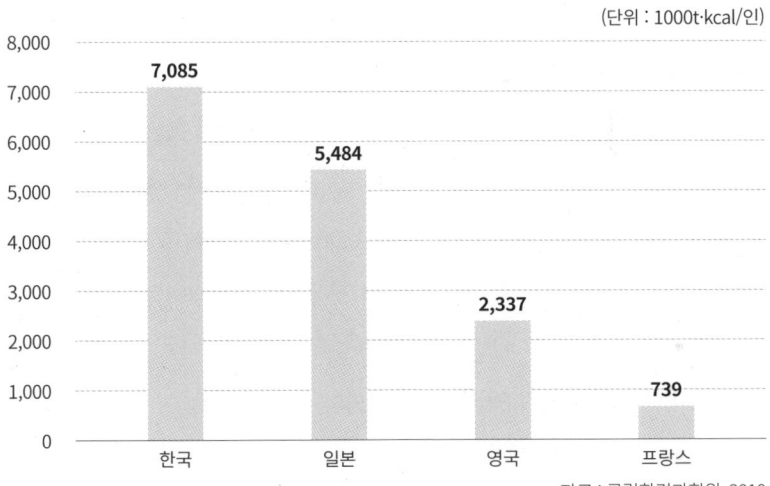

국가별 1인당 푸드 마일리지

자료: 국립환경과학원, 2010

에너지 전환을 위한 전략지도

2003년, 한살림은 '한살림햇빛발전협동조합'을 설립하고, 2013년 물류센터가 집중되어 있는 세 곳(안성, 횡성, 대전)에 햇빛발전소 설치 이후 2019년 8월 현재 아홉 곳의 햇빛발전소를 운영 중에 있으며, 누적 발전량 3,620MWh와 누적 CO_2 절감량 1,534ton의 성과를 얻었다. 한살림은 물류센터, 매장, 농업기업 등에 에너지 전환과 재생에너지 비중을 높임으로써 대안적인 문명전환을 맞이할 협동조합으로서 사회적 역할을 담당해야 한다. 유기농, 유기축산물, 친환경 먹을거리 이미지를 넘어서 에너지전환을 이룬 협동조합으로 자리매김해야 한다. 동시에 우리가 고민해야 할 지점은 한살림이 별도로 에너지협동조합에 출자하고 구성하는 것이 맞는지, 아니면 생협 자체의 기능과 함께 재생에너지협동조합 기능을 동시에 갖는 것이 맞는지에 대한 부분이다. 일단 기후변화 시대를 맞이하여 대대적인 에너지전환을 이루어야 할 시점인 관계로 다시 출자하여 재생에너지협동조합을 별도로 구성하는 것보다 재생에너지협동조합의 기능을 그 내부에 장착하는 것이 효과적인 대응 방법일 것이다. 이를 통해 각 매장과 물류센터 뿐만 아니라, 각 가정의 태양광 패널 보급과 더불어 농민들에 대한 태양광 보급 기능을 한살림 자체가 담당하고, 이에 대한 부서와 조직 구성의 변화를 꾀해야 한다. 물론 뜻과 지혜와 아이디어를 아래로부터 형성하고 별도로 재생에너지협동조합을 구성하는 것이 올바르지 않다는 얘기는 아니다. 그것이 갖고 있는 느림이 문명의 속도를 제어하지 못한다는 사실과 더불어 한살림이 갖고 있는 사회적 영향력과 배치에 입각해서 에너지전환, 녹색전환을 시급히 이루어야 한다는 시대적 요청에 따라 이루어져야 한다.

한살림은 기후변화나 친환경 먹을거리 등과 관련된 조합원 교육이나 재생에너지협동조합을 별도로 구성하는 활동을 해왔지만, 보다 강력하게 사회적 시스템에 특이점이 될 필요가 있다. 그것은 기후변화 시기가 고난의 시대를 예고하지 않지만, 다른 한편으로 동시에 전환의 시대가 될 것이라는 예상 속에서 이루어져야 한다. 이를 위해 각 가정의 탄소살림과 연동된 가상적인 탄소시장의 운영, 탄소포인트제도, 재생에너지 보급 등의 내부 시스템의 확충과 관련되어 있다. 특히 에너지전환과 같은 문제는 각 매장이나 물류센터 등에서 이루어야 할 시급한 부분이고, 이것이 주는 탄소감축 효과 역시 무시할 수 없다. 이를 통해 사회적 경제 내에서 기후변화 시대에 준비가 잘 되어 있고, 전환사회 모델이 될 수 있는 조직임을 입증한다면, 그 파급효과도 만만치 않을 것이다. 특히 매장 차원에서 '기후변화 시대, 에너지전환을 위한 조합원 특별출자' 형태로 뜻을 모아 매장부터 에너지전환의 씨앗을 뿌릴 필요가 있다.

생활방식 변화, 문명 전환을 위한 전략

현존 탄소 중독적인 문명의 형태는 무엇일까? 그것은 우리의 일상 속에 산재해 있다. 마트에서 푸드 마일리지가 높은 해외 농산물을 먹는 것, 탄소발자국을 남기며 소비주의로 향하는 아파트 생활을 누리는 것, 지구환경에 심각한 위기를 초래하고 제3세계 민중의 기아에 책임이 있는 육식을 하는 것, 남들보다 빨리 가려고 경쟁적으로 자가용을 이용하는 것, 현재와 찰나를 즐기기 위해서 일회용품을 사용하는 것, 골목상권과 전통시장, 사회적경제에 타격을 입히는 마트를 이용하는 것, 기후변화를 개인적으로 해결하기 위해서 오히려 기후변화를 초래하는 냉난방기를 무분별하게 사용하는 것, 텔레비전을 통해서 탄소 소비가 부유함과 행복이라고 철썩 같이 믿는 것이 바로 탄소 중독적인 문명의 모습이다.

탄소 중독적 문명은 분리주의[25]를 기반으로 하고 있어서 마치 텔레비전 앞에서 꾸벅꾸벅 졸듯이 그 내부는 달콤하지만 그 외부는 죽든 살든 내버려둔다. 한 해 600만 명에 달하는 기아사망자, 한 해 3,700만 명에 달하는 영양불균형에 따른 사망자, 유럽으로 쏟아져 들어간 700만 명으로 추산되는 난민들의 삶이 그 문명의 외부이다. 그러나 우리는 의도적으로 자발적 가난과 자율 감축, 빈그릇운동, 무소유 등을 통해서 외부를 우리 내부에서 적극적으로 생산할 필요가 있다. 그 외부 생산은 탄소 소비를 줄이기 위한 방법으로 소비와 에너지 사용을 절대적으로 줄이면서, 동시에 재생에너지와 유기농산물 사용을 극대화하는 탄소감축 전략을 의미한다. 그것은 분리와 차별에 따른 파시즘 경제의 외부 생산이 아닌 연결과 사랑, 우애와 환대에 따른 사회적경제의 외부 생산을 의미한다.

한살림이 앞으로 풀어나가야 할 문명전환 전략은 아파트에서 마을과 공동체로, 육식에서 채식과 동물복지축산으로, 자동차에서 자전거와 보행, 녹색교통으로, TV에서 대안미디어와 집단 지성으로, 마트에서 사회적경제와 골목상권으로, 일회용품에서 재생과 순환, 자원되살림으로, 냉난방기에서 탄소 복지로, 화석에너지에서 태양과 바람의 친환경 에너지로, 관행농에서 유기농으로 나타날 것이다. 이는 탄소 소비의 책임을 개인에게 전가시키는 것

---

25 분리주의는 남아프리카의 인종 분리 정책(Apartheid)에서도 나타나지만, 푸코의 생명정치 시대의 작동방식에서 보면 "그 내부는 잘 살도록 하지만 그 외부는 죽든 살든 내버려둔다."라는 논리가 숨어 있다. 결국 분리차별은 문명의 내부는 동물원의 동물로 격리하여 잘 살도록 보장하고, 문명의 외부는 야생동물로 방치하는 이중적인 논리를 의미한다. 최근 유럽과 미주의 극우파시즘은 분리주의, 고립주의, 폐쇄경제에 기반한 주권질서를 부활시키려 하고 있다.

이 아니라, 공동체책임, 공공책임, 사회책임 등으로 분명히 하면서 제도, 시스템, 정책의 변화를 추구하고 촉진하는 것에 달려 있다. 가장 실효성 있는 정책은 탄소가 과다하게 소비되는 상품 등에 탄소세를 부과하는 정책이라는 점은 분명하다. 그러나 작은 일상의 변화로부터 우리의 마음생태의 변화가 초래되어 도미노처럼 사회화학적인 변화로 향할 수 있다는 가능성 역시도 무시할 수 없다. 기후변화는 우리 삶의 형태, 문명에 뿌리 깊게 들어와 있다. 그래서 최신 정보나 과학지식을 아는 것이 아니라 삶을 바꾸는 지혜와 정동이 없다면 변화의 씨앗을 심을 수 없다. 절약하고 감축하고 근검하게 사는 것이 일차적일 것이다. 그러나 탄소 소비로 귀결되거나 수렴되지 않는 돌봄, 모심, 살림, 보살핌, 섬김 등의 정동과 욕망, 사랑을 활성화하여 공동체가 활력과 생명에너지에 넘치게 만드는 것도 한살림의 전략이어야 한다.

"문명의 전환이 어떻게 우리 세기에 가능한가?"라며 회의하는 목소리들도 높다. 그러나 우리는 지구·인류·문명의 종말이라는 종말론의 삼차원을 살펴보아야 한다. 기후변화는 인류의 종말로 향하기 이전에 문명의 종말을 먼저 맞이할 것이다. 2018년 7~8월에 있었던 폭염 상황처럼 기후 재난은 자본주의를 기능 정지시키고, 국가 시스템을 마비시킨다. 이런 상황에서 문명의 종말은 예고된 상황에 직면한다. 그런데 우리에게 선택할 경우의 수는 비행기가 떨어진다는 당연한 진리 앞에서 망연자실하고 절망하는 것이 아니라, 그것을 연착륙시킬지 경착륙시킬지 선택에 달려 있다. 문명의 종말을 문명 전환의 계기, 즉 특이점으로 삼아 인류의 종말로 향하지 않도록 주의하고 신중하게 대처하면서 고난과 어려움이 있더라도 인류라는 비행기를 연착륙시키는 방향으로 향해야 한다.

이러한 문명의 전환기에 한살림이 해야 할 역할은 크다. 한살림은 비행기가 떨어질 것이라는 것을 거리에서 외치는 미친 예언가의 형상이 아니라, 연착륙으로 향하도록 조종간을 놓지 않는 뜻있는 조종사 중 하나가 되어야 한다. 그래야 문명전환의 마중물이자 특이점으로서 강건하게 전환시대를 맞이할 수 있다.

간(間)공동체로서 사회 재건과 작동 전략

최근 우리는 협동조합, 마을, 공동체에서 새로운 전환의 시점이 다가오고 있음을 실감하고 있다. 40~50대 586세대가 결사체(Association)의 주역이었던 시대가 점점 저물어가고 있는데, 20~30대로의 세대교체는 순조롭게 이루어지지 않고 있다. 더불어 기후변화 시대에 직면해서 새롭게 뜻과 지혜, 아이디어를 모아 주체성 생산을 이루어야 할 상황이다. 하지만 개인주의의 발호와 정동과 돌봄을 귀찮거나 부담스럽게 여기고 기능적으로만 대하는 위생적이고 탈색된 관계망의 확산은 대응력과 적응력을 현저히 떨어뜨리고 있다. 다시 말해 사회가 미리 주어진 인륜적 공동체로서 논의되던 기존 사회주의 담론이나 사회구조론 등의 논의와는 달리, 구성되고 재건되고 만들어져야 할 사회생태계라는 관점이 대두된 것이다. 한살림의 결사체는 아직 근대성의 증후로부터 벗어나지 못한 상태이며, 기하급수적으로 확산되는 개인주의라는 폭풍우에 휘말려 있다. 이러한 상황에서 무차별 사회가 아닌 협동조합 간의 협동에 의해서 조성된 사회, 즉 간(間) 공동체가 조성한 사회생태계를 위한 논의가 기후변화 시대에 직면해서 본격적으로 논의되어야 할 시점이다. 그럼에도 불구하고 현존 사회 시스템에서 개인과 관련된 무차별 사회가 천연덕스럽게 위생적인 관계망과 (탄소)소비주의, 개인주의를 설파하고 있다. 한살림은 사회를 생태계로 바라보는 관점 뿐만 아니라, 철저히

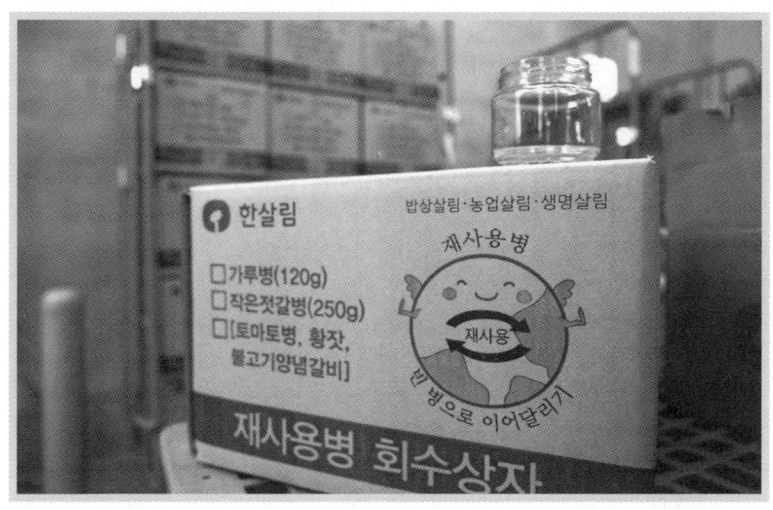

간(間)공동체적인 관계망으로 제한하여 사고하고 실천해야 하는 패러다임의 전환기에 놓여 있다.

왜냐하면 지난 여름 폭염의 국면에서도 드러났듯이, 자본주의 사회구조는 대부분 기능 정지와 와해, 해체 상황으로 향할 수 있고, 거대한 기후변화와 생명 위기 상황에서 지속가능성과 복잡성과 회복탄력성, 다양성을 갖지 못한 동질 발생적인 문명의 특징에 따라 도미노처럼 일거에 무너질 위험이 있는 취약한 구조물이라는 점이 드러났기 때문이다. 이에 따라 위기의 상황에서 작동할 수 있는 사회생태계의 조성이 어느 때보다 중요한 시점이 되었다. 그것을 위해 한살림이 협동조합 간 협동 및 협동조합 인큐베이팅, 마을, 공동체, NGO와 접촉경계면 늘리기, 활동가 확충을 통한 경우의 수로 특이점 설립 등을 통해 간(間)공동체 또는 메타네트워크(Metanetworks)의 형태로 전환되어야 하며, 기존 사회주의나 자본주의처럼 사회가 미리 주어져 있다는 순진한 생각으로부터 벗어나야 한다. 패러다임 전환은 사회 자체를 구성하고 재건하려는 노력으로부터 시작할 것이다. 이러한 사회 시스템들은 대부분 탄소감축의 입장에 선 것이 아니라, 성장의 부수 효과에 의해서 설립되기 때문이다. 이에 따라 철저히 탄소감축의 입장에 서 있는 공동체, 마을, 협동조합 간의 협동과 연대를 통해 사회를 재건하고 구성하여 작동시키고, 사회생태계를 형성하여 거기에서 색다른 집단지성과 생태적 지혜 등을 형성할 필요가 있다.

한살림과 생태민주주의, 위기에 강한 협치

한살림은 기후변화 시대에 도래할 생태민주주의의 특이점이 되어야 한다. 생태민주주의 논의는 숙의민주주의, 추첨제민주주의, 직접민주주의, 전자민주주의 등 민주주의 형태 논의로 나타나기도 했지만, 사실상 민회(民會)라는 기본 구성 단위를 기반으로 한다는 점에서는 크게 차이가 없다. 특히 공공영역이 기후변화와 생명 위기 시대에 직면해서 공동체적 연결망과 함께 공진화(共進化)하지 않는다면 작동 정지가 될 수밖에 없다는 점이 속속들이 드러나고 있는 시점이다. 그런 점에서 관계망이 바로 제도이며, 공동체와 공공영역은 '협치(協治)'로 나아가야 제대로 작동할 수 있는 상황으로 급속히 이행하고 있다. 협치는 오늘날의 전 지구적 질서에서 작동하는 새로운 형태의 권력 메커니즘이기도 하다. 글로벌 기업, 국제기구, 국민국가 및 그 연합체, 노조, NGO, 미디어 등이 모두 협치의 방식을 채택하고 있고, 수평적이고 다방향적인 공동 협의구조에 따라 작동하고 있다. 이에 따라 한살림 역시도 생태민주주의와 협치를 기반으로 해야 할 필요가 있으며, 협치를 작동시킬 민회나 결사체 유형의 조직화 방식을 추진해야 할 필요성이 있다.

협치는 '통치(統治)'나 '관치(官治)'나 '법치(法治)'를 넘어선 형태로 이해될 수 있다. 전 지구적인 네트워크가 예외적 사건을 관리하고 개입하는데 사용되는 권력의 테크놀로지이면서도 동시에 공동체, 네트워크, 협동조합, 마을 등이 우발성, 사건성, 특이성을 공공영역과 전 지구적 연결망에 역으로 가할 수 있는 제도 형성의 판이기도 하다. 우리는 세월호 사건 동안 '가만히 있으라'는 위기의 상황에서 무기력한 권력의 형태를 경험했지만, 동시에 대피소 등에 무기력하게 가만히 있지 않고 민회 형태로 활동했던 유가족들의 강력한 생명민회 형태의 연대체를 경험했다. 그리고 이러한 아래로부터의 실천과 특이점들이 구성적 협치, 아래로부터의 협치, 위기에 강한 협치의 가능성과 잠재력을 보여줬다. 그런 점에서 한살림은 ① 입헌·의회·대의제적인 위로부터 협치와 관계하지 않고 사랑, 욕망, 돌봄, 살림, 정동에 기반한 '아래로부터의 협치'를 구성하는 것, ② 텅 빈 똑딱거리는 행정의 들러리로서의 협치가 아니라, 재특이화 과정[26]으로서의 과정적이고 진행형적인 '구성적 협치'로 나아가는 것, ③ 우발성을 개입시켜 유연한 권력의 테크놀로지 중 일부가 되는 것이 아니라, 돌발 흔적과 우발성이 색다른 분기점이 되는 생명민회[27]라는 '위기에 강한 협치'로 나아가는 것을 실험하고 실천해야 한다.

이미 한살림은 생명민회 제안을 통해 생명 위기 시대에 도래할 생태민주주의의 기본 판이 어떤 것이어야 할지를 고민한 바 있다. 그러나 그것은 지나

---

[26] 재특이화과정은 특이성 생산과 동의어이다. 제도 생산을 완결점으로 보는 것이 아니라, 특이화의 과정으로 보는 것이 그것이다. 펠릭스 가타리는 세계의 재창조가 재특이화과정에 따라 이루어진다고 말한다.

[27] 들뢰즈는 『감각의 논리』(2008, 민음사)에서 프란시스 베이컨이 돌발표시로부터 시작하여 붓을 더 덧댐으로써 얼굴에 변형을 가하는 과정에 주목했다. 즉, 우발성이나 돌발흔적이 더욱 가속화되면 연결망이나 형태에서 심원한 변화가 생긴다는 것이다.

치게 이념형이고 재특이화 과정을 미처 넣지 못한 이상적이고 완결된 개념이라는 한계를 내재하고 있었다. 그러나 사고실험만으로 이러한 생명민회를 상상했다는 것이 그 시대 상상력의 최대치였음을 이해해야 한다. 한살림은 도처에서 돌발 흔적처럼 등장하는 생명의 꿈틀거림을 지도그리기로 담아낼 수 있는 색다른 생태민주주의의 상상력으로 나아가야 한다. 이제 그것은 기후변화 시대에 직면하여 만들어내는 한살림의 미래라는 특이점으로부터 온 생태민주주의 전략지도 제작이라고 할 수 있다.

- **기후변화 적응 전략지도 : 기후변화 대처법**
  물 발자국 낮추기와 빅 워터 확보

　　한국일보는 2015년 4월 29일자 〈무역장벽 우려 '물 발자국' 규제, 정부도 국가표준 만들어 대응〉이라는 기사에서 물 발자국을 이렇게 설명한다. "국제 비정부 기구인 물발자국 네트워크에 따르면 125㎖ 커피 한 잔의 경우 커피 재배와 가공, 유통 등을 거치며 커피 양의 1,056배인 물 132ℓ가 필요하며, 쇠고기 1kg가 1만 5,415ℓ, 피자 한 판이 1,259ℓ, 차는 27ℓ, 우유 250㎖당 255ℓ, 소가죽 1kg당 1만 7,093ℓ, 초콜릿 1kg당 1만 7,169ℓ의 물을 사용하는 것으로 보고되고 있다." 물 발자국 개념은 산업생산의 제품 모두가 무분별하게 물을 사용하고 있다는 경각심을 주기 위한 개념이다. 그런데 문제는 이러한 물 발자국이 과도하게 큰 상품들이 식량생산에 결정적인 농업용수, 즉 빅 워터(Big Water)와 경쟁한다는 사실이다. 다시 말해 도시에서 물 발자국을 줄이는 것이 농촌 농업에 영향을 준다는 사실을 알 수 있는 셈이다.
기후변화에 따라 가뭄이 지속되고 있는 현 시점에서 물 발자국 개념에 따라 상품생산을 바라보는 것은 매우 중요해졌다. 특히 중부지방의 극심한 가뭄

기후변화 대응과 적응을 위한 공동체 전략지도

과 2014년~2015년도 태백시의 3개월에 걸친 수돗물 급수 중단 사태 등은 앞으로 더 심각한 상황으로 치달아갈 시작에 불과하다는 점에서 우려와 걱정이 든다. 2018년도는 전국에 걸쳐 밭농사가 대부분 불가능해진 상황이 벌어졌다. 폭염과 가뭄 등은 밭농사를 포기하는 농민들을 속출하게 만들었고, 기후변화에 따른 앞으로 다가올 식량위기 상황에 어떻게 대처할 것인지에 대한 전망도 불투명하게 만들었다. 빅 워터 확보를 위한 생태적 지혜 역시도 무기력하기만 하다. 둠벙, 저수지, 댐, 논 등의 농업용수의 원천이 모두 고갈 사태에 처했기 때문이다.

이러한 농업의 위기는 문명의 위기이기도 하다. 시리아 내전 사태는 2005년부터 2009년까지 5년간 극심한 가뭄이 발생하여 농업이 완전히 파탄나면서 그 이후에 도시 폭동, 종교 갈등, 폭력, 테러, 전쟁 등으로 나타나게 되었다는 연구보고들이 설득력을 얻고 있다. 결국 지속가능한 농업의 가능성은 최후의 보루로 방어적 농업, 즉 나무와 농작물을 사막화와 토양침식 등을 막기 위해서 관개수로에서 주는 최소한의 물로 유지하는 농업이 유력한 상황이다. 이러한 기후변화 상황에 대한 적응과 대처 방법은 없을까? 한살림은 한국 사회가 한 번도 직면하지 않았던 물 부족 사태에 직면하게 될 위기 상황에 늘 대비하고 있어야 한다. 관계 당국과 협력하여 빅 워터 확보를 위한 색다른 연결망과 네트워크, 위기상황실이나 물 부족 대처법에 대한 위기 담당자 등의 활동 기반을 마련해야 한다. 물 네트워크를 구성하여 위기에 대응할 수 있는 협동조합 연결망을 공공영역과 별도로 구축해야 한다. 물론 물 공공성 요구와 함께 비상사태 시 협치의 주체가 되어야 한다. 이를 위해 마을 단위나 커뮤니티 단위로 물차를 공동출자를 통해 미리 확보해두면서, 위기 시 비상 가동을 할 수 있는 기동력도 갖출 필요가 있다. 동시에 물 부족과 관련되어 전승되고 구전되던 생태적 지혜를 위한 현장 연구도 필요하다. 물 부족 사태를 대비하는 것은 기후변화의 적응과 대처에 있어 가장 핵심이 될 거라 판단된다.

자원, 부, 에너지 재생과 순환, 되살림, 재활용 전략

기후변화 시대를 맞이하여 자본주의적 진보, 즉 성장주의, 개발주의, 토건주의 시대는 종식되어야 한다. 이에 따라 저성장, 역성장, 제로성장 사회를 사회메커니즘으로 자리 잡게 만들어야 한다. 이를 위해 자원·부·에너지의 재생과 순환의 관점 수립이 무척 중요하다. 한살림은 순환사회의 전망에 따라 탄소순환(=생명순환), 유기물순환, 자원순환, 재생에너지 등의 실천적 일관성에 따라 사업 방향을 결정해야 한다. 특히 순환사회가 "흙에서 태어나 흙으로 돌아가는" 소농의 사상이자 철학이었음에 기반하여, 이를 사회시스템을 작동시키는 내부 작동의 원천으로 고도로 조직할 필요가 있다. 이를 통해 순환의 관점에서 탄소 소비를 최소화하는 다양한 실험과 실천이 필요한 상황이다.

기후변화 시대 적응 방법론으로 2018년도 폭염 사태 때 재생에너지가 폭염에 더 강하다는 구체적인 실험결과가 나온 바 있다. 즉, 폭염 시기 동안 냉난방기 사용 확대는 결과적으로 태양에너지 확대에 의해 이루어져야 한다는 점이 드러났다. 이에 따라 재생에너지를 다가올 폭염사회의 적응전략으로 수립해 나가면서, 화석연료 기반의 폭염 대비로부터 단절할 필요가 있다. 이를 위해 앞으로 네 달에 걸쳐 늘어나게 될 여름과 두 달 정도 지속될 폭염 상황 대비책으로 태양에너지에 기반한 냉난방기 사용 전략을 한살림 차원에서 설계하고 디자인함으로써 적응 가능성을 높일 필요가 있다.

생명 위기에 강한 커뮤니티(=한살림생명네트워크) 만들기

생명 위기 상황에서 각자도생이 얼마나 무기력할 지는 분명하다. 사실상 혼자 고립된 사람들이 느낄 위기감은 상상을 초월한다. 특히 탄소 소비를 기반으로 개인주의가 성립된다는 점에서, 개인들의 무력감은 더 배가 될 것이다. 위기 상황에서 마을, 협동조합, 공동체, 네트워크 등은 최대한 채널과 통로를 확보하여 자신의 상황과 대처법, 적응에 대한 생태적 지혜, 집단지성 등을 교류해야 한다. 폭염 상황에서 각각은 민회 형태의 한살림생명네트워크라는 채널을 확보하면서 다양한 의견과 목소리, 입장, 처지, 대처법 등을 공유해 나가야 한다.

원래 행정단위인 동(洞)이라는 개념 역시 공동으로 우물을 쓰는 기초커뮤니티 단위에서 시작되었다. 그러나 동 단위가 기능적이고 자동적인 행정단위로만 작동하고 다기능적인 관계망 자체와 교섭하지 못할 때 위기 상황에서 기능 정지되거나 행정력이 미치지 못하는 영역이 생길 수 있다는 점은 분명하다. 자신의 생존을 위해 새로운 마을 단위의 개념이 필요하고, 그에 대한 기초적인 상상력이 바로 생명네트워크이다. 네트워크가 되든, 민회가 되든, 동이 되든, 마을이 되든 이러한 커뮤니티 단위가 대처하고 작동할 수 있는 풀뿌리 조직이 되도록 도모하는 것이 필요하다.

더불어 한살림생명네트워크를 구성하기 위한 한살림의 지속적인 노력과 관심, 실천이 필요한 상황이다. 그것이 단지 이념형이 아니라, 기후변화 적응과 대처의 연결망이 되도록 설계하는 것이 필요하다. 그 연결망의 지혜와 정동, 집단지성, 정보 등이 수집되어 기록되고 교류될 수 있는 상황실이나 활동가라는 특이점을 설립하는 것도 필요하다. 그러한 비물질재는 빠르게 오갈 수 있고, 느리게 천천히 희미하게 느슨하게 오갈 수 있다. 이 모든 과정적이고 진행형적인 경로를 지도그리기를 하면서 따라가고 공유하고 기록하고 연구하고 조사할 필요가 있다. 아마 그러한 한살림생명네트워크나 커뮤니티에서 오가는 내용들은 더 가속될 것이다. 그리고 시시각각 다가오는 생명위기 상황에서 한살림의 역할은 기존 평화롭던 시기의 진지전이 아니라 기동전이 될 것이다. 더 나아가 모든 상황에 촉수와 연결망들을 조성하고 취합하고 구성하는 그룹들, 기록하고 분류하고 시스템에 적용하도록 제안하는 그룹들, 지성과 지혜를 총동원하여 분석하고 연구하고 조사하고 자문하는 그룹들, 위기의 현장에 주민들의 상황과 함께 하는 그룹들 등으로 더 다변화하여 주민활동가들의 역할을 세분화하여야 한다. 한살림 내부에서는 일부에서의 생명민회 제안 이후에 위기에 강한 커뮤니티 제안은 논의가 거의 되지 않았다. 그러나 이제 한살림생명네트워크는 더 나아가 미래 상상력으로 가득 차도록 새롭게 재구성하고 재의미화 할 시점이 되었다. 그것은 기후변화 적응과 대처를 통한 생존주의와 더불어 문명전전환의 마중물이 되도록 하는 이중적인 임무와 역할을 갖고 있다. 그것은 한살림의 사회적 역할이기도 하다.

한살림생명네트워크를 구성하는 결정적인 단초는 돌발 흔적과도 같은 한살림 내에서 특이점의 발생에 따라 이루어질 것이다. 돌발 흔적은 화가 나서 항의하거나, 의문을 던지거나, 재미있는 이야기처럼 등장할 수 있다. 한살림은 그러한 돌발 흔적을 현실과 연결시켜 지도그리기를 해야 한다. 작은 단서, 빈틈, 자국 등이 그 출발점이 될 것이지만, 그것을 씨줄날줄로 엮는 활동가의 노력과 실험, 실천은 보다 강건하고 연대의식으로 가득 찰 것이다. 무차별 사회나 보이지 않는 공동체, 공공의 텅 빈 공간 형태가 아닌 구체적인 행위자들의 목소리와 실천이 연결되는 것이 중요하다. 그런 점에서 한살림

생명네트워크는 아주 구체적인 목소리와 행위 양식 속에 깔린 보이지 않는 잠재성을 재발견하고 재발명하기 위한 활동가들의 노력으로 만들어질 것이다.

기후변화에 따른 농지 감소와 식생, 절기살이 변화에 따른 전략지도

기후변화 적응 문제에서 가장 큰 이슈는 농업 미래와 관련 된 식생 변화, 절기살이 변화다. 일단 농작물 재배 한계선, 즉 기온 등고선이 올라갈 것이라는 점은 분명하다. 그러나 문제는 얼마나 식생이 변할 것이고, 절기살이에 어떤 영향을 미칠 것인가에 대한 예측이 시시각각 불가능해지고 있다는 점이다. 이제 지구의 입장에서는 변화의 시기가 찾아온 것이고, 엄청난 이행과 고난, 변화의 시기가 다가오고 있다. 이러한 변화는 좋은 방향이 아니라, 농업의 위기로 찾아온다는 점이 문제이다. 지금 전 세계 농지의 1%씩이 매년 사라지고 있는 이번 세기 내에 농산물 무역은 불가능해짐과 동시에 엄청난 식량난이 우리 앞을 기다리고 있다. 현재 한국의 농업 상황은 한중FTA 이후로 쌀 자급률이 20%였던 상황에서 급속히 추락하고 있는 상황이다. 농업이 돈이 안 되고 생활이 불가능하다는 곳곳의 지적과 더불어 기후변화에 적응할 수 없는 농업의 상황이 한꺼번에 밀려들고 있다.

그러나 소농이 갖고 있는 예술적이고 심미적인 활동의 측면이 더 강화될 필요가 있다. 대지를 양육하고, 생명의 대리인이 되고, 자연의 특이점이 되기 위해서는 미학적이고 윤리적이고 활동적인 측면이 더욱 요구되기 때문이다. 생명 위기 시대는 더 많은 소농의 전통, 더 풍부한 절기살이 전통, 더 심미적인 식생 변화에 대한 예민한 미학화가 이루어져야 한다. 즉, 예술, 창조, 생산을 통해 농업이 새로운 위기 상황을 극복할 수 있는 에너지와 활력을 얻

을 수 있다는 점은 분명하다. 그런 점에서 절기살이 변화, 식생 변화, 농지 감소가 소농을 우울하고 침울하고 벼랑 끝으로 내모는 것이 아니라, 더 풍부하고 다양하고 충만한 마을과 공동체, 협동조합의 예술과 창조의 원동력이 되도록 만드는 미시정치가 필요하다. 이런 점에서 한살림은 마치 예술가 집단처럼 자신의 모습을 변신시켜, 소농공동체의 와해와 해체가 아닌 구성과 재건으로 향하게끔 해야 한다. 바로 옆에 사람이 있고, 바로 옆에 생명이 있고, 바로 옆에 자연이 있다는 것만으로도 큰 힘이 되고 큰 웃음이 되어야 한다. 그래야 생명 위기 시대의 적응은 바로 탄소 감축을 위한 문명전환의 향연이자 한 판 난장으로 바뀔 것이다.

기후변화에 따른 생활방식 변화와 대안의 삶 제시

한살림은 탄소감축 입장에서도 여름과 겨울을 사고해야 하지만, 동시에 적응과 대처의 입장에서도 여름과 겨울을 생각해야 하는 이중적인 맥락 위에 있다. 그런 점에서 탄소살림이 굉장히 중요해졌다. 탄소살림은 최소한의 자존감과 자립 기반을 유지하는 선에서 냉난방기를 틀고 자원을 소모하면서 기후변화에 적응과 대처를 하면서도, 끊임없이 탄소감축의 입장을 견지해야 한다. 불편하고 힘들고 신경 써야 하는 것이지만, 탄소살림을 하는 사람들이 공동체적 자세를 가지고 설득하고 배려하고 노력해야 할 지점이다. 또한 그러한 점에서 탄소 빈곤층의 돌봄에 기여할 수 있는 한살림의 실천 노력 역시 매우 중요하다. 탄소 복지 차원에서 공공영역에게 맡길 수도 있지만, 공동체, 협동조합, 마을 등이 나서서 탄소 빈곤층의 생존과 적응을 위한 돌봄과 배려, 실천적 노력을 해야 한다. 이를 위해 협동조합 조합원들과 함께 기후 재난 상황에서 탄소 빈곤층 조사와 연구 등을 통해 이웃주민들의 상황을 취합하고 공동으로 노력해야 할 부분들에 대한 구체적인 삶의 현장 목소리와 대응방안을 공동으로 마련할 필요가 있다. 이 역시도 한살림생명네트워크의 씨줄날줄을 엮는 과정이기도 하다.

개인적인 생존주의가 아니라, 공동선의 입장에서 공동체의 생존과 적응, 문명전환을 위한 방향성 등이 토론될 수 있도록 웹·앱·팟캐스트·라디오 등을 통한 홍보가 필요하고, 이를 위해 매체와 미디어, 커뮤니티, 네트워크 등을 확보할 필요가 있다. 이는 비상연락망 역할뿐만 아니라, 개인으로 연결된 사람들의 연결망으로써 작동할 것이기 때문이다. 또한 여름철과 겨울철마다 구체적인 적응 방법론뿐만 아니라, 탄소살림 노하우와 생태적 지혜 등을 전달해 주어야 한다. 물론 시작은 아주 작은 씨앗과 같은 매체에서 시작될 것이며, 여기에서 눈덩이 효과가 생기는 형태가 될 것이다. 이에 따라 기존 매체와 새로운 매체 등을 아우르는 색다른 실험과 실천은 어느 때보다 중요해졌다. 특히 폭염 상황에서 자본주의가 기능 정지되는 상황이 연출되고 탄소살림조차도 불가능해지고, 생존의 경계선이 분명해질 때, 사람들에게 희망의 씨앗을 던질 수 있는 매체의 노력이 반드시 필요하다.

- **기후변화 시대, 공동체 사회 역할**

기후변화는 그 자체가 너무도 막대하여 개인이 나서서 무엇을 하려 해도 실물이 잡히지 않는다. 보이지 않는 것과 씨름하다 보면, 획기적인 변화도 가시적인 성과도 거의 없기 때문에 한국 사회에서 기후변화운동의 맥락은 유실되고 사라져 버렸다. 심지어 NGO나 생명, 환경운동 세력에게도 크게 어필하지 못하고 있었던 상황이었다. 그런데 당황스럽게도 갑자기 기후변화를 실감하게 하는 폭염이 우리를 엄습했다. 폭염의 상황에서 심지어

"될 대로 되라"식의 반응도 있었고, "나 혼자만 어떻게 살지?"라는 반응도 생겨났다. "어차피 인류는 이제 희망이 없어!"라며 말하는 사람들도 있었다. 그러나 미래 세대를 걱정하는 사람들에게 이러한 생각들은 정말 폭력적일 수밖에 없다. 그렇다면 한살림과 같이 미래 세대를 고민하면서 반세기를 거쳐온 조직에서 어떤 고민이 이루어져야 할까? 이러한 문제제기 속에서 기후변화 대응(=탄소 감축)과 적응을 위한 보고서를 준비해 보았다. 우리는 아직 선택할 경우의 수가 많지 않다. 그러나 선택을 하게 되면 일관되게 그 방향으로 움직여야 한다. 우리는 인류라는 비행기가 경착륙을 하여 모두 희생될지, 아니면 연착륙을 해서 일부는 살아남을지 아직 모르고 있다. 물론 비행기가 떨어진다는 것은 이미 예고된 상황이다.

최근 "무엇을 해야 하나?", "어떻게 살아야 하나?", "우리 아이들은 어떻게 해요!"라며 많은 사람들의 질문 공세가 이어졌다. 그리고 그들 스스로가 최신 정보와 과학뉴스, 연구보고서 등을 읽고 있어서 이미 대답으로서의 정보와 지식은 충분히 갖고 있었다. 그러나 그러한 대답을 기정사실화 한다면, 그것은 절망, 비관, 전망 상실로 귀결될 뿐이었다. 도리어 거대한 문제 설정과 대면하여 끊임없이 문제제기를 던지며 지도를 그리려는 사람들의 모습에서 혁명적인 상황이 곧 도래할 것이라는 점을 예감했다. 그 질문과 문제제기의 지도그리기가 우리에게 어떻게 살아야 하는지 힌트와 단서를 주었다. 문제제기는 변화의 시작이기 때문이다. 얼마 전에 탄소살림을 생활 속에서서 실천하는 조합원의 이야기를 들었다. 탄소살림의 과정에서 자신의 자존감이 완전히 무너지지 않는 최소한의 삶의 여지를 남겨두고 모두 다 줄이고 아끼고 다시 쓰고 순환시키고 재사용했던 지혜들이 들어가 있었다. 그리고 날카로운 경계선 위에 선 한 사람의 실존적인 질문들이 느껴졌다. 한살림의 조합원들이 그때 떠올랐다. 한살림 조합원들의 탄소살림 역시도 치열하고 상상력이 넘치고 열정에 가득 차 있으리라 하는 생각이 들었다.

탄소감축을 위한 한살림의 사회적 역할은 국가, 시장, 공동체, 도시, 가정, 개인 등 사회 각 영역의 노력과 제도와 시스템의 변화, 주체성 생산에 따른 실천방안 등을 필요로 한다. 한살림은 공동체의 탄소순환을 기반으로, 국가의 탄소세, 시장의 탄소시장, 도시의 탄소 중립 등에 개입해야 한다. 더불어 가장 결정적인 기반은 가정에서의 탄소살림이다. 탄소살림은 생존과 향유의 경계선 위에서 고민과 실천의지, 필사의 노력을 담고 있는 영역이다. 이에 따라 한살림은 생명살림과 협동 가치에 입각하여 가정 내 탄소살림의 실천적인 노력과 어떻게 연대하고 공명할 것인지 고민해야 할 시점이다. 물론 전략적으로 소규모 탄소시장을 만들거나, 마을정부를 구성하여 탄소세를 기금 형태로 조성하거나, 탄소 마일리지나 탄소 포인트 등을 협동조합 내의 관계망의 일부로 끌어올 수도 있다. 그러나 중요한 것은 바로 탄소살림이라는 보이지 않는 곳에서의 윤리적이고 미학적인 실천 의지와 뜻이 모여야 한다는 점이다.

파리 기후변화 협약이 말했던 2도보다 낮은 1.5도로 기온을 낮추기로 전 세계가 합의를 했다. 그러나 우리의 소비 규모나 삶의 규모 감축을 위한 감은 아직 없는 상황이다. 여기서 복잡한 계산법을 생략하고 대략적으로 1/10 정도의 규모가 되어야 한다는 생태학자의 제안을 받아들였다. 어쩌면 우리는 빈그릇운동이나 자발적 가난 운동처럼 엄청난 감축과 절약, 감쇄의 형태로 삶을 변화시켜야 할 시점이다. 한살림은 이러한 삶의 변화와 문명의 변화를 촉매할 연결망이 되어야 한다. 또한 문명의 형태에 있어서도 변화는 필수적이다. 이를 테면 자동차에서 자전거, 대중교통으로, 텔레비전에서 팟캐스트로, 육식에서 동물복지축산과 채식으로, 마트에서 생활협동조합으로 삶의 형태가 대대적으로 변화해야 한다. 동시에 무차별 사회로 특징지어진 1인 가구의 등장과 개인주의가 탄소감축의 배치와 관계망을 갖고 있지 못하다는 점에서 한살림이 간공동체 사회를 재건하기 위한 움직임으로서 협동조합 간 협동, 메타네트워크 등의 역할을 해야 한다. 또한 한살림이 생태민주주의에서 생명민회라는 개념을 선도적으로 제안했지만, 앞으로 가시화될 협치를 위한 색다른 전략으로써 위기에 강한 협치, 구성적 협치가 필요한 상황인 것도 사실이다.

기후변화 적응 문제에서 물 부족과 농업에 필수적인 빅 워터 고갈에 맞설 전략적 지도 제작이 절실한 상황이다. 한살림은 물 부족 상황을 그저 자연이 만든 재해로 여길 것이 아니라, 상황실과 비상연락망, 물차 등의 대응 장치 등을 만들어야 한다. 또한 도시에서 물발자국이 높은 상품의 퇴출 노력이 필요하다. 동시에 재생과 유기물, 생명, 탄소, 산소, 질소, 미생물 등의 순환에 입각한 적응 프로그램에서 재생에너지를 통한 에너지 순환을 빼놓고서는 폭염사회나 기후변화 적응 전략을 추진하기 어렵다는 점이 드러났다. 또한 전면적인 기후변화 상황에서 위기에 적응하기 위한 관계망과 배치로서 한살림생명네트워크의 기동적 역할과 전략 방안을 지속적으로 고민해야 한다. 한살림생명네트워크는 기후변화에 따라 농지 감소와 절기살이, 식생 등이 급격히 변화하는 과정에서 농업과 식량위기 대처방안을 고민하는 기본 커뮤니티 단위여야 한다. 한살림은 기후변화가 전면적으로 이루어지는 상황에서 어떤 대안적인 삶의 모델을 제시하여 탄소감축 대응과 적응 해법을 찾는 마을상황실이자 생명민회 현장이 되어야 한다.

한살림은 문명전환, 녹색전환, 에너지전환의 마중물이 되어야 한다. 이것은

선언이 아니라, 실제로 기후변화 시대가 요청하고 있고, 그것은 생명의 삶과 미래 세대의 생존이 달린 문제이다. 그것을 개인 책임으로 맡길 수 없고, 공동체 책임, 공공 책임, 사회 책임으로 구성해내야 한다. 한살림이 갖고 있는 일관된 방향성은 생명살림의 지향을 갖고 있다. 그러나 지금의 기후변화는 생명도, 자연도, 농업도, 미래세대도 살아갈 수 없는 상황으로 향해 가고 있다. 우리는 탄소살림을 하는 조합원들의 뜻과 지혜를 모아 다가올 기후변화 시대를 생명살림의 희망의 씨앗을 심는 문명전환의 계기로 삼아야 한다. 그 도도한 시작점에 우리는 서 있다. 전환의 시작은 위기와 끝, 유한성에 대한 거대한 민중들의 응시로부터 시작된다. 그것은 죽음과 죽임의 미래가 아니라, 전환사회와 새로운 열정과 예술, 창조가 만들 미래이다. 우리는 생명과 자연, 그리고 미래 세대를 결코 포기할 수 없다. 우리는 느리게 걸어가기도 하고 달려가기도 했다. 앞서가서 이리 오라고 손짓하기도 했고, 따라가면서 숨을 몰아 쉬기도 했다. 이 모든 여정이 문명전환의 씨앗을 심기 위한 노력의 과정이었다. 어쩌면 그것이 바로 이미 도래한 미래, 우리가 익히 익숙해졌던 미래였을지도 모른다. 한살림을 보라! 거대한 기후변화 이후 찾아올 전환사회의 미래, 그 씨앗이 여기에 있다. 우리는 알고 있다. 거대한 기후 위기 앞에 우리 자신을, 지금-여기-가까이를 바꾸는 것으로부터 세상이 바뀔 수 있다는 점을. 그 시작은 바로 우리가 심은 한살림이라는 씨앗이다.

신승철
생태적지혜연구소(ecosophialab.com) 소장, 모심과살림연구소 연구기획위원.
저서로는 『모두의 혁명법』, 『탄소자본주의』, 『구성주의와 자율성』,
『갈라파고스로 간 철학자』 등이 있다.
기후위기 시대에 직면하여 정동과 활력을 발휘하는 전환사회의 전망에 대해서 연구하고 있다.

조합원이
자신의 생활 면면에서 필요로 하는 것들을
자주적으로 협동할 수 있는
계기가 늘어나는 것이 필요하다.
그리고 그것을 지역과 나누기 위해서
지역 지부단위의 재정·사람·공간의 지원을
확대하는 정책 전환이 필요하다.
한살림이라는 큰 조직이
지역살림운동에 적극 나설 때
지역사회는 빠르게 전환될 것이다.

마을에서
생활인으로 살기

마포 성미산마을 사례를 살펴본다

●

이경란
공동육아와공동체교육

성미산마을의 사례를 통해서 개별의 필요와 요구가 협동조합으로 모이고, 여러 협동조합들이 네트워킹하면서 지역사회 속에서 민주적이고 공동체적인 생활문화를 만들어내었던 과정을 살펴본다. 육아의 협동인 공동육아협동조합과 초등방과후 협동조합을 비롯한 돌봄과 교육, 먹을거리 공동구매와 마을 만들기를 목적으로 삼은 생협 만들기가 시작이었다. 이때 개별 조합원들은 필요의 충족에 머물지 않고, 협동조합이 지역의 '섬'이 되지 않고, 지역사회에서 함께 살아가는 것을 중요한 방향으로 삼았다. 성미산을 지키는 투쟁이라는 우연한 계기를 통해 협동조합들의 관계는 공고해졌고, 지역주민들과 관계를 맺을 수 있었다. 성미산투쟁 이후 다양한 협동사업체들이 생겨났고, 이들을 연결하는 네트워킹, 그리고 지역과 사회 현안에 연대하면서 지역사회 속에 자리잡아갔다. 성미산마을 사람들은 협동조합의 민주적 운영 원리, 사람 중심의 원리를 마을문화로 정착시켜 마을사업이 순조롭게 확장하는 성과를 거뒀다. 이런 성과들을 보면서 한살림의 지역살림운동에 제안

한다. 조합원들이 자신의 생활 면면에서 필요로 하는 것들을 자주적으로 협동할 수 있는 계기가 늘어나는 것이 필요하다. 그리고 그것을 지역과 나누기 위해서 지역 지부 단위의 재정·사람·공간의 지원을 확대하는 정책 전환이 필요하다. 한살림이라는 큰 조직이 지역사회 활동에 나설 때 지역사회는 빠르게 전환될 것이다.

● **내가 사는 곳에서 생활인으로 살아가기**

마을공동체나 협동조합 지역사회, 또는 사회적 연대경제나 지역돌봄체계 같은 말이 낯설지 않다. 누구나 출산과 산후조리부터 영유아 시간제 돌봄이나 어린이집과 유치원 같은 영유아의 보육이나 교육, 초등학생의 방과후 돌봄 또는 문화활동, 의료나 간병, 노인돌봄, 나아가 장례에 이르는 생애 전 과정에서 어쩔 수 없이 사회서비스나 생활물품들을 만난다. 어쩔 수 없기 때문에 대다수의 사람들은 서비스나 물품이 좀 더 사람 중심적이고 공정한 가치를 지니기를 바란다. 그런 서비스를 제공하거나 물품을 생산하는 사람들이 공정한 노동환경에서 일할 수 있기를 기대한다. 그렇지만 시장의 경쟁 논리 속에서 대안적인 서비스와 물품을 찾기는 쉽지 않다.
사람들이 살아가는 일상적인 생명활동에서 자율성을 회복하는 것이 생명운동이다. 시장이나 국가에 의해 일방적으로 조정되었던 우리 삶의 영역들을 우리 스스로의 힘으로 만들고 창조하는 일이다.[28] 바로 대안적인 서비스나 물품이 절실하게 필요하다면 직접 만들어가는 창조활동을 하면 된다. 물론

---

28 「생활」, 『살림의 말들』, 모심과살림연구소, 2004, 88~91쪽.

혼자서는 할 수 없다. 생협운동을 비롯한 협동운동은 국가와 시장에 의해 지배받으며 왜곡된 생명활동과 생활세계를 협동해서 자주적이고 자율적인 방향으로 바꿔나가는 운동이다.

한살림은 생명이 살아있는 마을공동체를 지향한다. 그러나 조합원들이 삶의 터전에서 공동체적 관계 속에서 생활인으로 살아가고 있다기 보다 생협의 조직활동에 머물러 있다고 자평한다. 한살림과 조합원들이 세상의 삶을 바꿔가는 삶의 정치조직이 되려 한다면 한 발 더 나가야 할 것이다. 협동조합들이 연대를 통해서 마을을 만들어 간 성미산마을 사례는 한살림의 전망을 내다보는 데 도움이 될 것이다.

성미산마을은 1990년대 중반기부터 생활의 필요를 충족하기 위한 협동조합들이 한 지역에 밀집하여 생활을 바꿔 나가는 모습이 보이면서 붙여진 이름이다. 이글은 협동조합 또는 협동사업체들로 네트워킹 된 성미산마을의 형성과정과 운영의 특성을 정리한다. 주민들은 직접 참여하여 공유지를 만들고, 자신의 생활 세계와 지역사회를 바꿔가면서 삶의 질을 높이고 생활 공동체성을 회복해갔다. 성미산마을의 경험은 완성형이 아니다. 내부에서 문제도 드러나고, 바깥에서 문제제기도 만만치 않다. 그렇지만 마을관계망이 형성되고 확장해가는 과정을 살피면서 한살림의 지역살림운동에 도움이 될 바를 찾고자 한다.

- **육아와 교육의 협동**

1994년 여름, 20대 후반에서 30대 초반의 부모들이 연희동 또하나의문화 사무실에 모여들었다. 공동육아어린이집을 만들고 있던 사람들이었는데, 그날은 앞으로 아이들이 어린이집에서 어떻게 생활할지 이야기를 나누기로 한 날이었다. 공동육아, 즉 아이를 함께 키우면서 세상을 바꿔 보자는 운동을 벌이고 있던 공동육아연구회의 정병호 선생이 영상을 틀었다. 두 개의 어린이집에서 같은 시간대에 아이들이 어떻게 다르게 생활하고 있는지를 있는 그대로 보여주는 내용이었다. 한 어린이집은 시간표 순서에 따라서 교실에서 교사가 이끄는 프로그램을 하다가 쉬는 시간이 되자 화장실 앞에 줄을 서서 순서를 기다리고, 다시 교실로 들어가 영역별로 놀았다. 그런데 다른 어린이집은 같은 시간대에 서로 모여 이야기를 나누고 교사와 함께 바깥으로 나들이를 나가 동네 이곳저곳을 어슬렁거리며 탐색했다. 아이들은 느슨하면서도 호기심에 가득 차 있었다. 영상을 보여준 후 그는 부모들에게 어떤 어린이집에서 아이들이 생활하면 좋겠느냐고 물었다. 부모들은 모두 여유롭고 아이들이 스스로 움직이고 참여하는 두 번째 어린이집을 선택했다.

아이들의 일상이 달라지는 곳, 공동육아협동조합 어린이집의 시작이었다. 부모들이 협동조합을 만들고 교사들을 초빙해서 부모와 교사가 공동운영하는 어린이집이었다. 아이들은 매일 동네 뒷산이나 시장이나 경로당까지 동네 곳곳을 돌아다닌다. 그러면서 자기가 살고 있는 동네를 익히고, 매일 가는 뒷산의 나무와 풀과 꽃이 매일매일 어떻게 변해 가는지 자연스럽게 익혔다. 동네 골목길에서 자동차가 올 때는 어떻게 피해야 하는지, 여러 명이 움직일 때 안전하게 다니려면 어찌해야 할지 알았다. 아이들은 어디로 나들이를 갈지 무엇을 하고 놀지 스스로 결정해서 하루를 지냈다. 여기서는 나이에 따른 서열도 없고, 남녀의 구분을 두지 않고, 빈부나 장애의 차이에 관계없이 서로 어울리고, 어른과 아이가 같은 눈높이로 이야기를 나누었다.

가르치는 교육이 아니라 생활하며 놀면서 익혀가는 교육을 실현하는 일은 쉽지 않았다. 부모들과 교사들은 교육방향에 의기투합했지만 구체적인 방식과 생활을 둘러싸고 논쟁을 벌였다. 이들은 정기적으로 교육하는 자리를 마련해서 왜 이런 교육을 해야 하는지, 이런 생활 변화에 담긴 의미를 하나하나 합의해갔다. 부모들은 아이들의 공간을 청소하고, 시설 설비를 챙기면서 아이들이 하루하루를 어떻게 보내는지 자연스럽게 이해해갔다. 아이들이 어떻게 생활하는지 알면 알수록 그걸 기획하고 실천하는 교사들을 믿게 됐다. 아이들의 생활이 안정되어갈수록, 협동조합과 어린이집 운영에 깊게 참여할수록, 직장과 육아에 찌들어 있던 부모들은 협동조합과 어린이집이 자신들의 놀이터가 되어감을 느낄 수 있었다. 그 이전에는 알 수 없었던 진짜 민주주의를 경험할 수 있었기 때문이었다. 아이들도 자신들의 하루 생활과 놀이 속에 자신의 의사를 적극적으로 펼칠 수 있는 참여권을 실현할 수 있었다. 공동육아협동조합 어린이집은 단순히 새로운 보육서비스를 제공하는 협동조합이 아니라, 새로운 민주적 공동체를 함께 누리는 터전이었고, 그 속에서 살아가면서 사람들의 일상과 삶의 방식도 바뀌어가는 깨달음의 장이었다.

1998년 성산동의 단독주택 마루에서 공동육아 방과후 협동조합을 발족하는 창립총회가 열렸다. 공동육아어린이집을 졸업하고 초등학교에 간 아이들이 학교를 마친 후에 생활할 공간을 만드는 일이었다. 그날 조합원들은 방과후 협동조합의 정관 조목 하나하나를 검토하고 결정하면서 너무나 뿌듯해 했다.

이 방과후 협동조합의 이름은 '아이들이 자라는 곳, 도토리'로 결정했다. 제안자가 작은 도토리 안에 커다란 참나무가 될 모든 것이 들어있다는 설명을 하자, 그 자리에서 만장일치로 결정한 이름이었다. 아이들을 온전하게 한 인간으로 존중해야 한다는 아동관을 담은 이름이었다. 또 하나, 이 자리에서 기금 제도를 결정했다. 공동육아협동조합 어린이집은 정부의 지원이 없어서 부모의 힘만으로 어린이집 공간을 마련해야 했던 탓에 부모들은 300만 원이라는 적지 않은 큰 돈을 출자금으로 냈다. 그런데 방과후 협동조합을 만들면서 스스로 문턱을 낮춰 더 많은 사람들이 함께 할 수 있도록 하자는 방향을 세웠다. 출자금 150만 원 외에 기금 100만 원을 내서 어느 순간 이 방과후가 공공의 공간이 될 수 있도록 하자는 결의였다. 돈을 더 내면서도 뿌듯하고 축제 같던 날이었다. 교사들이 주체로 설 수 있도록 부모와 교사가 함께 참여하는 운영위원회 구조를 만들고, 교사들은 이 아이들만이 아니라 다른 모든 아이들을 품는 마을교사가 되기로 선언했다. 어른도 행복할 수 있도록 취미동아리를 만들면서 어른들의 공동체를 만들어갔다. 현재 성미산마을에는 협동조합 방과후와 거점형 방과후, 고학년 방과후, 학교와 연계한 마을학교 등 다양한 방식으로 많은 어린이들을 품고 있다. 한편 제도화된 학교교육에 문제를 느끼며 대안교육을 지향하던 사람들은 2004년 대안학교를 설립했다.

공동육아어린이집과 초등 방과 후에서는 아이들이 지내는 공간을 '터전'이라 부른다. 그저 아이를 맡아 돌보는 시설이나 교육기관이 아니라, 아이들이 생활하면서 살아가고 아이와 연결되어 있는 어른들이 아이를 함께 키우는 삶의 공간이라는 의미이다. 아이들이 살아가는 안정적인 생활공간들이 늘면서 마을로 유입되는 사람들이 많이 늘었다. 2017년 6월 현재 전국에 협동조합이 운영하는 어린이집은 170개 정도 있는데, 마포구 서부지역에만 4개의 공동육아협동조합 어린이집과 공동육아 국공립 어린이집 1개가 운영되고 있다.[29] 그렇게 비슷한 삶의 지향을 가진 사람들이 밀집해서 사는 지역이 되어 갔다.

- **생활을 바꾸는 협동조합**

2001년 초등 방과 후 도토리의 부모와 교사들은 특별한 결정을 내렸다. 아이들이 초등학교에 들어갔으니 될 수 있으면 한 동네에 모여 살자, 모여서 살기로 했으니 이곳을 살만한 곳으로 바꿔 보자는 합의였다. 그 첫 활동으로 마포두레생활협동조합을 설립했다(지금의 울림두레생협). 창립총회 자리에 공동육아협동조합의 부모들과 교사를 비롯한 조합원 100여 명이

---

[29] 국공립어린이집은 공동육아운동을 전개하는 (사)공동육아와공동체교육이 위탁운영하고 있다. 공동육아와공동체교육은 처음 공동육아협동조합을 제안했던 공동육아연구회가 전신이며, 1970년대부터 보육운동과 지역공동체운동을 해왔다.

모였다.

이들은 이 마을에서 오래 살 수 있고 아이들이 이곳을 고향으로 삼을 수 있으려면 어떻게 해야 할까 고민했다. 그래서 마포두레생협은 공동구매사업과 더불어 마을만들기를 주 사업으로 삼았다. 이들은 생협이 터 잡고 있는 서울 마포구의 서부지역 주민 속에서 조합원의 밀도를 높이는 조합원 확대 방향을 택했다. 그러면 같은 동네에 사는 조합원들이 걱정스러워 하는 교육이나 생활문제를 함께 풀어갈거라 생각했다.

2002년 12월 서교동의 건물 지하로 어른들과 아이들이 속속 모여들어 제법 넓다 싶은 공간에 가득 둘러앉았다. 마포두레생협의 교육문화공간을 여는 날이었다. 한 아이가 제안한 '꿈터'라는 말을 다듬어 '마을학교 우리마을꿈터'로 이름을 정했다. 마을에서 우리들의 꿈을 실현해가는 곳을 만들자는 의미였다. 우리마을꿈터에서는 도서관을 설치하기도 하고, 생명이 살아있는 먹을거리나 아이들 교육, 문화와 생태, 택견 등의 몸 운동, 예술활동을 비롯한 다양한 교육활동이 펼쳐졌다. 마을학교라는 이름은 확장성을 갖고 있었다. 2006년 마을 교육활동가들은 우리마을꿈터 공간만으로는 지역에서 벌어지는 많은 교육활동들을 담아낼 수 없게 되자, 지역의 여러 교육 활동 기관들을 네트워킹해서 '성미산마을배움터'를 열었다. 이후 교육네트워크를 만들고 운영했던 경험은 마포 전체의 교육네트워크인 마포마을배움네트워크 판

(2012)으로, 또 학교와 마을교육을 연결하는 또보자마을학교(2016)로 이어졌다. 이 모든 시도는 마을에서 아이들이 친구들과 어울려 놀고 자신이 원하는 것들을 배우거나 즐길 수 있

는 지역 교육생태계와 안전한 생활공간을 만들어가려는 노력이었다. 그리고 아이들부터 어른까지 마을에서 평생 배우며 놀 수 있는 곳을 만들자는 마을교육의 꿈을 실현해가는 과정이었다.

2006년 우리마을꿈터에 마포두레생협의 조합원들이 모였다. 생협의 비전을 마련하는 워크숍 자리였다. 몇 차례에 걸쳐 진행된 워크숍에서 깊게 논의되고 사업으로 실현된 주제는 노동과 돌봄이었다. 인간의 생애를 지탱하는 가장 소중한 노동인 돌봄노동이 그림자 노동처럼 되어 버린 사회에 문제를 제기했다. 돌봄노동의 가치를 인정받으면서 서로 돕는 지역사회를 어떻게 만들어갈 수 있을까? 방향은 두 가지로 잡혔다. 하나는 스스로 노동의 주체로 일할 수 있는 노동공동체를 만들어 새로운 노동을 정립하자는 시도였다. 2006년부터 2년간 생협 조합원들은 새로운 노동과 워커즈 콜렉티브(Worker's Collective)를 학습한 후, 이 방향에 동의하는 조합원들은 생협의 지원을 받아 물품 재사용을 위한 되살림두레와 수공예 생활용품을 만드는 한땀두레, 안전하고 좋은 비누를 만드는 비누두레를 만들었다. 이들은 각자 자신이 관심있는 분야에서 자기 일을 가질 수 있어 기뻤고, 생협이 물품 판매를 도와주어 유통망도 확보할 수 있었다. 되살림두레는 물품 재사용의 문화를 확산시켰고, 비누두레와 한땀두레는 물품의 소중함과 손으로 만드는 문화를 알려갔다. 그리고 이들은 두레연합의 생산자로서 자리를 잡으며 노동자이자 문화활동가이자 생활인으로 새로운 노동을 실현해가고 있다.

또 하나는 주민들의 힘으로 아이돌봄과 노인돌봄을 실현하자는 시도였다. 이 뜻에 동의하는 조합원들이 노인요양보호사 자격증을 따고 2009년 재가요양사업체를 설립했다. 돌봄의 폭은 사업의 영역을 넘어 조합원들 간의 상호부조와 호혜적 돌봄문화를 확산시키는 것으로 확대되었다. 먹을거리를 넘어 생활 전반에 걸쳐 협동하는 틀을 만들기 위해 지역화폐 시스템을 실험하기도 했다. 울림두레생협은 돌봄의 사업과 활동이 생활에서 가장 필요한 필수재라고 보고, 제1생활재 공동구매사업과 더불어 제2생활재라 부른다.

생협은 마을사람들을 모으고 지역 현안을 이끌어가는 핵심 주체로 활동했다. 2000년대 상반기 동안 생협의 공동구매사업은 그리 성장하지 못한 상태였다. 성미산투쟁이 일차 마무리된 이후 생협 안에서는 자연스럽게 공동구매사업을 성장시키고 안정화시키는 사업 방향이 제기되었다. 일차적으로 다른 지역의 두레생협들과 연대하여 공급구역을 확대하고 물류를 협동화하는 사업이 진행되었다. 그리고 2008년 처음으로 적자에서 벗어났다. 그렇지만 이런 구역의 확대나 공동구매사업 중심의 사업방향을 두고서 조합원들은 생협이 마을활동을 포기하는 것은 아닌가 하는 의구심을 가지기도 했다. 조합원들의 문제제기를 받아들여 2009년 마포두레생협은 생협의 구역 확대와 마을활동을 둘러싸고 깊고 치열한 논의를 벌였다. 그것은 생협의 비전과 방향에 대한 합의를 이끌어가는 과정이었다. 이 과정에서 조합의 구역 확장과 공급사업을 키우려는 시도가 경영을 안정시키며 새로운 조합원들이 생협운동에 함께 할 수 있도록 하는 것이라는 인식이 공유되었다. 동시에 조합원들이 마포두레생협의 가장 큰 성과를 마을활동에 두고 있다는 점이 확인되었다. 이들은 두 가지 방향을 통합할 수 있는 길을 모색했다. 넓어진 구역 속에 지역별로 마을위원회를 구성하도록 하고, 조합원들의 활동을 활성화하기 위한 예산과 지원인력을 편성했다. 조합원이 조합의 주체이고, 그 조합원들의 삶을 지원하는 것이 생협의 역할이라는 자기정리에서 비롯된 것이었다. 이후 각 지구마다 세워진 마을위원회에서 조합원들은 생협의 물품을 논의하거나 조합원들 간 협력활동을 추진하는 것과 더불어 다른 단체나 기관

들과 협력해서 지역사회의 현안을 해결해가는 활동의 중심 역할을 수행했다. 그리고 생협 마을위원회에서 활동했던 조합원들은 점차 생협활동가에서 마을활동가로 나아가 마포지역 활동가로 활동의 폭을 넓혀가고 있다.

육아협동조합, 초등돌봄협동조합, 소비자생활협동조합은 필수 생활재를 다룬다. 이런 협동조합들은 서비스를 이용하는 당사자들이 협동조합의 조합원이다. 그러다 보니 조합원들이 협동조합의 운영 방향을 정할 때 자신들이 받을 서비스만 관심을 두고 의사결정을 할 가능성이 높다. 이런 결정을 내리면 당장은 서비스 질이 높아지는 것처럼 보이지만, 길게 내다보면 그 서비스를 제공하는 노동자들이나 생산자의 노동조건이나 생산환경이 악화되는 일이 발생한다. 또는 이 사회의 보육이나 교육 또는 생활재의 문제를 근본적으로 바꿔가고자 만든 협동조합이지만, 자기 조합일에 빠져서 연대활동을 소홀히 하는 일이 발생하기도 한다.

상대적으로 성미산마을의 협동조합들은 이런 함정에 덜 빠졌다. 초기부터 어린이집 부모나 교사들은 어린이집이 지역사회의 '섬'으로 남지 않아야 한다고 생각했다. 그래서 어린이집 아이들은 경로당에 놀러 가 마을 어르신들과 어울리고 동네를 돌아다니면서 동네 어른들의 관심 속에서 자랐다. 초등 방과후를 처음 만들 때 부모와 교사들은 저학년 아이들을 안정적으로 돌보면서도 마을 아이들이 수월하게 오갈 수 있는 '마을방과후'를 꿈꿨다. 그 꿈은 계속 이어졌다. 마을학교 우리마을꿈터를 만들고, 성미산마을배움터를 만들었던 이유였다. 생협은 먹을거리 공동구매와 마을만들기를 함께 하는 방향을 고안했고, 생협조합원들은 어린이들과 지역 어르신들의 놀이터인 마을의 산이 훼손되고 개발되는 것을 막기 위해 많은 시간과 노력을 투여했다.

- **삶의 터전 만들기**

성미산마을이란 이름은 우연히 2001년부터 시작된 성미산투쟁을 취재하러 온 기자가 붙인 이름이었다. 그 기자는 동네의 어린이집과 방과후, 생협과 투쟁의 현장인 성미산도 오르고, 마을축제 이야기도 들으면서 돌아다니다가 뭔가 이상한 현상을 발견했다. 낮 시간인데 오가는 사람들이 서로 인사하고 서로 안부를 주고받고 동네 현안을 상의했다. 그는 그것을 도시 속에서 마을이 생기는 현상이라 보았고, 이 동네에 성미산마을이라는 이름을 붙였다. 이미 마을을 지향하는 생협을 발족했던 터라, 동네 사람들은 이 이름을 기쁘게 받아들여 지역과 사람들의 이야기를 다시금 마을활동으로 해석하면서 의미를 확장해갔다.
주변에 놀이터나 공원이 없는 동네라서 성미산은 공동육아어린이집 아이들이 매일 나들이를 가고, 동네 어르신들이나 주민들이 쉬고 푸르름을 맛볼 수 있는 유일한 공간이었다. 그런데 2001년 소유주인 한양대와 서울시가 이곳에 아파트와 수돗물배수지를 설치하겠다는 계획을 발표했다. 4만 평 밖에 안되는 산의 절반이 개발로 사라질 위기에 처했다. 그 사실을 알게 된 공동육아협동조합 부모와 교사들과 설립한 지 얼마 되지 않았던 생협의 이사진이 우리어린이집에 모여 대책회의를 열었다. 이들은 지역의 유일한 녹지공간이자 아이들의 놀이터인 성미산을 지키자는데 의견을 모았다. 점차 성미산을 지키자는 활동에 지역주민들도 참여하면서 성미산대책위원회가 꾸려졌다. 성미산대책위원회는 각 조합의 대표들과 지역단체들과 종교기관, 심지어 정당들까지 망라되었다. 뿐만 아니라 행정과 법률, 환경문제, 조직 활동 등에 전문성을 가진 조합원들이 결합해서 투쟁의 질을 높였다. 협동조합 사람들은 동네 할머니 할아버지나 향우회 사람들과 함께 홍보물을 배포하고 서명운동을 벌였다.

그러던 2002년 1월 서울시는 기습적으로 1만 평에 달하는 성미산의 나무를 전기톱으로 베어버렸다. 그때부터 주민들은 산 정상에 텐트를 치고 농성에 들어갔다. 순번을 정해 산에서 잠을 자기로 한 사람들은 모닥불을 피우고 두런두런 아이 키우는 이야기, 산을 지키는 이야기, 살아가는 이야기들을 나누며 밤을 지샜다. 산에서 음악회를 열고, 산길을 걸으며 어떤 풀꽃이 있는지, 아이들이 나들이 오는 곳은 어딘지 살피는 시간도 가졌다. 또 환경운동가들이 결합하면서 생태적 삶, 도시에서 생태적으로 살아가는 방법을 더 깊게 알게 되었다. 서울이라는 거대도시 속에서 높이 70m밖에 되지 않는 작은 산이 도시 열섬화를 막고 바람길을 열어주는 존재라는 사실에 새삼 성미산의 중요성을 느끼기도 했다. 그렇게 생각과 마음을 쌓아가던 2003년 서울시가 주최한 공청회 자리를 꽉 채운 마포주민들 앞에서 배수지의 필요성을 둘러싼

공방이 오갔고, 결국 주민들 의견에 따라서 배수지공사는 철회되었다.[30]

성미산투쟁이 승리로 끝나면서 주민들이 힘을 모으면 부당한 행정 조치도 해결할 수 있다는 자신감이 일어났다. 잠재해 있던 사회적 문화적 욕구가 분출되었다. 성미산투쟁에서 풀뿌리 시민단체로 나아가는 마포연대, 지역 미디어의 열망을 표현한 공동체라디오 마포FM, 유기농 반찬가게 동네부엌, 생협 부설의 교육문화센터인 마을학교 우리마을꿈터, 자동차정비협동조합 성미산차병원, 독거노인을 돕는 자원봉사단체 마포희망나눔, 그리고 대안학교인 성미산학교는 이 무렵 '산에서' 이야기하면서 땅에서 결실을 맺은 성과였다.

성미산마을은 자기가 사는 곳에서 정말 필요한 일이지만 국가와 시장이 제공하지 않는 영역을 스스로의 힘으로 풀어가고자 하는 자립적인 협동에서 출발했다. 이들은 필요한 일이 생기면 스스로 기획하고, 자원을 마련하고, 사람을 키우고, 사람을 고용하고, 비용을 감안해서 수지를 맞추고, 소비 방향을 결정하고, 더 필요한 것을 제안했다. 자율과 호혜와 소통의 원리로 특징 지어지기도 하는 성미산마을의 운영 원리는 경제적으로 본다면 협동조합의 원리와 연결되었다. 육아에서 노인돌봄에 이르는 돌봄의 영역부터, 교육과 문화활동, 좁은 의미의 경제활동과 자원봉사 영역까지 협동조합의 원리로 운영하는 다양한 사업체들이 있다.

믿을 수 있는 의료를 받고자 하는 사람들은 의료생협에 관심을 두어 병원을 세웠다(마포의료복지사회적협동조합). 맛있고 건강한 음식으로 식사를 맘

---

30 그후 성미산에는 소유주인 대학의 부속초중고 이전을 둘러싼 2차투쟁, 대학기숙사 설립을 둘러싼 3차투쟁이 발생했다.

편하게 하고자 하는 사람들이 요리를 업으로 삼으려는 조합원을 만나서 유기농식당(성미산밥상)을 차렸다. 더불어 사는 집에 살고 싶어하던 사람들은 소통이있어행복한주택과 함께 공동주택을 지었고, 1인 가구들도 동네에서 살 수 있도록 하자는 뜻을 모은 사람들은 함께주택협동조합을 만들었다. 마을카페(작은나무), 장애인 일자리사업장(좋은날 더치커피), 자동차 정비(성미산차병원), 금융계(성미산대동계), 마을금고(성미산마을기금), 문화협동조합 향(성미산마을극장), 동물병원협동조합, 게스트하우스 등도 모두 같은 과정을 거치면서 마을 사람들의 생활 속으로 들어왔다.

각자 자기가 속한 작은 공동체에서 사는 마을사람들이 가장 많이 모이는 자리는 성미산마을축제이다. 이 축제는 공동육아협동조합 어린이집 교사들이 벌인 지역활동에서 비롯되었다. 교사들은 공동육아어린이집의 좋은 교육내용이 어린이집 안에만 머무는 것을 안타까워했다. 교사회는 동네 아이들과 함께 노는 전래놀이 한마당을 준비하고 부모들은 돈과 노력으로 후원하면서 판이 만들어졌다. 막상 판이 벌어지니 동네 아이들만이 아니라 공동육아 아이들과 부모들도 즐거운 잔치를 즐기고 있었다. 이후 놀이한마당은 어린이날에 아이들과 어른들이 함께 놀자는 취지로 모습을 갖췄다가, 성미산 투쟁기에 들어서 연대하는 단체들의 지역축제로 확장되었다. 현재는 성미산마을의 여러 단위들과 주민자치위원회가 주관하는 성산동의 축제로 자리잡았다. 성미산마을축제는 축제기획위원회를 구성하고 마을의 여러 단위들이 자기 활동이나 나누고 싶은 것을 공유하는 문화의 자리로 자리매김했다. 새로운 이슈를 이야기하거나 동아리들이 그동안 익혔던 성과를 발표하고, 물품을 판매하기도 하고, 함께 나누는 공동밥상이 차려지기도 한다. 축제는 그동안 멀어져 있던 사람들이 서로 무엇을 하며 살고 있는지 알기도 하고 새로운 관계망을 확장하는 자리이자, 스스로 만드는 축제에서 놀면서 삶의 활력을 회복하고 공동체문화를 유지시키는 광장이 되었다.

서울과 같은 도시는 공간면에서는 마을이라고 일정하게 구획을 짓기 어렵다. 직업도 다양하며 직장과 집은 떨어져 있고 이동이 잦아서 어딘가에 살더라도 스스로 마을사람이라 생각하는 사람들은 그다지 없다. 사람들은 근대화·도시화 과정에서 잃어버린 공동체적 지역사회를 막연하게 그리워하면서도 인맥, 학맥, 연령으로 얽히고설켜 독립성을 갖기 어려운 현실에서는 벗어나고 싶어 한다. 만약 프라이버시가 지켜지고 어느 정도의 익명성이 인정되면서도 공동체적 호혜관계망 속에서 살 수 있다면 어떨까? 협동조합은 파편화된 개인이나 가족들을 공통적으로 필요한 물품이나 서비스로 묶어 협동하는 경험을 해볼 수 있게 한다. 성미산마을은 그런 협동조합이나 협동사업체들의 네트워크이다. 개별성을 존중하면서도 공동체문화를 누리며 살 수 있는 곳, 성미산마을이 갖는 미래적 특성이다.

● **지역 자산화와 공유문화 확대**

성미산마을의 안을 들여다보면 많은 협동조합이나 협동사업체들로 가득하다. 그러다 보니 자산 조성이나 의사를 결정하는 운영방식 또는 활동문화에는 공유라는 가치와 실현 방식이 당연하다는 듯이 깔려 있다.

공동육아협동조합을 보자. 마포 안에 있는 공동육아협동조합 중 세 곳은 어린이집 공간을 소유하며 한 곳은 임대공간이다. 조합원들은 어린이집의 공간을 마련하기 위해서 가구별로 출자금을 낸다. 때로 부족한 금액을 보전하기 위해서 개별 가구가 은행 융자를 받아서 보충하고, 이자도 함께 부담한다. 어린이집 공간의 임대료가 오르는 것을 감당하기 어려워진 조합들은 아

예 큰맘을 먹고 집을 샀다. 그러다 보니 세 조합은 2016년 현재 각각 5~6억 대의 부동산을 소유하게 되었다. 35가구에서 39가구 정도의 가족이 한 조합을 구성하는데, 조합원들은 각기 450~750만 원 정도의 출자금을 내며, 출자금은 탈퇴 시 반환받는다. 또 조합들은 기금 제도를 두고 있어, 조합에 가입할 때나 탈퇴할 때 100만 원에서 200만 원 정도를 기금으로 납부한다. 그동안 아이를 잘 키우고 서로 어울려 잘 지냈기 때문에 이 조합이 계속 유지할 수 있도록 기여한다는 의미를 담는다. 대부분의 부모조합원들은 3~4년 정도 어린이집에 아이를 보내고 졸업할 때 출자금을 반환받는다. 그리고 그 돈은 다시 아이들의 생활 공간을 옮길 때, 조합형 초등방과 후나 대안학교의 설립 기금으로 사용한다. 즉 각 조합들의 공간은 현 조합원의 출자금과 졸업조합원의 기금을 합해서 마련한 셈이다. 장기적으로 부모들의 부담으로만 운영되는 협동조합의 문턱을 조금씩 낮출 수 있었다. 동시에 한 번 출자된 자금은 지속적으로 지역 안에서 순환하면서 새로운 활동의 재원으로 활용되었다. 그래서 모든 공간은 마을의 공공공간이 되어갔다.

자동차정비소, 반찬가게, 마을카페, 식당, 되살림가게와 같은 사업체들이 협동조합이나 워커즈 콜렉티브 형태로 만들어졌다. 이런 협동사업체들은 사업을 시작할 때 다양한 방식으로 재원을 마련했다. 재원의 기본은 그 사업에 참여하는 조합원들의 출자금이다. 그리고 출자금만으로 사업체를 꾸리기에는 어려움이 있어 서로 도움을 주고받는 마을의 자금순환구조를 꾸렸다. 생협은 새로운 마을사업이 생겨날 때 출자를 하거나 자금을 대출해주면서 사업들을 키워갔다. 성미산대동계는 계원들이 모은 목돈을 활용하여 돈이 필요한 마을기업들에게 필요자금을 빌려준다. 자리를 잡은 마을기업들은 경영안정을 위해 자금을 빌려 쓸 수 있는 장치로 성미산금고를 결성하였다. 다양한 형태의 자본순환을 위한 장치들이 마을 안에 운용되고 있고, 그 자금들은 다양한 마을사업들이 자리를 잡고 활력을 가질 수 있게 도왔다.

마을카페 작은나무는 엄마 몇몇이 모여 시작했는데 운영이 어려워지자 마을 주민들의 출자를 받아 협동조합으로 전환하였다. 마을 어귀에 자리잡고 사랑방 역할도 하고 마을을 방문하는 사람들의 휴식처가 되었다. 매주 수요일이면 작은 음악회가 열려 마을예술가들이 데뷔하고, 카페의 벽은 마을예술가들의 작품전시회로 사람들의 눈길을 끌었다. 2017년 카페 작은나무가 그 자리에서 쫓겨날 위기에 처했을 때, 카페 전면창은 이 사안이 본질적으로 둥지내몰림현상(젠트리피케이션)의 문제임을 알리는 선전판이 되기도 했다. 마을 공간의 벽은 언제나 마을 안팎에서 벌어지는 수많은 교육과 활동을 알리는 홍보물로 빼곡하다. 쉽게 접하지 못하는 정보들이 일상적으로 오간다.

마을주민들은 생협과 함께 광우병투쟁에 나서고, 민중의 집과 함께 대형마트 입점 반대와 망원시장 살리기 운동에 나선다. 마을사람들은 성미산을 지키는 문화행사에 꾸준히 참여하고, 지하철역 입구에서 세월호 집회를 열기도 했다. 주말이면 생협 앞길은 보자기장터가 열리거나, 자전거여행을 떠나는 아이들을 배웅하는 부모들로 북적거리기도 한다.

주민들이 함께 만드는 공동주택문화도 특징적이다. 마을 곳곳에 공동주택들이 들어서면서 생활공간을 공유하는 즐거움이 무엇인지 잘 드러났다. 함께 집을 짓기로 한 사람들은 자신이 꿈꾸는 집을 이야기하고 설계하면서 생활에 필요한 다양한 공용공간을 개발해냈다. 예를 들어 소행주에는 집과 집 사이의 복도를 마루로 만드니 복도가 아이들의 놀이터가 되었다. 한 층은 마을의 사업체에게 임대하거나 초등방과후가 입주하기도 했다. 마을공간이 건물 속에 들어오면서 개별 공동주택 속에 마을사람들이 오갈 수 있게 되었다. 옥상에는 공동빨래걸이와 텃밭이 자리잡았다. 저녁 무렵이면 공용공간에 이곳에 사는 맞벌이 부부들과 아이들이 모인다. 저녁을 함께 먹고 여유가 생긴 저녁시간에는 아이들과 어울릴 시간을 챙긴다. 생활을 공유하는 문화가 자리를 잡은 것이다.

성미산마을에서는 일상적으로 공론장이 벌어진다. 공동육아협동조합은 늘 육아를 둘러싼 논의가 펼쳐진다. 아이들이 나들이 가는 것은 좋은 데 매일 같은 곳으로 나들이를 가면 지겹지 않을까라는 입장과 영유아기에는 매일 같은 곳을 다니면서 공간을 익히고 그곳의 일상적 변화를 더 깊게 알 수 있다는 입장이 논쟁을 벌인다. 사교육과 마을교육도 이야기가 오간다. 성에 대한 관심, 아이들의 성놀이 또는 성을 어떻게 바라볼 것인가, 또는 장애아 통합환경을 어떻게 만들 것인가를 논의하기도 한다. 한편으로는 늘 새로운 부모가 들어오기 때문에 기성 사회와 다른 교육문화를 이해하고 실천하기 위한 논의가 필수적이다. 평어를 쓰면서 교사와 아이가 평등하게 지내는 문화는 단골소재이다. 생협도 지역과 조합원 규모가 커져 갈 때 마을의 공동체성을 어떻게 키워갈 것인가 1년이 넘도록 논의하고 방안을 찾았다. 성미산을 지키는 산 꼭대기의 텐트 속에서 우리에게 필요한 일이 무엇인지 이야기꽃을 피웠고, 그 결과는 새로운 사업으로 이어졌다. 마을 규모가 커지면서 서로가 무엇을 하고 있는지 모르게 되었을 때는 네트워크를 위한 논의가 이어졌고, 고민이 많을 때는 하소연대회를 열기도 했다. 마을에서는 끊임없이 갈등이 일어나고 그 갈등을 해결하기 위한 논의의 장이 어디선가는 일어나고 있다.

마을에 방문하는 사람들은 성미산마을의 이른바 '만장일치제'라 불리는 의사결정문화를 궁금해한다. 이 문화는 공동육아협동조합에서 시작되었다. 어떤 안건이 소수의 의견을 누르고 다수결로 결정되었을 때, 소수의견을 가진 사람들이 불만 세력으로 남아 조합의 분열을 가져왔었던 경험 덕분이었다. 아이를 둘러싼 사안이기 때문에 납득할 수 없는 결정에 동의할 수 없었기 때문이었다. 이런 경험이 쌓이면서 이들은 중요한 쟁점이 생기면 서로의 생각을 끝까지 이야기하기로 했다. 그러니 서로의 생각을 듣고 조정하다 보면 다수 의견이 가진 있는 맹점과 문제점을 해결할 더 나은 방안이 나온다는 것을 발견했다. 새로운 방안이 나올 때 의사를 결정하면 거의 모든 성원이 즐겁게 합의할 수 있고, 그 사안의 내용을 충분히 이해하고 있어서 일을 실행할 때 훨씬 수월했다. 그래서인지 성미산마을은 항상 시끄럽고 갈등이 넘쳐나는 것처럼 보인다. 사람들은 그런 지루하고 지난한 과정에 진저리를 치기도 하나 그 과정이야말로 한 사람 한 사람의 의견을 존중하는 것임을 알고 있어서 포기하지 않는다.

공유하면서 생활의 질을 높이고, 일상 속에서 공동체를 경험하고, 학습을 통해 그 가치의 의미를 배우고, 공론장에서 토론하여 합의를 이끌어내는 문화가 성미산마을이 거둔 가장 큰 성과일 것이다. 그래서 이곳에서는 하나의 협동조합에 가두지 않고 필요한 다른 일들을 벌이고, 서로를 연결하는 일이 자연스럽게 일어나고 있다.

● **마을에서 지역사회로, 그리고 협치**

2001년 3월 2곳의 공동육아협동조합과 생협, 성미산차병원협동조합의 이사장과 실무책임자들이 모였다. 협동조합들이 협력해서 지역에서 함께 살아가자는 취지로 연 이 간담회는 꾸준히 이어졌다. 이들은 마을공동교육, 마을축제, 마을운동회, 송년회를 열어 협동조합운동과 마을만들기를 위한 지향을 공유해갔다. 이들이 성미산투쟁이 장기적으로 유지될 수 있는 기반이었다.

성미산투쟁을 거치면서 사람들은 자기 필요를 충족하는 육아나 생협 또는 자동차정비협동조합의 활동에서 마을과 지역으로 눈을 돌렸다. 그리고 협동조합의 조합원만이 아니라 동네에 사는 사람들과 지역의 공간이 눈에 들어왔다. 그러던 차에 2004년 녹색연합 녹색사회연구소가 생협에 생태마을만들기 프로젝트를 제안했다. 이 모임에 참여한 조합원들은 생태도시를 학습하고, 동네 곳곳을 돌아다니며 동네를 생태적으로 바꿔가려면 어떻게 해야 하는지 그림을 그려보고, 지렁이를 기르며 음식물쓰레기를 퇴비로 만들고, 아이들이 안전한 골목길을 만들기 위해서 차 없는 골목길만들기 골목축제를 벌이고, 마포구와 함께 자전거도로를 만들었다. 아이들이 노는 산을 지키는 것에서 생태적으로 살아갈 지역을 만들어가는 전망과 실천방법을 갖게 되었다.

성미산투쟁 이후 우후죽순처럼 다양한 시도들이 솟아났다. 주의 깊게 보고 있지 않으면 마을 안에서는 무슨 일이 벌어지고 있는지를 도대체 알 수 없는 상황이었다. 사람들은 긴급하게 연대할 사안이 사라지자 자기가 속한 작은 공동체로 되돌아가 마을은 관심에서 멀어졌다. 이런 현상을 놓고서 그동안 마을활동에 관심이 많았던 이들은 각각의 기관과 활동들을 마을관계망으로 엮을 필요가 있다고 느꼈다. 이들은 2007년 정부의 '살고 싶은 마을만들기사업'으로 1억을 받아 마을활동들을 교육, 문화, 환경, 복지, 경제의 영역으로 나눠 서로 연결하고 방향성을 잡는 사업을 추진했다. 마을활동단체로 (사)사람과마을을 결성하였고, 마을교육, 마을문화, 마을생태, 마을복지, 마을경제라는 말이 생겨났다. 이 과정에서 서울에서 마을이 가능한가, 마을문화란 무엇을 말하며, 마을교육은 어떻게 하는 것이고, 마을경제가 실제 가능한가 등 글로벌화되는 세계와 일국 중심의 국가 속에서 마을이 하나의 독자적인 영역을 만들 수 있는가에 대한 논란이 일어났다. 사람과마을은 마을사람들이 서로 힘을 모아 만들어내는 새로운 경제와 문화와 교육의 틀을 실체로 만들어내기 위해 노력했다. 동시에 다시 성미산을 개발하려는 움직임을 막는 투쟁도 전개했다. 최근에는 임대료 인상 등으로 마을활동들이 불안정해지자 젠트리피케이션 담론을 사회 속으로 끌고 들어갔다. 2017년에는 서울시의 마을활력소사업을 받아서 지역주민들 속에서 마을공동체활동을 확산하는 일을 본격화하고 있다.

성미산마을의 활동은 마포지역 전체로 확산되고 있다. 먼저 지역 미디어 또는 지역정보의 공유 플랫폼을 만들었다. 2004년 성미산투쟁이 마무리될 무렵 정부는 공동체 라디오 정책을 시작했다. 이를 지역미디어를 만들 기회라 여긴 여러 단체들은 컨소시엄을 구성하여 공동체라디오 마포FM사업을 추진했다. 현재 마포FM은 마포지역의 대표적인 지역언론으로 자리잡았고, 지역활동가들과 지역 정보를 공유하는 플랫폼으로서 역할을 톡톡히 하고 있다. 마을교육 또는 마을평생교육의 지역관계망을 만들어가려는 시도도 꾸준히 이어졌다. 성미산마을배움터가 성미산마을 관계망을 중심으로 운영되었다면, 2012년에 시작한 마을배움네트워크 판은 그 경험을 마포지역 전체로 확장하고자 했다. 마포지역 곳곳에서 전개되는 교육활동들을 하나의 네트워크로 묶어 정보를 교환하고, 권역별로 교육활동을 연결하는 생활권의 교육네트워크를 만들려는 시도였다. 2015년 서울시와 서울교육청의 '마을학교 정책'에 부응하여 생협과 성미산학교, 개똥이네 책놀이터가 중학교 진로교육과 초등학교 체험학습을 지도하는 '또보자마을학교'사업을 맡았다. 2017년도부터 시작된 마포 혁신교육 지구사업의 마을방과후사업은 성미산마을이 경험했던 초등돌봄과 교육성과를 재정리하고 개념화하여 마포 전체로 확산하려는 시도이다. 초등 아이들이 안정적인 돌봄을 받으면서도 마을 어른들과 함께 동아리활동을 하면서 자신의 흥미와 재능을 키워갈 수 있는 마을교육생태계를 만들어가는 사업이었다.

한편 2008년도 망원시장살리기, 즉 대형마트 입점 반대운동에 마을의 각 단위들이 적극 연대하면서 힘을 실었다. 이 활동에 참여했던 주민들은 성미산마을 관계망을 넘어 지역의 소상공인들과 함께 살아가야 한다는 인식과 실천방법을 깨달았다. 활동이 성공적으로 마무리 된 후, 망원시장상인회는 새로 설립하는 마포의료생협(현 마포의료복지사회적협동조합)에 적극 결합했다. 지역의 연대망이 새로운 단계로 확장되는 순간이었다. 성미산마을에서 활동하는 여러 협동조합들만이 아니라 지역 소상공인들이 지속가능할 수 있는 경제구조를 만들려는 노력은 공동체화폐 사업으로 이어졌다. 여러 차례에 걸친 지역화폐 시도 끝에 '공동체화폐 모아'는 마포지역 전역에서 자리 잡아 가고 있다.

성미산마을은 대안적 마을공동체의 모델로 인정받기도 했지만, 지역 안에서 갈등을 일으키는 '그들만의 공동체'로 평가받기도 했다. 성미산투쟁은 서울시나 산의 소유주와 대립한 것이었지만 지역개발을 둘러싼 주민들의 이해관계가 충돌한 결과이기도 했다. 이런 현실을 지역의 비전을 둘러싼 정치적 입장 차에서 비롯되고 있다고 이해하는 사람들이 지역 정치활동의 필요성을 제기했다. 성미산투쟁을 할 때 지방선거에서 성미산을 지역 이슈로 만들고 구의회에서 조례를 만들어 문제를 해결하는 방안을 제시했다. 그 후 지역사회를 변화시키는 지역 권력에 대한 관심에 따라 마포지역의 정치활동조직 '마포파티'가 구성되기도 했다. 성미산마을의 활동이 마포지역으로 확장되고, 최근 몇 년간 시민단체나 사회적경제 단체들이 성미산마을 구역에 자리를 잡는 변화가 일어났다. 마을의 정체성이 무엇인지, 마을이 어떠한 과정을 거쳐 현재까지 왔는지 새로 정리할 필요가 생기는 시점이다.

- **마을에서 살아가는 지역살림을 기대하며**

얼마 전 한살림운동의 사회적 가치를 측정한 결과가 발표되었다. 그 가운데 지역살림과 고용창출 속에서 사회적 가치를 어떻게 실현하고 있는지를 살펴보자.[31]

> 지역살림 : 2019년 8월 말 현재 68만에 달하는 한살림의 조합원들은 23개의 지역 회원생협에 속해 있다. 회원생협에서는 520여 명의 위원들이 46개의 지역운영위원회에서 활동하며, 1,000여 개의 마을모임·소모임·매장 조합원모임에 조합원 35,000여 명이 참여하고 있다. 그리고 지역아동센터와 국공립어린이집 운영, 생산협동체, 사회적기업의 물품 우선 구매활동이 진행된다.
> 고용창출 : 2,000여 명이 넘는 실무자와 23개 지역의 1,500여 명의 조직과 매장·주문상담 등의 활동가. 목화송이, 맛깔손, 꿈마네, 아이사랑 등 조합원 일공동체 설립 지원

한살림의 지역조합원들은 지역운영위원회, 마을모임과 소모임의 장에서 만난다. 모든 조합원이나 생산자들은 지역 단위에 속해서 정보를 교류하며 활동한다. 68만 명의 조합원들은 23개 지역생협에 속하므로 한 지역 안에 조합원들이 매우 많이 살고 있다는 것을 알 수 있다.

그럼 그 많은 조합원들은 지역에서 어떻게 조직적으로 만나고, 지역살림을 실현하고 있을까? 한살림은 지역사회 기여활동으로서 지역아동센터를 운영하거나 구립어린이집을 위탁받아 운영한다. 지역주민들과 만날 수 있으며, 아이들을 한살림의 가치 속에서 기르는 문화를 키워간다는 점에서 중요한 활동이다. 한살림서울은 돌봄사업을 시작해서 영유아돌봄과 노인돌봄활동을 넓혀가고 있다. 그리고 상당히 많은 사람들이 생협에 고용되어 일을 하거나 활동에 참여하고 있다. 조합원들은 마을모임이나 소모임에 참여하여 생협 활동도 하지만, 지역단체들과 먹을거리·환경·돌봄·자치 등 지역사회 공동의 과제들을 연대해서 풀어가기도 하며, 마을모임에서 동네 장터 프로그램을 기획하여 이웃과 나누고, 동네촛불모임을 이어가기도 한다. 한살림 조직 곳곳에서 다양한 활동들이 이루어지고 있다.

---

31 「2018년 기준 한살림의 사회적 가치와 산출지표」, 한살림연합, 2019 ; 박제선, 2019, 「'살림'의 가치는 얼마일까?」 9~15쪽 참고.

그중 한 예로서 2014년도에 『한 사람을 세우는 한살림 기초조직』(2014)이란 책을 발간하였다. 한살림 조직 활동의 기본이 한 사람 한 사람을 세우는 것에 있음을 잘 보여주는 방향이었다. 이 책은 기초조직인 마을모임의 설계와 운영의 기본 요소로 즐거움, 민주적 운영, 친밀함, 지속성, 지역성, 개방성, 확장성이라는 7가지 요소를 꼽는다. 그 내용 중 지역이란 과제와 관련해서 살펴보자.

지역성이란 '지역에 뿌리내리고 마을과 함께하는 노력'을 의미한다고 정리하고 있다. 같은 동네에 살기 때문에 만들어지는 공통의 과제, 관심사, 삶의 공동 목표, 가치 등이 있어야 함께 사는 공간이 공동의 의미로 살아있게 되기 때문이다. 지역성을 갖춘 마을모임으로서 지역 공동의 과제를 공유하고 삶을 나누는 실천의 기본단위가 되어야 함을 강조한다.

생협이 지역으로 활동을 확장하려면 상당히 의도적인 노력을 결합해야만 한다. 이미 생협은 공동으로 필요한 일을 실현하기 위해서 공동으로 자금도 모으고 사업을 추진한다. 목적사업인 공동구매사업은 그 자체로서 큰 사회적 의미를 갖고 공익적 역할을 하고 있다. 그런데 지역살림이라는 관점은 안전한 먹을거리를 공동구매하는 관계망을 넘어서 생협이 조합원들의 일상에 영향을 미치는 지역을 함께 바꿔 나가자는 제안이다. 개별 생협이나 조합원들의 입장에서 본다면 활동의 큰 변화를 요구받는 것이다. 개별 생협이나 개별 조합원은 물품을 구매하는 것만 해도 충분히 좋은 일을 하고 있고, 스스로 선택한 일에 책임도 진다. 그런 조합원들이 대다수이다. 이런 개별화된 조합원들이 개인의 필요를 공동 또는 지역의 필요와 연결시키고 마음과 몸을 움직이도록 하려면 무언가 다른 의식적 노력이 더해져야 한다.

사람들은 무언가 새로운 일이 필요하다는 것을 알게 되더라도 선뜻 그 일을 추진하러 나서지 않는다. 누군가는 그 일을 도맡아 책임져야 하며, 돈도 들고 시간도 써야 하며, 앞으로 그 일이 어떤 결과를 낳을지 예측하기 어렵기 때문이다. 그런데 성미산마을에서 그런 일들이 수월하게 벌어지는 것을 보면서 많은 이들이 마을에서 어떤 방법으로 일을 추진하는지 궁금해한다. 성미산마을에서는 끊임없이 일들이 제안된다. 몇몇 사람의 관심과 필요를 담는 것도 있고, 지역사회 전체에 보탬이 되는 활동도 있고, 장기적으로 모든 이의 삶을 바꿔 갈만한 제안들도 있다. 그렇지만 제안된다고 해서 그 일을 추진하지는 않는다. 이들은 우리에게 필요하면서도 다른 사람들도 필요한 일, 그리고 그 일을 책임지고 담당하겠다는 사람이 등장하고 그것을 돕겠다는 사람들이 나왔을 때 새로운 사업을 추진한다는 원칙을 가지고 있다. 사람들이 필요성을 공감하는 일을 담당할 사람들이 나왔을 때 실행에 옮기는 당사자성과 책임성의 원리였다. 그렇기 때문에 실패 가능성이 많이 줄었다. 실패 확률이 적기 때문에 또 다른 제안을 낼 수 있었다.

한살림 마을모임이 지역에 뿌리내리고자 할 때, 우선 한살림은 조합원의 조직이자 지역의 주민조직임을 꾸준하게 사람들과 나누는 것에서 시작해볼 수 있다. 사업계획을 세울 때는 조합원들의 구매와 조합원 활동만이 아니라 조합원 개개인의 생활을 살펴보자. 그러면 생활의 여러 측면이 보이고, 그럴 때 조합원들과 나눌 이야기 내용이 달라진다. 그런 연습을 해나가면 어느 순간 지역의 공동과제와 한살림의 과제, 그리고 개별 조합원의 필요와 열망, 그리고 책임의식이 어떻게 결합될 수 있는지 안목이 생긴다. 조합원 스스로가 자신의 생활에서 무엇이 필요한지, 한살림의 가치에 부합하는 나의 생활모습은 어떠한지, 더 나은 가치를 담은 생활을 실현하려면 어떻게 협동해야 할지 차근차근 돌아보고 정리하는 시간을 나누면 좋겠다.

다음은 개방성이다. 개방성은 '울타리를 넘어 열린 조직으로 나아갈 필요'를 강조한다. 구성원으로서 정체성을 가지고 그 가치를 강조하면서도 모임들이 이웃과 지역, 세상과 소통하고 열려 있어야 함을 말한다. 그런데 한살림은 조직이 방대하고 조합원이 상당히 많기 때문에 조직 안에서 과제를 제안하고 실천하기만 해도 큰 성과를 낼 수 있다. 즉 다른 조직들과 연대활동을 할 필요성을 적게 느끼는 조직의 특성이 있다.

그러다 보니 확장성이 큰 과제가 될 수밖에 없다. 확장성은 '소통과 교류를 통해 관계망을 확장해'나가는 것이다. 확장성을 가지려면 우선 자신이 가지고 있는 기초를 잘 살펴야 한다. 어떤 경험과 역량이 있는지 살피고, 그것을 함께 할 수 있는 여러 단위들과 협력하려는 노력이 필요하다. 어떤 활동이 지역활동인지 조합원 확대운동인지 구분이 드러나는 지점이다. 네트워크가 많이 생겨나고 있기는 하나, 여러 단위들이 동등한 관계로 함께 협력하는 일은 쉽지 않다. 그 속에서 한살림이라는 역량 있는 조직이 다른 단위들을 북돋우면서 사업을 펼쳐 나간다면 좀 더 수월하게 사업 성과를 낼 수 있을 것이다. 그러려면 한살림의 마을모임과 활동가들이 민주적 의사결정 역량과 다른 단위를 존중하면서도 자기의 지향을 지켜나가는 넓은 관심과 포용력을 갖춰야 할 것이다.

한살림의 지역살림이 조합원 한 사람 한 사람, 마을모임, 한살림이란 조직 자체, 그리고 조합원들이 살고 있는 지역사회를 살리는 운동으로 추진되기를 바란다. 큰 조직은 새로운 변화로 나아가기에 무겁다. 작은 마을모임이 여러 곳에서 조합원들이 필요로 하는 협동조합이나 사업체들을 만들거나, 생활에 밀접한 지역 사안에 협력하는 활동에서 시작할 수 있다. 이를 재정이나 인력, 공간 등 다각적으로 지원할 지부 지원 구조를 마련하는 것도 필요하다. 비교하자면 울림두레생협은 한살림에 비교할 수 없을 정도로 작은 생협이다. 그런데 마을활동에 꽤 오래 관심을 기울였기 때문에 재정의 상당부분을 마을위원회 사업에 투여하며, 적자를 감수하고 돌봄사업에 나섰다. 생협이 먹을거리 공동구매사업만이 아니라 마을공동체를 만들고 지역주민의 삶을 개선하는 데 목적을 두고 있기 때문이었다. 그래서 생협이 키운 여러 조직들이 지역 속에 공유문화를 자리잡게 하는 데 기여할 수 있었다.

한살림은 아름다운 지향을 실천하는 조직이다. 그런데 그것을 실현하는 현장인 지역에서 활동하는 구조가 유연하지 못하다. 마을 단위의 활성화를 위한 조직운영, 재정 배분과 인력 지원 구조를 마련할 때 지역의 현안과 조합원의 생활에 더 가까이 갈 수 있는 길이 열리리라 예상한다.

참고문헌
유창복, 『우리는 마을에서 논다』, 또하나의 문화, 2010
마포두레생협, 『마포두레생협 10년의 발자취, 이인삼각』, 2011
김영선·이경란, 『마을로 간 인문학』, 당대비평, 2014
유창복, 『도시에서 행복한 마을은 가능한가』, 휴머니스트, 2014
위성남, 『마을은 처음이라서』, 책숲, 2017
『살림의 말들』, 모심과살림연구소, 2004
『한살림의 지속가능성 지표개발과 적용 가이드라인』, 모심과살림연구소, 2013
『한 사람을 세우는 한살림 기초조직』, 모심과살림연구소, 2014
박제선, 2019, 「'살림'의 가치는 얼마일까?」

이경란
공동육아와공동체교육 사무총장, 모심과살림연구소 연구기획위원.
공저로 『마을로 간 인문학』, 『한국협동조합운동100년사』 등이 있다.
어린이운동과 협동조합운동, 그리고 공동체문화만들기에 관심을 갖고 활동하며 연구한다.

시작은 각자 자신이 처한 문제의식에서 출발하였지만
생협 활동 속에서 조직가로서 성장하였고,
결국 생협이라는 범위를 벗어나
지역의 문제와 결부되어 사회 역할들을 이루어내는
자가 발전 방식으로 확장돼 왔다.
지역에서 조합원이
마을모임이나 소모임 공간을 활용하여
자주적으로 해결하려고 실천하는 경험을 쌓아간다면
지역사회에 필요한
먹을거리(Food)·에너지(Energy)·돌봄(Care)은
지속가능성을 높이고, 이렇게 경험되고 바뀌어진 생활양식은
주변 사람들에게 공유되고 전파되어
지역사회 전체가 생명가치가 존중되는 장으로
바뀌게 될 것이다.

지역을 살리는
일본 생협

일본 생활클럽
생협 사례

●

강내영
일본총합연구소 연구원

2008년 9월 15일 미국의 4대 투자은행 중 하나인 리먼브러더스의 파산으로 촉발된 미국발 금융 위기는 순식간에 전 세계적인 경제 금융 위기로 확산되었다. 1929년 대공황 이후 거의 80년 만에 가장 큰 규모의 세계 경제 위기가 도래했고, 사상 유례가 없는 경기부양책을 통해 최악의 시나리오는 피했지만 과도한 재정 적자는 국가 부도가 현실화 될 수 있음을 경고하였다.

뒤이어 2011년 3월 발생한 일본 후쿠시마 원전 사고는 지금까지도 위험이 사라지지 않고 있으면서, 우리 일상이 절대로 안전하지 않다는 것을 경고하고 있다. 이처럼 10년 사이에 일어난 이 두 가지 사건은 개인들 삶에 많은 영향을 미치게 되었다.

이러한 일련의 상황에 오래전 헝가리의 정치경제학자 칼 폴라니[32]는 『The

---

32   헝가리 정치경제학자 칼 폴라니(Karl Polanyi)는 1944년 『거대한 전환(The Great Transformation)』을 출판했다. 시장경제 발흥기 동안에 영국에서 일어난 사회, 정치적 격변을 다루고 있다. 폴라니는 근대의 시장경제와 국민국가가 별개의 요소들이 아니라, '시장사회(Market Society)'라고 부르는, 인간이 만들어 낸 하나의 단일한 창작물로 이해해야만 한다고 주장한다.

Great Transformation』이라는 저서에서 '인간(혹은 노동)', '땅', '화폐'를 시장 경제의 범주 속에 넣어 상품화시켰을 때 일어날 거대한 비극을 예견 한 바 있다. 비인간적인 노동 형태는 수많은 비정규직 노동자들을 양산하는 현실로 나타났다. '땅'으로 대표되는 환경 파괴는 신자유주의의 시대에도 끊임없이 자행되어 인류의 미래를 어둡게 하고 있으며, 화폐 자체를 거래의 대상으로 생각하고, 돈놀이를 벌였던 월스트리트의 투기꾼들 역시 금융 위기라는 비극을 통해서 화폐의 상품화가 얼마나 위험한지를 드러내며, 반(反)월가 시위가 전 세계로 확산되었다.

우리는 지금까지 시장경제의 '보이지 않는 손'이 모든 것을 제대로 돌아가게 한다고 믿어왔으며, 의사결정에서 도덕을 논할 필요가 없다고 믿어왔다. 그러나 세상은 제대로 돌아가지 않았고, '보이지 않는 손'은 '공동선'과 같은 매우 중요한 이상을 내팽개치고 말았다. 이제 경제적인 결정을 내릴 때 '공동선'을 말하는 경우는 흔치 않다. 그러는 동안 상황은 우리가 통제할 수 없는 지경으로 치닫고 있었던 것이다.

지금의 위기에 대하여 우리는 "언제쯤이면 이 위기가 끝날까요?"라는 질문만을 하고 있다. 흔히 잘못된 물음에서 시작하면 아무리 좋은 답을 얻어도 별로 의미가 없으며, 언제나 잘못된 곳에 도달할 뿐이다. 이제 우리들은 우리의 경제를 정의롭게 조절해 줄 커튼 뒤의 '보이지 않는 손'같은 것은 존재하지 않음을 깨달아야 한다. 위기의 원인이 무엇인지를 정확히 인식하고 "위기에 맞서 우리가 어떻게 변화해야 할까요?"라는 올바른 질문을 던져야 할 때이다.

나는 지금의 위기 원인을 오래전 간디가 말한 일곱 가지 사회적 대죄(Seven Deadly Social Sins)로부터 진단하고 싶다. 간디가 자신의 수행공동체인 아쉬람(Ashram)에서 젊은 제자들을 가르치면서 말한 이 사회적 대죄는 ① 원칙 없는 정치, ② 노동 없는 부, ③ 도덕 없는 상업, ④ 양심 없는 쾌락, ⑤ 인격 없는 교육, ⑥ 인간애 없는 과학, ⑦ 희생 없는 예배로 정의된다. 지금의 세계화, 신자유주의의 문제를 이처럼 정확히 표현하고 있는 것이 없다는 생각이 든다.

위기의 원인을 찾아내고자 노력하였다면 이 위기가 우리에게 제공하는 기회, 즉 그동안 우리들이 진행한 통상적인 방식을 바꾸고 우리의 가장 오래되고 가장 좋은 가치로 되돌아갈 변화를 찾아야 한다. 이에 그 해답의 하나로써 일본의 '생활클럽 생활협동조합' 활동에 주목하며 소개하고자 한다.

● 생협의 사회 역할

"지금 살고 있는 사회에서 우리는 어떤 위치에 있으며 생활방식은 어떠한가?" 이 질문에 일본 생협들 특히 '생활클럽 생협'은 '어떤 견해를 가지고 있을까?' 궁금해졌다. 생활클럽 생협의 조합원들은 상품과 서비스에 의존하도록 하는 생활방식에 의구심을 가지고, 수동적인 소비자로서의 삶을 강요하는 권력의 존재 방식, 즉 기업에 의해 조작되는 소비생활에 대항하는 주체성을 포함하고 있는 개념으로 스스로를 '생활자'라 규정하고 있다. 또한 정치권력에 문제 해결을 백지위임하는 청부형 문제 해결 방법에 익숙해져 있는 국민에 대치되는 것으로 '시민'이라는 개념을 쓰고 있다.

이러한 이념으로부터 시작된 생활클럽 생협 운동은 생활 그 자체를 운동화하고 사회운동이 생활의 일부가 되는, 생활과 사회운동의 상호적인 관계를 구축함으로써 주권재민의 민주주의를 작동시키는(Making Democracy Work in Life) 사회운동이라고 할 수 있다. 그리고 그 활동의 주체로 지역의 생활을 책임지고 있는 주부들을 주목했다. 누구의 엄마, 누구의 부인이라는 역할에 각자 고립되어 사회문제를 고민할 기회가 적었던 동네 전업주부들이 집단으로 우유를 구매하기 시작하면서 역사는 시작되었다. 공동구매를 하면서 환경문제와 그것을 야기시키는 사회구조에 관심을 가지게 되면서 점점 누구의 누구가 아닌 스스로를 규정하는 여성으로서의 1차적 자각과 더 나아가 시민으로의 자각을 하게 된다.

이런 까닭에 일본의 생활클럽 생협은 운동의 주체가 되는 조합원을 생활자·시민으로 표현한다. 생활자이자 시민은 주민이나 소비자, 노동자라는 존재방식이 아니라 특정한 행동원리를 지향하는 사람들의 실천 개념이며 이념이다. 즉 생활자·시민은 자신의 생활을 생산·소비·정치로부터 분리하지 않고 그 전체 과정 속에서 자신의 생활을 파악한다. 스스로 발견한 문제를 해결하기 위한 활동을 자신의 생활 속에서 먼저 실천해 나가는, 혹은 그러한 삶을 지향하는 사람으로 정의한다. 그러므로 생활자·시민의 행동규범으로 강조되는 것은 '참여'와 '책임'이라는 시민적 가치이다. 생활자·시민은 문제해결을 위한 활동에 '참여'하는 것으로 끝나는 것이 아니라 참여에 따른 '책임'을 자신의 생활 속에서 실천하는 것을 지향하는 삶을 표현하는 주체성을 가리킨다.

일상의 소중함을 지켜내기 위해 끊임없는 '생활의 발견들'을 실천해 나가는 일본의 생활클럽 생협의 이야기는 자신의 생활을 생산·소비·정치로부터 분리하는 것이 아니라, 그 전체 과정 속에서 자신의 생활을 파악하고, 거기에서 발견된 문제를 해결하기 위한 활동을 자신의 생활 속에서 먼저 실천해 나가는, 혹은 그러한 삶을 지향하는 사람들의 이야기가 되고 있다.

특히, 생활클럽 생협 중에서 가나가와 현에서 활동하고 있는 '생활클럽 가나가와'는 일하는 방식에 있어서는 시장에서 일반적으로 통용되는 고용하고 고용 당하는 방식이 아닌 또 하나의 일하는 방식인 '워커즈 컬렉티브 (Worker's Collective)'[33]를 조직하여 생활 전반을 재조직하였으며 지역사회 돌봄공동체를 만들어 가는 실천 중의 하나로 '복지클럽 생협'을 만들기도 했다. 정치활동에서는 '가나가와 네트워크 운동'을 통해 생활과 정치가 분리되는 관계가 아니라는 것을 보여주고 있으며, 환경 및 마을만들기 분야는 '위 21 재팬(we 21 Japan)'을 통해 아시아에서 시민 교류와 평화 구축으로 그 지평을 넓혀갔다.

이는 생협의 능동적인 여성 조합원들이 생활자·시민으로서 대두하여 참여형 '시민자본섹터'를 만들어낸 결과이다. 시작은 각자 자신이 처한 문제의식에서 출발하였지만 생협 활동 속에서 조직가로써 성장하였고, 결국 생협이라는 범위를 벗어나 지역의 문제와 결부되어 사회적 역할들을 이루어내는 자가 발전의 방식으로 확장되었음을 시사한다.

- **소비자 생협의 벽을 넘어서**

    가나가와 네트워크(약칭. NET)의 '대리인운동'

    > 가나가와 NET 헌장 중 3가지 정치이념-
    > 시민사회를 강화한다.
    > 정치로의 참여를 넓힌다.
    > 생활자 정치를 진행한다.
    > 시민 민주주의를 키운다.
    > (2005년 3월 5일)

---

[33] 워커즈 콜렉티브(Worker's Collective)는 협동조합의 정신에 기반하고 있다. 회원은 고용인이 아니며, 재정적 자원을 결집시키면서 함께 일한다. 동등한 자격으로 자주결정권을 통해 자신의 노동에 대한 책임을 가진다. 일본 최초의 워커즈 콜렉티브는 1982년 가나가와 현에서 조직되었고 생활클럽 생협의 매장의 업무를 위탁받아 도시락을 생산·판매하였다.

가나가와 네트워크(가나가와 NET)[34]는 1984년에 생활클럽 생협을 모체로 설립되어 현재는 가나가와 현 내의 27개 지역별 네트워크가 연합하고 있는 지역정당(Local Party) 성격의 정치단체로 생활클럽 가나가와 조합원들을 중심으로 탄생했다.

NET의 대리인운동은 생활클럽 생협의 대리인(대표)을 정치적 의사결정의 장에 보내는 운동이다. 1977년 동경도 의회선거에서 처음으로 시도했으나 당선시키지 못했고, 1979년 동경도 네리마구 의회선거에서 처음으로 의원을 당선시켰다. 이 운동은 1983년에는 치바 현, 사이타마 현 등 생활클럽 생협이 있는 광역단위로 확대되었다.

그 탄생의 직접적인 계기는 생활클럽 생협의 조합원이 중심이 되어 일어난 〈합성세제추방대책위원회 설치 및 운영에 관한 조례〉 제정 직접 청구운동에 있다. 1979년 가을 〈비와호(琵琶湖)부영양화조례〉[35]가 만들어지는 것을 보고서, 생활클럽 생협의 조합원들은 1980년 22만 명의 서명을 받아 가나가와 현의 7개 시의회(가와사키시, 요코하마시, 후지사와시, 자마시, 야마토시, 에비나시, 카마쿠라시)에 직접청구(조례 제·개정청구)를 시도하였지만 모든 시의회에서 부결되었다. 생협의 조합원들은 의회에서 의원들이 심의하는 과정을 직접 방청하는 가운데 시민의 요구는 거의 다루어지지 않았고, 대

34　가나가와 네트워크 운동 홈페이지 참조 ; http://kanagawanet.org/
35　일본 최대의 호수로 비와(琵琶)라고 하는 거대한 호수가 있는데, 이 호수는 교토, 오오사카, 나고야 등 주변지역의 주요 상수원으로서 부영양화 문제가 심각해지자 먼저 주부들이 합성세제 추방운동에 나서 폐식용유를 직접 회수해 저공해 비누를 만들어 보급하였다. 80%에 가깝던 합성세제 사용 가정이 80년엔 30%로 줄었고, 급증 일로이던 인의 유입량도 85년에는 65년 수준(하루 1.5)으로 회귀했다. 주민들이 먼저 폐사 위기에 놓인 호수의 실태와 환경재앙 가능성을 의식해 정화운동에 나섰고, 이것이 행정을 자극해 체계적인 감시와 법제화로 이어졌다.

부분의 의원들은 그 의미와 내용조차도 제대로 이해하지 못하고 있는 실태를 목격하게 되었다. 그러한 상황을 접하면서 '의회 내에 우리 생활자의 목소리를 내는 사람을 만들고 시민의 직접 참여가 불가능한 의회에 시민들의 의사를 전할 정치적 대리인이 필요하다'라는 것을 자각하기에 이르렀다. 이 활동을 '대리인운동'이라고도 부른다. 그 이유는 대리인운동이 조합원 등의 지역 생활자와 시민들의 주장을 지방의회에서 발언하고 반영하기 위한 활동, 즉 자신들의 대리인을 의회에 보내는 형태를 구상하였기 때문이다. 대리인운동은 생협운동을 통해 조합원들이 자각한 사회문제와 생활의 문제를 지역이나 의회로 확대하여, 지역정치를 바꾸어감과 동시에 국가 체제의 변혁을 지향한 운동이기도 하다.

그러나 처음부터 가나가와 네트워크운동이 조합원들에게 아무런 저항 없이 받아들여진 것은 아니었다. 직접 청구를 통한 실패의 경험에도 불구하고 1982년 생협 남성 리더들에 의해 대리인운동이 제안되었을 때 조합원 여성들은 부정적인 의견이 다수였다. "생협이 왜 정치에 손을 대려 하는가?", 또는 "정치 같은 것은 절대로 하고 싶지 않다", "나는 (생협 후보가 아닌) 다른 사람에게 투표할 거니까" 라는 등의 생협운동과 정치를 분리하려는 의식이 강했다.

하지만 직접적인 청구운동을 계속하면서 조합원들의 의식이 차츰 변화하기 시작했다. 예를 들어 '대리인 공동구매론'은 안전한 물건을 공동으로 구입하는 것처럼 깨끗한 의원을 공동구매한다는 발상으로, 합성세제 추방 및 비누를 사용하자는 '비누 대리인 운동'은 생협운동의 연장선상에서 이루어졌다. 주부 조합원들은 마을의 상황에 대하여 의견을 나누면서 "첨가물이 들어가지 않는 안전한 먹을거리를 확보하고 싶다"거나 "깨끗한 물을 먹고 싶다" "쓰레기가 없는 깨끗한 마을이면 좋겠다", "난개발을 중지하자" 등등 자신들의 생활에 밀접하게 관련된 아젠다를 직접 만드는 경험을 했다. 이러한 과정은 지금까지의 '자기 자신을 돌아봄과 동시에 지역을 돌아보는 과정'이 되었다. 조합원들은 생활의 문제에 지역 정치가 분리될 수 없다는 것을 경험을 통해 알 수 있었고, 모든 것들이 나와 분리되어 존재할 수 없다는 것 역시 이해하게 된 것이다. 다시 말해 스스로 만들어가고 완성해가는 시민이야말로 사회의 주역이라는 생각에 이르게 되었다. 자신이 발 디디고 서 있는 지역과 생활문제를 정책화 하고 시민운동과의 연계 및 대리인 선거활동 등에 나서게 된 것이다. 그 결과 1983년 통일지방선거에서 가와사키 시의회에 드디어 의원을 당선시켰다. '많은 나[36]'를 자인하는 사람들이 이 시민선거에 달려들어 자신들의 대리인을 당선시킴으로써 자기로부터 먼 존재였던 '정치'를 자신들의 생활 속에서 가깝게 인식하게 되는 계기가 되었고, 선거운동 과정에서 생활클럽 생협의 회원들은 사회운동 리더들과의 네트워크가 강하게 형성되었다. 1984년 7월 1일 정치적 '대리인'이 탄생하고 정치활동을 계속하기 위한 조직(정치단체)으로서 가나가와 네트워크(NET)가 설립되었다. 중앙 정치를 지역 정치로부터 변화시키려는 첫 시도로 일본 최초의 여성·시민에 의한 로컬 파티(지역정당)를 탄생시켰다.

가나가와 네트워크운동이 정치적 대리인(의원)을 만들어낸 의의는 생활자인 시민들이 정치 참여를 하기 위한 '방법'을 고안한 것으로, 생활자가 '관료

---

[36] 가나가와 네트워크운동이 주창하는 <많은 나>란 조직으로서 개인의 힘을 결집할 때의 개인의 합의·동의의 모습을 상징적으로 나타내는 말이다. 또한 '나'라는 주체성이 없다면 네크워크형의 조직을 만들 수 없다는 것이며, 한 사람 한 사람의 동의를 높여 사회적 권력을 만드는 것이 '많은 나'의 이념이고 가나가와 네트워크운동이 미래를 예시하는 정치 모델이 되는 이유이다.

정치'나 '이익정치'의 구태를 변화시키고 자신들이 사는 지역을 건강하게 만들어 가는데 책임을 지는 것에 있다.

본격적인 정치단체의 꼴이 갖추어진 후에 처음 임하는 1987년 통합지방선거에서는 가나가와 현 내의 의회에 20인의 대리인을 탄생시킨다는 목표를 세우고 각 자치구 및 행정구마다 분권화하여 '지역 NET'를 만든 결과 15명의 대리인을 탄생시키는 큰 성과를 거뒀다. 기존 정치에 대한 시민들의 불신이 높아지면서 투표율이 하락하고 있던 가나가와 지역에서, 생활 문제를 이해하고 구체적인 해결방식을 제시하는 새로운 '생활 밀착형 시민정치'에 대한 기대의 결과로 분석된다.

1986년에는 구 소련(현 우크라이나)의 체르노빌에서 핵발전소가 폭발하는 사건이 발생했다. 이 사건을 계기로 핵에 대한 대중적인 위기의식이 생겨났다. 일본에서는 1987년 이후 많은 새로운 그룹들이 탄생하여 그때까지 없었던 시민운동이 확대되었던 시기이기도 하다. 특징적인 것은 대도시와 지방 거점도시에서 여성을 중심으로 한 다양한 풀뿌리운동 시민그룹이 탄생하였다는 것이다. 이것은 생활클럽 생협이 제기해온 '먹을거리 안전' 문제에서 '탈핵운동'으로 확대되는 경향을 보여주었고, 지역의 NET운동에도 큰 영향을 주었다. 가나가와 현의 각 지역 NET은 핵의 안전대책이나 수입식품의 방사능오염 등에 대해 학습하기 시작했다. 대리인들은 의회를 통해 자치단체에 압력을 넣었다. 1989년 가나가와 NET는 '탈 원자력 발전법' 제정을 위한 서명운동을 전개했다.

1995년 통합지방선거와 그 이후의 선거를 거치면서 의원은 35명으로 더 늘어나게 되었고, 회원 수는 3,000명을 돌파했다. 문제해결 주체로서 행동하는 생활자이자 시민의 정치적 집합체이기도 한 지역 NET의 시민 정책 제안의 힘은 한층 증폭되었다.

2018년 현재 가나가와 현 내에 27개의 지역 NET가 있고, 사무국은 요코하마 시에 위치하고 있다. 규모가 줄어들기는 했지만 여전히 16명의 기초의원과 광역의원 1명 등 총 17명의 정치인이 대리인운동을 하고 있다.

생활클럽 생협이 의원을 정치적 '대표'가 아니라 정치적 '대리인'이라고 불렀던 것은 첫째, 정치인의 역할이 생활클럽 및 생활자·시민이 제안한 정책을 '대리'하는 것에 있다고 봤기 때문이다. 대리인이라는 말에는 자신들을 대신하여 의회에 누군가를 보내는 형태이기는 하지만 "자기 자신의 생활과 마을을 다스리는 주체, 즉 자치의 주체는 생활자·시민이다"라는 시민주권의 의미가 내포되어 있는 것이다. 둘째, 정치적 '대표'라는 말을 사용할 경우, 이 말이 정치인에게 유권자의 주권을 '백지위임'한다는 뉘앙스를 지니기 때문이다. 가나가와 NET가 대리인이 직업화 되어서 청부형 문제해결사로 변질된다든지 세습의원의 심화 현상에서 보이는 바와 같이 정치가 가업으로 변질되는 현상을 방지하기 위해 2기 8년제의 제한을 두고 있는 것도 그 때문이다.

가나가와 네트 운동의 다양한 활동사진
출처: 가나가와 네트워크 홈페이지 https://kanagawanet.org (2019. 7. 2 현재)

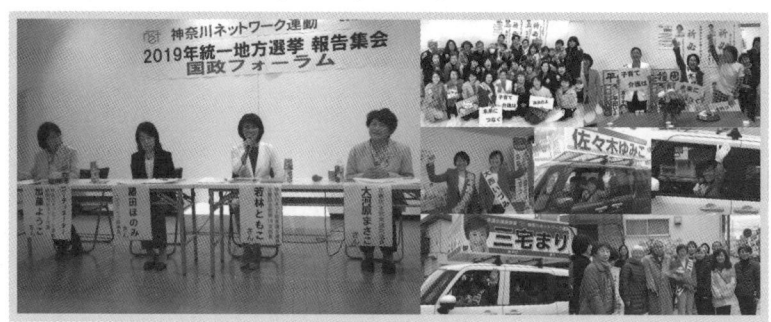

대리인운동은 생활클럽운동이 안전하고 믿을 수 있는 '소비재 예약 공동구매 운동'에서 출발한 것과 마찬가지로, 일상생활을 통해서 발견된 문제점을 아젠다로 정리하고 그 해결책을 공공 정책으로 제안하는 활동으로 정치활동의 결과물(정책)을 의회에서 처리하는 의원을 생활자·시민이 '공동으로 구매하는 운동'이라고 비유한다. 또한 생활자·시민이 생활클럽 생협을 '(일상)생활도구'로서 자유자재로 사용하고 있는 것과 마찬가지로, 대리인운동이란 가나가와 NET 및 대리인을 생활자·시민의 '정치생활의 도구'로써 자유자재로 사용하는 운동이라고 비유할 수 있다. 이와 같이 대리인운동의 궁극적인 목적은 시민들의 자치능력을 향상시키는 것에 있다.

가나가와 NET에서 정치적 대리인이기도 한 후보자는 각 선거구마다 조직된 선거위원회에서 결정된다. 선거위원회는 NET, 생활클럽 가나가와 연대 운동그룹들에서 선출된 사람들로 구성된다. 이 선거위원회가 선거 기준을 만들고 각 지역 NET 등에서 추천된 후보자를 기준에 따라 심의하여 결정한다. 또한 의원 보수(세비)는 가나가와 NET가 관리한다. 당선된 의원은 가나가와 NET로부터 의원 보수를 받는다. 일반적으로 의원 개인의 보수로 지급되지만 NET 의원은 대리인이라는 측면에서 선거운동 과정에서 발생하는 비용은 조직에서 제공하는 관계로 당선된 후 받게 되는 의원 보수 또한 정치활동에 사용될 수 있도록 조직에 반납하고 그중에서 약 15~18만 엔 정도를 활동비로 가져간다. 대리인 전체가 내놓는 세비는 연간 약 3억 엔 정도이며 다음과 같이 활용된다. ① 다음 선거에 필요한 선거자금으로 적립, ② 정치적 대리인에게 지급되는 의원활동비, ③ 지역 NET 활동비, ④ 가나가와 NET 본부의 활동비 등이다. 이와 같이 세비를 관리하는 목적은 의원보수라는 세금의 환류를 본인들의 의도에 기반하여 재조직하고, 생활자·시민의 정치를 실현하고자 함이다. 또한, '참여형 사회'를 확대해 가는 과정에 유효하게 투자하기 위함이며 표가 상품화되는 것과 같은 종래의 악폐를 없애고, 돈이 들지 않는 선거를 하기 위해서다. 마찬가지로 가나가와 NET 전체 차원에서 활동 비용 확보나 조직 활동력에 따른 지역 NET 간의 격차를 줄이고, 평준화하는 노력을 기울이고 있다.

생활클럽 가나가와의 조합원들로부터 시작되었지만 생협 안에 안주하지 않고 그 틀을 넘어서서 일어난 가나가와 NET는 참여·분권·자치·공개의 이념에 뿌리를 둔 시민의, 시민에 의한, 시민을 위한 정치를 만들어 가고 있다. '많은 나'를 자인하는 여성·시민이 선출한 '대리인'을 사회적 역할의 도구로 하여 자신들이 살고 생활하는 지역으로부터 정책을 만들고 정치를 바꾸어 가는 것이 NET운동이 목표로 하고 있는 '생활자 정치'임을 기억해야 한다.

일본의 생활클럽 가나가와 사례처럼 우리도 생협 조합원이기 이전에 지역에서 생활하는 생활자로서 겪는 생활의 과제를 개선하고 해결하기 위한 활동으로 지역정치를 이해하고 접근할 필요가 있다. 이를 위해서는 우선되어야 할 것이 일상적으로 생활 과제들에 대해 이야기하고, 함께 해결해가는 공론과 실천의 장이 마련되어야 한다. 예를 들어 한살림 마을모임과 소모임 등에서 지역사회 안에서 공통적으로 겪는 생활의 과제를 꺼내놓고 논의해야 한다. 그리고 이를 다시 자신이 속한 지역사회의 다양한 커뮤니티 공간(가족, 학부모 모임, 맘카페, 주민자치회, 각종 취미모임 등등)에서 공유하고 재논의하고, 그 자리에서 실천하거나 이를 다시 한살림의 실천의제로 삼는 다양한 논의와 실천의 관계망이 만들어질 필요가 있다.

WE21 Japan 설립 : 지역 활동으로 아시아와 만나다

1996년 9월 가나가와 NET는 '무보수 노동 유럽시찰 연구투어'를 기획하고 주최하게 되었다. 당시에 영국의 NGO 'OXFAM[37]'과 교류하면서 그들이 전개하고 있는 시민 주도의 국제지원사업에 자극을 받게 되었다. 일본의 시민들은 세계 정보를 많이 가지고 있으면서도 행동하지 않는 경향이 있어 사회개혁을 늦추고 있다고 판단했다. 가나가와 NET는 지구시민이 서로 의지하고 도와주는 시스템을 만들기 위해 4반세기에 걸쳐 참여형 시스템을 만들어온 생활클럽 생협운동의 성과를 기반으로 하는 새로운 시민 사업을 시도하기 위해 'WE(Women's Empowerment)21 Japan' 설립을 제안했다. 이에 조합원들은 1996년과 1997년에 영국의 Oxfam을 시찰한 후 1998년 4월 아츠키(厚木)시에서 'WE21 Shop'이 최초로 출범했고, 그해 9월 'WE21 JAPAN'이라는 지역여성운동단체를 공식적으로 설립하게 되었다. 그리고 Reuse·Recycle·민간 국제협력·함께 교육·정책 제언을 활동 목적으로 설정하고, 2000년 2월 NPO(특정 비영리 활동법인)을 취득했다. 2018년 6월 기준으로 가나가와 현 내에 38개 지역 NPO가 연대하여 55개의 WE SHOP을 운영하고 있으며 지역의 40~60대 여성들이 자원봉사자로 참가하고 있다.

이들은 "「아깝다」라는 일본의 리사이클 정신을 WE SHOP으로!"라는 슬로건으로 반드시 시민들이 직접 기부품을 가져오는 것을 원칙으로 하되, 거리가 너무 멀어 직접 오기 곤란한 경우에는 본인이 운송비를 부담하여 택배나 소

---

[37] '세계 각지의 전쟁 기타에 의한 피해자 구원'을 목적으로 하는 영국의 대규모 해외지원 NGO이며, 연간 수입은 약 1억 1,026만 유로로 그 중 약 20%는 900점 이상 되는 리사이클 점포로부터의 수익금이다. 점포는 유급 스탭 외에 27,000명 이상의 자원봉사에 의해 운영되고 있다.

포로 보내고 있다. 이렇게 기증받은 물건들은 종류에 따라 분류해서 각 매장에서 판매하고, 판매되지 않는 의류, 식기, 유리 등은 리메이크 제품 원료로 사용하거나 건축자재와 토양재료(모래 대체품) 등으로 다시 자원화하고 있다. 전국에서 도착한 기부품과 WE SHOP의 계절 외 의류 등 8,000박스 정도가 물류창고에 수납되어 각 숍으로 월 2~4회 정도 입출고 된다. 또한 폐 휴대전화에 사용된 희귀 금속을 다시 순환시키기 위하여 광물자원 문제를 생각해보도록 정보를 제공하고 교육사업도 함께 진행하고 있다.

흥미로운 것은 이 단체가 단순히 리사이클 매장만 운영하는 것은 아니다. 지역에서 모인 사람들과 물품에서 일정한 수익이 만들어지면 아시아 여성들의 자립을 위한 목적으로 사용된다. WE21 JAPAN은 31개국의 시민들과 다양한 방식으로 교류하며 협력하고 있다. 예를 들어 필리핀 산악부족과 교류하면서 그들이 일상적으로 마시는 생강차를 스스로 가공해 상품화 하거나, 민둥산에 커피나무를 심어 산림도 보호하면서 커피 생산을 지원하고 있다. 이렇게 현지에서 생산된 생강차나 커피는 공정무역을 통해 일본으로 수입하여 WE SHOP에서 판매한다. 매장에서 발생되는 수익금은 다시 다양한 사업을 통해 아시아 각국의 빈곤 여성들의 삶을 지원하면서 다양한 네트워크를 만들어간다.

이처럼 1차는 지역에서 지역 여성들의 지역 활동과 지역 소통이 일어나면서 재활용에 대한 인식을 만들어간다. 그리고 2차는 기업이나 정부를 포함해서 일본 전역의 네트워크로 더 많은 참여를 만들어 가며, 3차는 이렇게 모인 사람들과 수익금이 아시아로 이어져 아시아 여성들의 자립생활과 지구환경을 위한 연대사업을 만들어 가고 있다.

최근 WE21 Japan은 개발교육(Development Education)에 집중하고 있다.

개발교육은 1960년대에 개발도상국에서 자원봉사를 하던 서양청년들에 의해 시작되었다. 처음에는 개발도상국에 지원을 촉진하기 위한 교육이라는 색채가 강했지만 점차 빈곤, 환경파괴 등의 문제가 산업화 된 나라들과의 관계 속에서 구조적으로 일어나는 것을 인식하고, 이러한 문제를 해결하기 위해서 한 사람 한 사람이 참여하고 행동하는 교육활동으로 변화해갔다. 지금까지 경제 중심의 개발을 추진해 온 결과, 빈부 격차, 환경파괴 등의 여러 사회문제를 발생시켰고 이를 해결하는 것이 모두의 큰 과제가 됐다. 개발교육은 우선적으로 개발을 둘러 싸고 발생하는 다양한 문제를 이해하고, 바람직한 개발 방향을 생각하고 실천함으로써 함께 살아가는 지구사회 만들기에 동참하는 것을 목적으로 한다.

일본에서 개발교육이 본격적으로 소개된 것은 유엔 홍보센터·유니세프 주일사무소·UN 대학이 '개발교육 심포지엄'을 동경에서 개최한 1979년이었다. 1982년에는 개발교육 보급과 홍보에 관심이 있는 개인이나 단체에서 '개발교육협의회'가 결성되었다. 개발교육은 학교수업에서 배우고, 몇 점이면 합격이라는 배움이 아니라 당사자가 지구적인 과제에 대하여 어떤 태도를 취할 것인가를 평생에 걸쳐 자문하는 것이다. 즉 배움의 주체로서 시민, 변혁의 주체로서 시민이라는 깨달음이 출발점이 되며 배움의 방법과 장소는 다양하다. 또한 개발교육의 가장 큰 특징은 참여형 학습에 있다. 지속가능한 참여형 사회를 지향하는 교육이자 학습의 방향성도 참여형이 되는 것은 자연스러운 일이다.

개발교육의 구체적인 학습 목표로 다음의 다섯 가지를 들고 있다.

① 다양성의 존중 : 개발을 생각함에 있어서, 인간의 존엄성을 전제로 세계문화의 다양성을 이해하는 것
② 개발문제의 현상과 원인 : 지구사회 곳곳에 보이는 빈곤과 남북 격차의 현상을 읽고 그 원인을 이해하는 것
③ 지구적 과제의 관련성 : 개발을 둘러싼 문제와 환경파괴 등 전 지구적인 과제와의 밀접한 관계를 이해하는 것
④ 세계와 우리의 연계 : 세계의 연결 구조를 이해하고 개발을 둘러싼 문제와 우리 자신과 깊은 관계에 주목하는 것
⑤ 우리의 도전 : 개발을 둘러싼 문제를 극복하기 위한 노력이나 시도를 알고 참여할 수 있는 능력과 태도를 배양하는 것

현재 WE21 Japan의 적극적인 개발교육 활동으로 인해, 학교 교육 현장에서도 개발교육의 수업과 실천을 많이 볼 수 있게 되었다. 다양한 네트워크를 통해서 각지에 있는 NGO나 지역의 과제를 해결하는 단체, 국제교류단체 등이 관심을 가지게 되면서 개발교육 강좌들이 개최되고 있다. 또한 지자체 보조금으로 운영되는 PTA(학부모회), 아동도서관 등에서도 자체적인 활동이 이루어져 개발교육 분야에서 활동하는 시민들이 점차 늘어나고 있다.

개발교육 교재 및 실제 교육 모습
출처 : WE21 Japan 홈페이지(2019. 7. 2 현재)

컵라면에서 세계가 보인다　　　　　　　　　　　　　　　　제1학원 고등학교 워크숍

WE21 Japan은 '환경·빈곤·인권'을 주제로 공정한 지구사회 실현을 목표로 하고 있다. 이를 위한 개발교육의 교재 개발, 지역개발 교육 워크숍의 출장 강좌를 실시하고 있다. 우리의 편리하고 풍요로운 생활의 반대편에서 일어나고 있는 여러 곤란한 문제와 관계들을 이해하고, 우리들이 할 수 있는 일을 생각하고 행동하는 계기를 함께 논의하는 장을 만들어간다. 지금까지『컵라면에서 세계가 보인다』, 『지구 물 이야기-생명의 물이 멀어지는 나라』 등의 교재를 출판했고, 2014년에는 공정무역에 대하여 생각하는 교재 『오늘은 공정무역의 날! -정말로 공정한 관계란?』을 만들었다. 이렇게 개발한 교육 교재로 자체 교육도 하지만, 학교나 지역 시민사회와 연계하여 다양한 형태로 공유하고 생각해 볼 기회를 제공하고 있다.

복지클럽생활협동조합 : 참여로 만들어가는 지역의 최적 복지

1989년 4월에 요코하마시 코우호쿠구에서 일본 최초의 복지 전문 생협이 출범했다. 당시에는 공동구매를 위한 시설(배송과 센터 기능)뿐이었지만 1992년에 센터 별관에서 미니 데이케어 서비스를 개시한 후, 회의실이나 워커즈 콜렉티브(이하, 워커즈) 사무실, 식사 서비스나 데이 서비스 단독 시설, 그리고 입주 서비스를 중심으로 하는 복합복지시설로 점차 확장되었다.

복지클럽생활협동조합(이하 복지클럽생협)의 탄생 계기는 지역의 조합원들이 고령화되면서 지역사회 내에서 다양한 복지문제가 부각되었다. 이에 대해 생활클럽 생협 조합원들은 고령자가 되어도 지역 안에서 이어온 관계를 유지하면서 즐겁게 늙어가는 걸 희망하는 욕구가 많다는 것을 서로 확인한 후에 '재택 복지지원 시스템 만들기'를 구상하게 되었다. 이는 택배를 통한 공동구매·건강의료 네트워크·시설 네트워크의 통합적인 상부상조 서비스를 제공하는 것이다.

복지클럽생협의 구체적인 사업 내용을 살펴보면 아래와 같다.

① 공동구매 관련 : 매주 500품목의 소비재 택배 서비스와 소비재 정보 제공
② 보육지원 관련 : 보육지원 서비스, 보육지원 공제 제도
③ 노인장기요양보험 관련 : 가사 간병 서비스, 식사 서비스, 케어플랜 작성
④ 시설 서비스 : 입주시설 운영, 개호 생활용품 판매, 주간 보호
⑤ 외출 지원 : 장애인, 장애아, 노인 등
⑥ 마을 기술 : 에어컨 청소, 창호지 리폼, 정원 손질, 출장 이미용, 의복 리폼, 도장, 이불 솜털기, 액자 표구, 병품 보수 및 리폼, 주택 수리 및 리폼 서비스 등
⑦ 노인 지원 : 성인후견인 서포트, LPA(라이프 플래닝 어드바이저), 웰빙 살롱(문화), 장례 등 83개 워커즈에서 3천 명 가까운 조합원이 관련된 일을 하고 있다.

서비스 지역은 2018년 현재 가나가와 현 23개 자치구와 행정으로 조합원은 1만 6천 세대를 넘어선다. 전체 사업비는 38억 7천만 엔(2017년)이며, 출자금은 16억 8,289만 엔에 이른다. 조합원들도 상호부조가 보다 실질적인 도움이 된다는 것을 인식하고 경험하게 되면서, 자신이 더 이상 살지 않게 된 빈 집을 주간보호시설로 제공하는 조합원들도 생겨나고 있다.

복지클럽생협은 서비스를 제공받는 사람들이 조합원을 포함한 지역사회 구성원이지만 서비스를 제공하는 사람들 또한 워커즈라 불리는 생협의 조합원들이 삼삼오오 만든 소규모 그룹이다. 예를 들면, 집안일을 할 수 있는 사람들이 모여서 가사간병 워커즈를 만들어 청소나 빨래를 하기 힘든 사람들을 위한 가사 서비스를 제공한다. 또한 식사가 필요한 사람들을 위해 조리할 수 있는 사람들이 모여서 음식을 만들어 집까지 배달하는 방식으로 식사배달 워커즈를 만드는 것처럼 조합원이 서로가 가능한 것들을 모아서 필요한 사람들에게 제공하고 있다. 이렇게 만들어진 다양한 워커즈는 복지클럽생협

과 상호 계약을 맺고 조합원들이 워커즈의 전문서비스를 이용할 수 있도록 안내한다. 따라서 복지클럽생협을 이용하는 비용 또한 '커뮤니티 가격(시장가격의 50% 수준)'으로 합리적이다.

'누구나 늙으며 복지가 필요하다'라는 상호부조 입장에서 이용자는 서비스를 이용하고 출자하며, 공급자는 서비스를 저렴하게 제공한다. 그렇지 않다면 일반시장과의 경쟁에서 이겨낼 수 없다. 현재 워커즈로 일하는 사람도 언젠가 집안일을 할 수 없게 되면 서비스를 받는 사람이 될 수 있다. 그러기 때문에 복지클럽생협 관계자는 '조합원 중에는 돌봄 워커즈에서 활동하면서 언젠가는 자신도 돌봄이 필요할 것'이라 생각하면서 열심히 활동하고 있다.

복지클럽생협의 가장 큰 미션은 복지를 매개로 하여 상호 도움을 주고받는 관계 만들기이다. 단순히 물품만을 배달하는 시스템을 넘어서 '포인트'[38] 워커가 물건을 배달하면서 상대의 안부를 확인한다. 이는 복지클럽생협이 단순히 복지상품과 서비스를 제공하기 위한 것이 목표가 아니라는 것을 단적

복지클럽 생협의 다양한 활동 모습
출처: 복지클럽생활협동조합 홈페이지 http://www.fukushi-club.net (2019. 7. 2 현재)

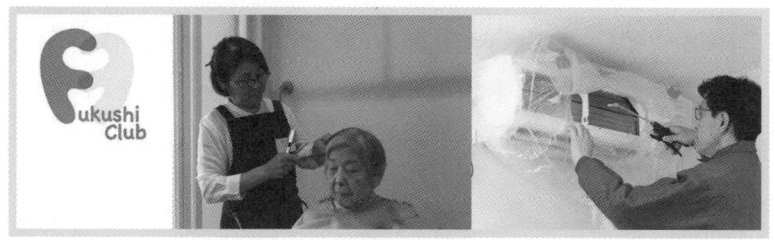

[38] 포인트는 복지클럽생협의 독특한 시스템이다. 포인트 워커 집에 물품을 배송하면, 포인트 워커가 주변 조합원들에게 최종 배송을 하는 제도로써, 단순히 물품 전달의 역할이 아닌 조합원들의 안부를 확인하고, 생활을 살피면서 정보공유와 의견청취의 역할도 맡고 있다.

으로 보여주는 제도라 할 수 있다.

지역마다 20대에서 90대까지 다양한 포인트 워커들이 활동하고 있다. 이들의 주요 역할은 물품이 오면 단순히 조합원들에게 배송만 하는 것이 아니라 안부를 묻고 또 필요한 서비스를 확인해 문제가 발생하면 복지클럽생협에 알려주는 역할도 담당하고 있다. 배달 시 독거 노인들의 안부를 묻는 등 공급사업과 복지사업을 연결하는 시스템은 일본에서도 보기 드문 형태로 여겨지고 있다.

복지클럽생협은 포인트를 통해 니즈(Needs)를 파악하고 지역 특성에 맞게 다양한 복지 프로그램의 수요를 조직하고 있으며, 그러한 서비스를 제공하기 위하여 조합원들이 워커즈를 만들어서 상호부조 관계를 만들어내고 있다. 이처럼 서비스와 욕구를 매개해주고 관계를 조직하는 포인트 워커의 역할이 매우 중요하게 인식되며, 그 중요성을 알기 때문에 조합원들은 반드시 포인트 워커와 일주일에 한두 번 이상 얼굴을 보면서 물품을 공급 받는다. 포인트는 단순히 물품을 전달해 주는 이상으로 끈끈한 관계망으로 연결되어 있고, 그렇게 파악된 조합원들의 불편함과 필요는 생협의 복지서비스들과 다시 연결된다.

또한 복지클럽생협에서 제공하는 대부분의 서비스는 양질이면서도 저렴한 가격을 유지한다. 이러한 서비스를 미래를 위한 투자라고 생각한다. 일반 노동시장보다 저렴한 인건비를 벌지만, 자신이 나이가 들어서 좋은 서비스를 저렴하게 받을 수 있다는 믿음을 가지고 일에 임하고 있다.

 복지클럽생협은 사람과 사람의 관계를 중시하면서 함께 지역을 만들어간다는 지역 만들기 관점에서 활동하고 있기 때문에 관계 속에서 수요와 공급을 만들어 내고, 이를 통해 지역사회의 안전망을 구축하고 있다.

불확실성과 불안의 시대에서 국가가 모든 것을 해결해주기는 어렵다. 국민들은 최소한의 안전망에 대한 고민이 깊어지고 있다. 결국 내가 살아가고 생활하는 지역에서의 안전망이라고 하는 것은 서로가 서로를 돌보는 관계로 만들어질 수밖에 없다. 그러한 측면에서 복지클럽생협이 시사하는 의미는 크다고 본다.

단순히 복지서비스를 제공하고 제공받는 하나의 사업 분야로 한국의 사회적경제 영역이 고민할 것이 아니라 지역사회를 함께 어떻게 만들어 갈까라는 관점에서 접근할 필요가 있다.

- **영역을 넘어서 생활을 살리는 지역살림운동**

일본의 경제사상가 우치하시 가츠토(內橋 克人)는 오래 전부터 'FEC 자급권'을 주장해왔다. 먹을거리(Food)·에너지(Energy)·돌봄(Care)은 자유무역의 대상에서 제외시켜 각 나라와 지역사회의 자급 능력과 자주적 선택에 맡겨야 한다는 것이다. 즉 지역에서 어떻든 해결하려고 노력해야 지속가능성이 높아진다는 주장이다.

먹을거리를 나누는 일, 노인과 아이와 병약자를 보살피는 일을 얼굴도 모르는 이에게 돈을 주고 맡기기보다 평소 얼굴을 마주 대하며 희로애락을 나누는 이웃과 의논해서 해결해야 지속가능하고 바람직하다는 주장처럼 에너지도 다르지 않다는 것이다. 그러므로 식량과 에너지와 돌봄은 이윤 추구의 대상이 되지 않도록 'Food + Energy + Care + Work'의 4가지 사명으로 지역에서 연대하여 진행시켜 나가야한다.

생활클럽 생협의 에너지 자급권 만들기

1997년 교토의정서에서 결의된 온실효과 가스배출량 삭감 목표를 달성하기 위해 일본은 국가와 지자체, 사업자 및 국민의 책무와 의무를 정해 1998년에 〈지구온난화대책추진법〉을 제정했다. 2016년 5월에 개정되어 광역지자체의 친환경 에너지 이용 촉진이나 에너지 절약 추진, 대중교통 편의 증진 등 지역의 자연적·사회적 조건에 따른 시책을 포함한 〈지방 공공단체 실행 계획〉 수립 의무화와 시행 시 기초지자체 역시 계획 수립에 힘쓰도록 요구하고 있다. 이 개정안을 근거로 일본 중앙정부는 '지구온난화 대책계획'을 수립해 여러 지자체가 협조·제휴하여 공동으로 실행계획을 세울 수 있도록 보장하고 있다. 2017년 4월부터 진행된 전력의 '소매 자유화 실시'로 전력회사를 소비자가 직접 골라서 계약하는 것이 가능해져 지역 에너지 활성화를 촉진하는데 크게 기여하고 있다.

이에 친환경 에너지 사회를 향한 구상으로 생활클럽 수도권 4개 단위협의회(동경도, 사이타마 현, 치바 현)는 친환경 에너지를 중심으로 에너지 자급권 사회만들기를 추진하기 위한 공동 정책 구상을 결정하였다. 에너지 줄이기 + 에너지 만들기(재생에너지)+ 에너지 사용하기(그린Green 전력)가 그것이다. 이를 위한 주요 활동은 다음과 같다.

① 에너지 절약 : 그 자체가 사용하는 에너지를 줄이고, 에너지를 만들지 않아도 되므로 적극적으로 추진
② 재생 가능 에너지 도입 추진 : 수도권 4개 단협이 가진 시설을 활용하여 태양광발전 사업 추진과 조합원 출자를 통한 풍력발전 검토 및 생산자, 관련 단체와의 연계 협력을 통해 신재생에너지 사업 검토와 지역 협동조합 및 기타 단체들과의 연계를 통해 친환경 에너지를 확산·활용하는 협의회 만들기 추진
③ 그린전력을 선택할 수 있는 사회를 향한 운동의 추진으로 탈원전 에너지 선택이 가능한 사회만들기로 단계적 진행

생활클럽 에너지 모델

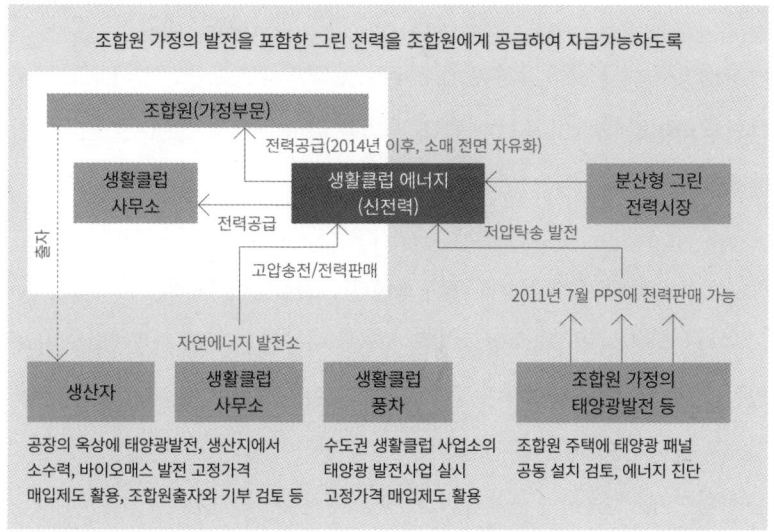

출처: 생활클럽 에너지 홈페이지 https://scenergy.co.jp/ (2019. 7. 2 현재)

생활클럽 생협의 에너지 자급권 만들기의 첫 시작은 후쿠시마 제1 원자력 발전소 사고가 그들에게 던지는 질문이 무엇인지 그 의문의 답을 찾아가면서부터였다.

> ① 심각한 방사능 오염 : 사고를 일으킨 후쿠시마 원전에 대하여 얼마나 대량의 방사능이 대기나 바다에 방출되었는지 모른다.
> ② 집중형 공급방식 의존에 따르는 위험도 증가 : 원전 사고로 원자력발전과 같은 거대하고 복잡한 시설 안전성에 대한 근본 문제가 제기된다. 생명과 안전을 기초로 둔 소규모 분산형 에너지 시스템, 즉 시민의 공동관리가 가능한 시스템으로의 전환이 필요하다.
> ③ 절전·에너지 소비가 적은 나누는 경제 : 전력은 유한하고, 무한히 소비할 수 있는 상품이 아니라 사회적 공동자산이다.

한살림을 비롯한 국내 생협들도 태양광을 비롯한 재생가능 에너지의 필요성을 절감하고 많은 활동을 하고 있다. 다만 생협의 운영방식이나 조합원 개개인의 생활 속까지 파고들기에는 다소 부족하지 않나 싶다. 조합원 개인의 에너지 사용 실태나 방식을 함께 얘기 나누고 실천 방법도 같이 찾아보고 공유하면서 안전한 에너지 생산과 공급, 소비를 위한 고민과 실천으로 이어지면 좋겠다.

생활클럽 안심 시스템 - 복지 소비재 'Community Care'

일본은 인구의 4명 중 1명이 65세 이상일 정도로 세계에서도 유례없는 초고령사회에 돌입하여 향후 의료 및 요양 시설이 절대적으로 부족한 것으로 알려져 있다, 또한 세대 간 격차와 빈곤이 퍼져 복지 재정비가 필요한 상황이다.

이에 일본 후생노동성은 단카이세대(전후 베이비붐세대)가 75세 이상이 되는 2025년을 목표로 2012년부터 지역 포괄 케어 시스템 구상을 발표하고 각 자치단체에 3년에 한 번씩 각 지역의 실정에 맞는 지역 포괄 케어 구상을 기획하고 실천하도록 지도·권장하고 있다. 약 800만 명에 이르는 단카이세대[39]의 개호[40]와 의료 수요 증가에 대비해, 그동안 개별적으로 진행되었던 고령자에게 필요한 5가지 요소(주거, 의료, 개호, 예방, 생활지원)를 유기적으로 일체화시켜 서비스를 제공할 수 있는 지역 완결적인 시스템을 마련하는 것이다.

---

[39] 단카이세대(단괴세대)란 일본에서 제2차 세계 대전 이후 1947~1949년 사이에 베이비붐으로 태어난 세대를 말한다.
[40] 개호는: '간병' 또는 '노인 돌봄'의 의미로 해석할 수 있는데, 일본의 개호보험은 한국의 노인장기요양보험의 모델이 되었다.

2015년 일본 정부는 '커뮤니티 케어(Community Care)'를 키워드로 복지 담당자를 시설에서 지역으로 전환하고 있다. 후생노동성이 권장하는 지역 포괄 케어 시스템이란 다음과 같다. 각 지역은 고령자들에게 프라이버시·존엄이 충분히 지켜질 수 있는 주거와 그곳에서 안심하고 일상생활을 보낼 수 있는 생활지원 복지서비스를 기본적으로 제공해야 한다. 이러한 토양 위에, 전문적인 의료·간호·개호·리허빌리테이션(Rehabilitation, 재활요법), 보건·예방 서비스가 효과적으로 제공되어 그 역할을 다 할 수 있도록 하고 있다. 또한 지역에서 이를 실행하는 핵심조직으로 지역포괄지원센터 설치를 권장하고 있다. 지역포괄지원센터는 지역 고령자들의 종합상담, 개인별 지역 지원 체계 만들기, 개호 예방에 필요한 지원과 활동을 제공하고, 고도 질환을 가진 고령자들도 지역에서 마지막까지 안심하고 생활할 수 있도록 지원하는 역할을 한다. 또 지역의 다양한 자원을 연계시켜 각 개인에 맞는 최적의 개별 지원 계획을 수립·제공하기 위해 지역케어회의 조직을 권장하고 있다. 위탁 운영의 주체는 법인을 가지고 있어야 하는데, 사회복지법인·의료법인·공익법인·비영리민간법인과 기존에 재택 개호 지원센터를 위탁 받아 운영했던 경우 등이 이에 해당된다. 지역포괄지원센터는 인구 2~3만명 당 1개소라는 기준에 따라 설치되며, 1개소 당 300여 곳을 담당하게 된다. 지역포괄지원센터는 이용자에게 포괄적 서비스 제공을 위해 팀 접근 방식을 취하며, 보건과 복지 분야 전문가로 구성하여 운영한다. 보건과 복지 분야 전문가는 종합상담 및 지원을 위한 사회복지사, 개호 예방 관리를 위한 보건사 또는 간호사, 포괄적이고 지속적인 사업 관리를 위한 주임 개호지원 전문원으로 구성된다. 그럼에도 불구하고 행정에서 지역 보건의료와 복지를 결합한 커뮤니티 케어 시스템 역시 어떠한 제도도 완벽할 수 없듯이 일부에 집중되거나 사각지대가 발생하고 있다.

이에 지역 밀착형 복지에 힘써 온 생활클럽 생협에서는 '지금 우리는 무엇을 할 수 있을까?'라는 물음을 던지며 생활클럽 생협이 설립한 3개의 사회복지법인이 손을 잡고 생활클럽 안심 시스템을 새롭게 시작했다. 생활클럽 생협 그룹은 전국에 834개소에서 이용 등록자 56만명을 대상으로 사업을 전개하고 있다. 사회 과제를 선점하고 협동조합 조직을 기반으로 하면서 사회복지법인이나 NPO 등에서 데이 서비스센터와 요양원을 운영하는 등 시민 참여형 복지사업을 전개해왔다. 그중에서도 고령이나 장애를 가지고도 마지막까지 정든 지역에서 살고자하는 조합원들이 힘을 모아 지역에 밀착된 '커뮤니티 케어'를 준비해왔다.

우선 '생활클럽 생협의 10가지 기본 케어'[41]를 가지고 '생활클럽 안심 케어 시스템'과 '생활클럽 안심 지원 시스템'을 구축했다. 2018년 3월 현재 회원 단체인 사회복지법인 3개, 지역의 생활클럽 생협 7곳, 제휴 생산자 2곳이 있다. '생활클럽 안심 케어 시스템'은 복지와 개호사업자의 기본 자세를 정하고, 사업소의 이용자와 지역 시민에게 약속하는 복지 정책이다. 간병이 필요한 노인을 포함한 고령자나 지역의 모든 사람들이 마지막까지 정든 지역에서 생활을 할 수 있도록 같은 복지 사업자가 적극적으로 참여하여 지속적인 지원을 해나가고 있다.

이에 '지역과 연계한 팀 타스케아이(서로돌봄)를 만들자!'라는 캐치프레이즈를 내걸고 대안적인 '지역포괄 케어 시스템 연구회'를 설치한 생활클럽 운동 그룹(생활클럽 생협 가나가와를 모체로 태어난 다양한 운동 조직)은 30년 전부터 시민이 참여해 서로 지지하고 케어하는 구조를 주체적으로 만들어 다양하게 실천해왔다.

대표적으로 가나가와 이즈미구의 사회복지법인 타스케아이 이즈미(たすけあい泉)의 지역 케어 활동을 들 수 있다. 30년간 쌓아온 참가형 복지 개념과 노하우를 활용하여 정부 의존에서 벗어나 지역 밀착형으로 시민과 협동조합들간의 참여를 통해 활동을 넓혀왔다.

 타스케아이 이즈미는 1993년 식사와 이동 서비스를 제공하는 워커즈 콜렉티브 '이즈미 타스케아이 스테이션'이 모체가 되었다. 1999년 개호보험사업소 '거택 개호사업'이 지정되고, 본격적인 지역 개호활동에 나서면서 2004년 5월에 사회복지법인 자격을 취득하게 되었다.

---

41 생활클럽 10가지의 기본 케어는 ① "환기"를 하여 항상 상쾌한 공기를 유지한다. ②. 바닥에 발을 붙이고 제대로 앉는다. ③ 화장실에 스스로 앉는다. ④ 따뜻한 식사를 한다. ⑤가정의 욕실에서 목욕을 한다. ⑥ 대화를 소중히 생각한다. ⑦ 동네로 외출을 한다. ⑧ 스스로 할 수 있는, 참여할 수 있는 것이 중요하다. ⑨ 본인과 가족이 케어 플랜을 만드는 것이 중요하다. ⑩ 생의 마지막까지 자택에서 보내도록 지원한다.

주요 사업내용은 개호보험사업으로 거택개호지원사업소는 케어 플랜을 작성하며 방문개호사업소는 방문개호 서비스를 제공하고 있다. 재활 특화형 데이 서비스 '니지'는 신체 상황에 맞게 입욕, 기능훈련, 레크레이션 등을 제공하고 있다. 또한 복지용구 대여 사업소에서 케어 플랜에 맞는 복지용구를 전문상담을 한다. 가사 개호 서비스 '이즈미 스테이션'과 이동 서비스사업, 단기 입소 생활 개호 및 방문간호 스테이션, 식사서비스 사업소 '하나', 24시간 365일 간호와 대응이 가능한 소규모 다기능형 개호사업소 등이 지역 주택가에 위치하여 지역밀착형으로 대응하고 있다.

 한국에서도 커뮤니티 케어가 시행을 앞두고 다양한 논의와 실험들이 일어나고 있다. 이를 정착시키기 위한 정책 논의와 토론들은 있지만 실제로 그것이 구현되어야 할 지역에서의 상의나 모델은 정작 없는 것이 현실이다.

정부 정책 사업이기 때문에 확실하게 시행은 되겠지만 그간의 정책사업에서 알 수 있듯이 지역사회가 그것을 받을만한 충분한 준비와 대응할 역량이 없을 경우 제대로 실현되지 못하고 오히려 지역사회 내에 갈등만 야기하고 표류할 가능성이 크다. 그러므로 지역에서 생활하는 생활자들이 자기 지역에 어떤 돌봄들이 필요하고, 이를 어떻게 구축해 나갈 것인지 얘기하고 구체적으로 만들어 나가는 실천들이 필요하다. 예를 들어 주민자치회를 통해서 우리 지역에 필요한 돌봄을 살펴보고, 굳이 전문적인 의료 행위가 필요하지 않은 예방적 돌봄 영역의 경우에는 서로 상부상조하는 관계망 속에서 충분히 해결할 수 있다고 본다. 일차적으로는 조합원들이 마을모임이나 소모임 등의 공간을 활용하여 실천하는 경험을 쌓아간다면 지역 사회에 필요한 돌봄 서비스를 제공하는 제공자의 역할로도 자연스레 이행해 갈 수 있으리라 전망해 본다.

- **모두를 생활자 관계로 묶어내는 실천**

　　생활협동조합은 생활을 기반으로 하는 운동조직이다. 따라서 문제를 비판하는데 그치지 않고 그것을 대체하는 의미로써 물품과 서비스가 관계 안에서 만들어지고 서로 사용하는 일을 끊임없이 실천해야만 한다. 실천 과정에서 다양한 구성원들에게 의미와 가치를 잘 전달하고 촉진하는 역할을 통해 지역사회 전체를 변화시켜 나가야 할 의무가 있다.

이를 위해 생협이 강조하고 있는 생산자와 소비자의 관계를 넘어서서 모두를 생활자의 관계로 묶어낼 필요가 있다. 생산자와 소비자 관계로 양분하거나 생산과 소비라는 일방적 관계로 규정할 것이 아니라, 함께 생활하는 생활자로서 생활을 같이 만들어 가는 관계로 재규정되어야 한다. 그래야 생산자도 소비자가 되고, 소비자도 생산자가 되는 관계가 될 수 있다. 다시 말해 서로의 빈틈을 메꾸어 주는 생활의 관계가 되어야 한다.

이렇게 되면 현재 주로 먹을거리에만 머물러있는 생산의 개념이 돌봄과 교육, 에너지 등 생활의 영역 전체로 확장될 수 있다. 또한 생산자 역시도 자신을 생산자로만 규정하는 것이 아니라 필요에 따라서는 자신도 돌봄을 받는 관계로 가는 것이 당연해야 한다.

그렇게 함으로써 생협은 서로의 생활을 살리기 위한 조직이라는 것이 보다 명료해질 것이다.

한살림에서도 서로가 서로를 돌보고 살리는 관계의 모심과 살림, 한살림의 생명운동으로 보다 가까이 갈 수 있지 않을까 한다.

실제로 지역에서 조합원을 만나면 한살림 생명운동에 공감하고 중요하다 얘기하지만 자신의 삶으로 이를 끌어들이고 그에 맞게 생활방식을 변화시켜 실천하는 것까지는 생각이 이르지 못하거나 이른다 하더라도 실천하기는 쉬워 보이지 않는다.

이를 위해서 한살림에서는 생명의 가치와 의미를 생활양식과 지역에 맞게 풀어서 설명하고 해석해주는 활동이 많아져야 하고, 실제 실천을 통해 자신의 삶의 방식이 바뀌는 경험이 일상이 되어야 한다. 이렇게 경험되고 바뀌어진 생활양식은 주변 사람들에게 공유하고 전파해 지역 사회 전체가 생명의 가치가 존중되는 장으로 바뀌어져야 한다.

그러한 활동이야말로 생활자들의 협동과 연대의 조직인 생협의 중요한 사회적 역할이 아닐까 생각한다.

참고 문헌

박희숙, 2005, 「지역네트워크운동의 생활정치의 확대와 장애요인」,
『소시오로고스 』29호. 소시오로고스 편집위원회.
사이토 요시아키, 2012, 『현대이론생협운동소사』, 그물코
岩根邦雄,2012,『生活クラブという生き方』所収の拙稿解題 「若き岩根邦雄と生活クラブの『夢の時代』太田出版
道場信親, 2016,『「戦後日本の社会運動」と生活クラブ』
解題拙稿「道場さんが私たちに残したもの」市民セクター政策機構
道場信親,2017,『社会運動としての協同組合』市民セクター政策機構
石見 尚,2007, 『日本型ワーカーズ・コープの社会史:働くことの意味と組織の視点』緑風出版
神奈川ネットワーク運動,1990, 『ネットって何チャンネル？』
国広陽子,1993,「女性の政治参加のニューウェーブ」『都市と女性の社会学』サイエンス社
矢澤澄子・国広陽子・伊藤眞知子,1992,「都市女性と政治参加のニューウェーブ」
『経済と貿易』161号　横浜私立大学経済研究所

<사이트>

복지클럽 생활협동조합 홈페이지 http://www.fukushi-club.net
가나가와 네트 운동 홈페이지 https://kanagawanet.org
we21 Japan 홈페이지 http://www.we21japan.or

강내영

일본총합연구소 연구원, 모심과살림연구소 연구기획위원.
저서로는 『ＮＰＯと社会的企業の経営学』, 『지역의 재구성』, 『躍動する韓国の生涯学習』, 『도시농부』 등을 공동저술했다. 대안적 삶의 방식, 지역에 관심을 갖고 활동 및 연구하고 있다.

협동 주체 되기는
우선 생산자와 소비자 관계로부터 시작되지만,
모든 사회 관계로 확장되어진다.
생명 주체는 살아 있는 모든 생명과 연결되어 있음을
전면적으로 자기화하면서 존재하듯이,
협동 주체 되기 역시 모든 사회 관계를
자신과 무관하게 여기지 않으며,
세계의 문제가
곧 자신의 문제임을 받아들이는 주체 되기이다.
이러한 주체 되기는 자기실천의 몫이면서
동시에 연대와 협동의 실천이다.

협동조합 조합원
주체 되기

생태적 전환 시대
협동조합의 사회 역할

●

양세진
소셜이노베이션그룹 대표, Ph.D

● **섬세한 감수성에 기반한 살림 공존**

생명살림·농업살림·밥상살림의 가치를 지향하는 협동운동으로서 한살림운동을 주도했던 조합원 주체는 어떤 주체인가? 생태적 전환 시대이자 협력적 공유가 시대정신으로 주목받는 우리 시대에, '생태적 공존(Eco-Symbiosis[42])'을 추구하는 한살림운동의 조합원 주체 되기는 어떤 주체 되기인가?

이기적 경쟁과 사적 욕망에 의한 성취와 행복을 삶의 전부로 이해하는 자본주의 시대에 생태적 공존과 우애와 환대의 공동체[43]라는 다른 삶의 가치

---

[42] '살다'라는 의미의 '비오스(Bios)'는 그 개념 안에 이미 벌써 다른 사람들과 관계를 맺고 있다는 의미를 담고 있다. 즉, Bios로서의 삶이란 이미 세계-나-존재로 존재하는 방식을 의미하며, '공동-나-존재'로서의 삶을 의미하는 것이다. 따라서 '함께·공동·협동'이라는 의미는 'Sym'이 '타자와 더불어 관계맺고 있음'이라는 의미의 'Bios'와 결합되면서, 공존의 삶, 협력적 삶, 협동의 삶이 인간의 본래적인 존재 방식임을 강조하고 있는 것이다. 이것은 규범적인 진술이 아니라, 자연적인 현상으로서 현실 속에 드러나 있는 인간의 존재 방식을 설명하는 것으로 이해할 수 있다.

를 지향하는 한살림운동은 사회적 역할 확대를 위한 실천적 고민을 하고 있다. 본 글은 지난 30년 동안 한살림운동을 주도해왔던 생산자·조합원·실무자 중 한살림운동 조합원 주체의 존재 방식에 대한 저자의 현상학적 체험 이야기라고 할 수 있다. 한살림운동의 주체가 되기 위해서는 이렇게 해야 한다거나, 이런 방식으로 활동을 해야 한다는 규범적이고 당위적인 이야기가 아니다. 때로는 생산자나 소비자로, 때로는 활동가로, 때로는 실무자로, 때로는 최고 의사 결정 리더로서 한살림운동을 함께 해온 다양한 조합원 주체들의 활동방식과 존재 방식에 대한 현상학적[44)] 체험 이야기라고 할 수 있다. 이미 현실 속에 드러나 있는 현상의 모습에 대한 이야기이다. 물론, 여기에 정리된 이야기는 필자의 경험 지평이 갖는 이해와 해석에 기반하고 있다는 점에서 분명한 한계를 갖고 있으며, 다양한 차원에서 논박, 비판을 통해 수정·

---

43   우애는 직접적인 관계맺음이며, 환대는 간접적인 관계맺음이다. 우애는 타자로서의 자기, 자기로서의 타자성, 친밀함의 타자성에 기반하고 있다면, 환대는 전적인 타자성, 낯섦의 타자성에 기반하고 있다는 점에서 차이가 있다. 따라서 한살림운동이 '우애와 환대의 공동체'를 지향한다는 것은 한살림과 직접적인 관계를 맺고 있는 생산자·조합원·실무자들만이 아니라, 사회적 관계를 맺는 모든 생명 주체들과의 열린 환대를 지향하겠다는 가치를 담고 있다. 아울러 우애는 직접적이고 친밀함의 관계맺음이지만, 이것은 또한 사회적 우애와 연결되어 있다. 아리스토텔레스는 개인들과의 우애는 사회적 우애로 확장되어야 하며, 사회적 우애는 사회정의의 최상의 상태임을 말하고 있다. 사회적 우애가 깊은 신뢰 관계 속에서는 굳이 법과 규정을 따지는 정의의 규칙이 필요 없기 때문이다. 그러나, 아무리 사회정의가 잘 작동한다고 해도, 여전히 사람들 사이에는 신뢰의 사회적 우애가 요구된다고 보았다. 아리스토텔레스(2007). 『니코마코스 윤리학』, 강상진 외 옮김. 길: 277~280쪽(1155a5~1155b15).

44   한살림운동을 함께 해온 주체들의 본래적인 존재 방식이 어떠한지에 대한 본질적인 캐물음을 갖기는 하지만, 규범적이고 당위적인 서술이 아니라, 본질적인 의미가 현실 속에 이미 드러나 있는 모습에 대한 이야기라고 할 수 있다. 2017년 1년 동안 집중적으로 22곳의 한살림 지역 회원생협의 조합원 주체들과의 만남과 소통 그리고 워크숍을 진행한 경험이 큰 자산이 되었다. 조합원 주체의 존재 방식에 대한 현상을 경험한 것이지만, 현상은 언제나 본질과 상호공속적인 관계를 맺고 있기 때문에, 한살림 조합원 주체의 존재 방식에 대한 본질적인 의미를 캐묻게 되는 것은 자연스러운 접근이라고 할 수 있다. 본질은 언제나 현상 속에 그 모습을 드러내며, 현상은 언제나 본질과의 관계를 통해 현실 속에 존재하기 때문이다.

보완될 수 있다. 단지 하나의 의견으로서 비판에 열려 있는 글쓰기를 한다고 생각해야 좀 더 편안하게 자기 글쓰기가 가능할 것이기 때문이다.

지난 30년 동안 한살림운동은 다양한 방식으로 우리 사회에 강렬함과 섬세한 감수성으로 영감을 주었다. 한살림은 경제조직으로서 사업 활동을 수행하면서도 이윤을 극대화하는 자본주의적 기업 방식과는 근본적인 거리를 두고 있다는 점에서는 우리 사회에 강렬한 영감을 주었다. '한살림 방식(The Way of Hansalim)'의 사업 모델은 그 자체가 자본주의 경제에 대한 전복이고 봉기라고 할 수 있다. 그러면서 동시에 작은 좁쌀 한 알에서 우주를 보고, 작고 미약한 생명에 대한 경외와 생명에 대한 존엄성을 온 몸으로 받아들이는 섬세한 감수성에 기반한 활동을 수행하고 있다. 자주관리·자주점검을 통해 아주 구체적이고 섬세한 관점으로 생명을 살리는 농업이 이루어지도록 실천하고 있으며, 온전한 생명의 먹을거리가 생산·소비·순환될 수 있도록 조합원 주체들의 참여와 관계망을 구체화하고 있다. 자본주의 경제에 대한 강렬한 저항과 생명의 먹을거리를 위한 밥상·농업·생명살림의 섬세한 감수성의 공존이 소위 한살림 방식으로 부를 수 있는 한살림운동의 특징이라고 할 수 있다.

- **조합원 주체로서 존재 의미**

강렬함과 섬세한 감수성을 동시적으로 추구해온 한살림운동의 활동 주체인 조합원 주체의 존재 의미를 어떻게 이야기할 수 있을까? 일반적으로 주체(Subject)는 자기 삶의 주인으로서, 자기 선택, 자기 결정, 자기 주도성의 행위 주체이며, 사유 주체로 이해되어 왔다. 또한 주체 되기는 삶의 주인 되기이면서 동시에 홀로 주체, 유아론적 주체, 개인적 주체, 더 나아가서

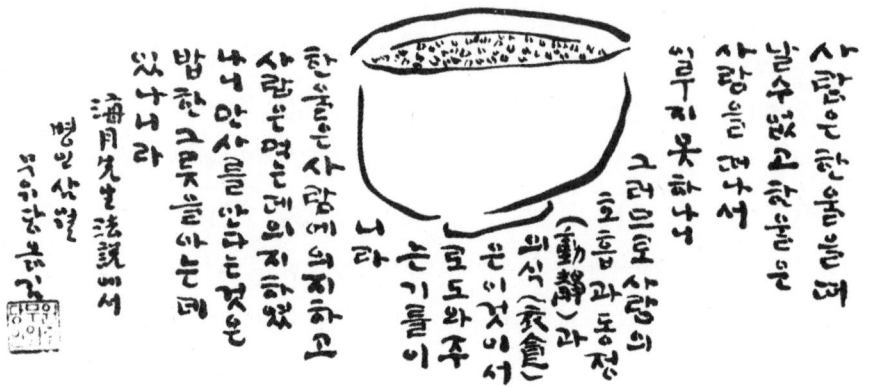

자기 효용과 이익을 추구하는 욕구 주체로 이해되기도 한다. 그러나 '주체 되기'에 있어서 기계론적 주체 되기는 한살림선언에서 강조하고 있듯이 한살림운동이 그 시초부터 극복하고자 했던 사적 주체의 존재 방식이었다는 점에서, '주체'라는 개념을 사용해서 한살림운동의 실천을 주도해온 조합원을 지칭하는 것이 적절한 표현인지 논란의 여지가 있다. 그럼에도 지난 30년간 한살림운동을 주도해온 실천 주체로서 조합원 주체들의 활동 방식과 존재 방식을 검토해보면, 자기 효용과 이익을 추구하는 자본주의적이고 기계론적인 주체와는 다른 주체의 의미를 보여주고 있다는 것을 이해할 수 있다. 따라서 우리는 한살림 조합원 주체의 존재 의미를 다르게 이해하고 설명할 수 있는 힘이 필요하다고 생각한다. 일종의 주체 해석학이 필요하다. 따라서 자기 이익과 자기 효용을 추구하며 세계를 객체로 대상화해서 장악하고 포섭해야만 주체일 수 있다고 생각해온 유아론적 주체로 사로잡힌 자본주의적 주체에 대한 이해를 극복해야 한다. 한살림운동의 역사 속에서 조합원들의 활동 방식과 존재 방식을 통해 조합원 주체의 의미를 현재의 역사로 설명하는 것은 우리 자신의 책임이면서, 한국 사회에도 주체 되기의 다른 이야기를 공유할 수 있다는 점에서 실천적 의미가 있다고 할 수 있다.

한살림의 변화와 혁신을 고민하며 미래전략을 준비하기 위한 한살림연합 미래기획단 TFT는 2017년 5월 17일 발간한『한살림 사업경영·조직활동, 과연 지속가능할까?』라는 보고서에서 조합원의 능동적 참여 활성화, 조합원 주체 되기를 넘어서 '조합원 주권'이 실현될 수 있는 방안을 이야기 하고 있다.[45] 한살림의 지속가능성을 위한 고민 속에서 조합원 주체를 넘어 조합원 주권을 통해 이야기하고자 하는 실천적 의미는 무엇인가? 그것은 조합원을 '주권적 주체'로 이해하고 있음을 알 수 있다. '주권적 주체'란 단지 더 강력한 힘을 가진 주체, 혹은 더 주도적이고 열정적인 주체를 의미하는 것이 아니다. 한살림의 미래를 고민하는 과정에서 한살림연합이 조합원을 '주권적 주체'로 이해한다는 것은 다름 아닌, 생명과 더불어서만 자기 자신으로 존재할 수 있다. 생산자와 이웃과 더불어서만 자기 자신으로 존재할 수 있다고 생각하고 삶을 살아온 협동 주체로서 한살림 조합원 주체의 존재 방식을 이야기하고 있는 것이다.

주권적 주체라는 개념 속에서는 이미 '복수성'이라는 내재적 의미가 담지 되어 있기 때문이다. 주권적 주체란 개별 주체 각자가 존재론적으로는 주권자이지만, 현실적으로 법을 제정하고 법을 수호하는 최고 권력으로서 주권적 힘을 행사하고, 작동하기 위해서는 반드시 복수적이어야만 한다. 복수적인 연대와 협동을 통해서 다중과 공명할 때 개별 주권자[46]는 비로소 주권적 힘

---

45 한살림연합 미래기획단 TFT, 『한살림 사업경영·조직활동, 과연 지속가능할까?』, 2017년5월17일. 44~49쪽.

의 주체일 수 있기 때문이다. 주권자인 개인들이 행위로서 주권적 힘을 현실화하기 위해서는 다중적 복수성에 의해서만 가능하다.

한살림운동에 참여하는 조합원 주체들은 한살림 활동의 일상적인 경험을 통해서 많은 경우 자기 자신이 본래 자기 이익과 자기 효용만을 추구하며 홀로 생존할 수 있는 사적 존재가 아님을 발견하게 된다. 이것은 전환이라기보다는 본래성의 회복 혹은 본래성의 현현(顯現)이라고 말할 수 있다. 마치 오리 무리 속에 살던 백조가 어느 순간 자기 자신이 오리가 아니라 백조임을 발견하고 다른 삶을 살게된 것처럼 한살림운동을 주도해오고 있는 조합원 주체들은 많은 경우 가족의 건강과 안전한 먹을거리라는 사적 욕구로 한살림과 관계를 맺었다가, 다양한 한살림 활동의 경험을 통해서 스스로 주체적으로 자기 자신의 본래적인 존재 방식과 존재 의미를 발견하고 있음을 확인할 수 있다.[47] 조합원 주체들은 한살림 활동을 통해 타자와 더불어서만 자기일 수 있는 복수적 존재임을 확인하게 된다. 또한 생존을 위해 생존을 선택하는 것의 한계를 인식하면서, 생존을 위한 탁월한 자기 전략이 곧 생태적 공존임을 확인하고 확신하게 된다.

복수성으로서 국민주권[48]이라는 말의 의미는 바로 주권자의 복수성, 그러

---

46   그리고 여기서 중요한 것은 주권자 개인은 이미 벌써 복수적 개인이라는 점을 간과해서는 안 된다는 것이다. 예를 들면, 동해바다의 물을 담은 한 컵의 물과, 수돗물을 담은 한 컵의 물은 본질적으로 다른 물이다. 수돗물을 담은 컵을 아무리 백만 개를 모은다 한들, 바닷물을 만들 수는 없다. 작은 한 컵의 물이 바닷물인 한에서 백만 개의 컵의 물이 동해바다를 만들 수 있는 것이다. 따라서 우리가 쉽게 이야기하는 개인은 힘이 약하나, 연대와 협동을 통해 강한 힘을 만들 수 있다는 경구는 본질적으로 잘못된 것이다. 각 개인은 이미 벌써 복수적 존재로서 바닷물이다. 각 개인이 바닷물이기 때문에 그러한 개인들의 연대와 협동이 강력한 힘으로서 바다를 이룰 수 있게 되는 것이다.

47   모심과살림연구소, 『한살림 조합원 리더십 연구보고서』, 2017년12월. / 양세진(2017). 『협동조합 조합원 리더십의 본질을 묻다』, 『모심과 살림』,11호.모심과살림연구소: 31~47쪽.

한 복수적 존재로서 주권자들의 복수적 공명에 의해서 주권적 힘이 현실로 작동되고 드러날 수 있다는 것을 이야기하는 개념인 것이다. 이러한 맥락에서 한살림운동이 미래 전략으로 이야기하는 '조합원 주권'이란, 조합원 개개인을 더욱 존중하고 참여하도록 이끈다는 의미가 아니다. 조합원 각자는 한살림운동을 주도하는 주권적 힘을 가진 복수적 존재로서 주권적 주체이며, 조합원들이 다중에게 공명할 때 조합원들의 목소리와 실천이 한살림운동을 주도하는 주권적 힘이 될 수 있다는 의미다. 따라서 조합원 각자는 한살림운동의 주권자임이 맞지만, 주권자인 조합원 한 사람 한 사람의 목소리가 곧 한살림운동의 의사결정에 영향을 미치는 주권적 힘이 되는 것이 아님을 인식하고 있다. 그렇기에 한살림운동이 말하고자 하는 '조합원 주권'이란 복수적 존재로서 조합원들의 다중적인 협력과 협동을 통해 복수의 조합원과 공명하는 목소리를 낼 때, 한살림운동의 의사결정에 영향을 미치는 주권적 힘의 주체 되기가 가능함을 이야기하는 것이다. 따라서 조합원 주체 되기는 조합원 주권자 되기이며, 이는 곧 '협동 주체 되기'라고 이야기할 수 있다.

'협동 주체 되기'로서 자기 자신을 인식하는 한살림운동의 조합원 주체[49]들은 주체로서 자기를 관계의 총체로 인식하고 있다. 푸코(Michel Foucault,

---

[48] 대한민국 헌법 제1조 제2항 "대한민국의 주권(Sovereignty)은 국민에게 있고, 모든 권력은 국민으로부터 나온다." 주권적 주체란 (1)권력의 기원자(origin power)이며, (2)최고 권력(supreme power)의 주체이다. "국민주권은 복수(multitude.다중)이다." 복수적 존재인 주권자는 다중의 복수와 공명하는 한에서 주권적 힘의 주체일 수 있다. 협동 주체는 '주권적 삶의 주체'이다. 주권(Sovereignty)은 복수적인 힘이다. 'Supreme Power'이자 'Origin Power'로서 주권은 복수적으로만 그 힘의 실체를 드러낼 수 있는 것이다. 주권자로서 주체의 존재 방식은 단수적일 수 있지만, 주권이 드러나는 행위·행동·작동방식은 복수적으로만 가능하다. 주권은 언제나 다중주권이고, 국민주권이고 복수적인 힘인 것이다.

1926~1984)는 자기란 '본질과의 관계, 임무와의 관계, 자기 자신과의 관계, 타자와의 관계' 등의 복합망으로서 '자기란 관계의 총체'라고 말하고 있다.[50] 또한 푸코는 '한 사람이 자신이 관계의 총체로서 협동 주체임을 주장하는 것은 자신이 생각하기에 진리[51]를 말하는 행위의 형식을 통해 타자에 의해 자신이 진리를 말하고 있는 것으로 인정받는 것을 의미하는 것이 아니다. 그 것은 오히려 진리를 말하는 주체의 행위 형식이 또한 진리를 말하는 다른 타자에게 자신을 드러내며 관계 맺는 것을 통해서 상호 책임짐을 통해 확인되는 것'임을 말하고 있다. 협동 주체로서 한살림 조합원 주체의 존재 방식을 푸코의 관점으로 해석한다면, '내가 협동 주체다'라는 자기 인식에 의해 협동 주체로 존재하는 것이 아니라, 더불어 협동하는 다른 조합원 주체들에게 내가 협동 주체임을 인정받고, 또한 상대 역시 내가 그를 협동 주체로 인정하

---

[49] 이사로 리더역할을 감당하고 있는 대다수의 한살림 조합원 주체들이 공동으로 공유한 인식은 '내가 혼자 이룬 것이 아닙니다. 우리가 함께 협동을 통해 이룬 것입니다'라는 고백이 있었다. 그리고 이사장 역할을 수행하는 조합원 주체의 경우에도 리더십을 발휘한 것은 나 혼자의 힘이 아니라, 이사회 전체가 협동을 통해 리더십을 발휘한 것이라는 인식을 하고 있음을 확인할 수 있었다. 이렇게 이미 벌써 한살림 조합원 주체들이 공동 존재로 세계에 존재하는 것이 자기 자신임을 인식하고 있는 이러한 복수성의 존재방식을 철학적으로 해명하는 것이 이 글의 취지라고 할 수 있다. 이러한 철학적 해명을 통해 한살림에 직접 참여하지 않더라도 각자의 생활세계와 삶의 자리에서 '공동-나-존재'로 이 세계 안에서 복수성의 존재방식을 가질 수 있도록 힘이 될 수 있다고 생각한다. 모심과살림연구소, 『한살림 조합원 리더십 연구보고서』, 2017년12월.
[50] 미셸 푸코.(2007). 「자기수양」, 『비판이란 무엇인가/자기수양』, 심세광옮김. 동녘: 94~123쪽.
[51] 푸코의 파레시아(Parrhesia, 진실을 말하는 용기의 힘)의 '진리(Truth)'는 하이데거가 이해한 '알레테이아(Aletheia, 탈은폐)'로서 진리 개념과 유사하다고 볼 수 있다. 주체가 진리를 말하는 것이 아니라, 진리 자체가 주체로 하여금 진리를 말하게끔 한다는 접근이다. 진리가 주체 안에 전면적으로 자기화될 때에야 비로소 진리를 말할 수 있는 용기가 드러날 수 있으며, 이것은 고립된 주체의 자기인식이 아니라 타자와의 관계에서 타자로부터 인정받는 상호 공속적인 관계망 속에서 진리가 작동함을 의미하는 것이다. 즉 주체가 진리의 주체가 되기 위해서는 타자와 더불어 함께 하는 관계를 통해서, 협동 주체 되기를 통해서 가능하다는 것이다.

는 상호 인정의 관계를 통해 나와 타자 모두 협동 주체로 존재하고 있음을 보증받고, 확인할 수 있다는 것이다.[52] 물론, 한살림 조합원 주체들이 이러한 인식론과 존재론을 이해하고 활동하고 있는 것은 아니다. 하지만 협동 주체로서 한살림 조합원 주체들의 존재 방식을 어떻게 이해할 수 있는지 철학적 이해를 통해 우리는 한살림 조합원 주체들의 활동방식에 대한 이해뿐만 아니라, 협동 주체 되기의 실천적 의미를 사회적으로 공유하는데 도움을 얻을 수 있다고 생각한다.

● **협동 주체 되기 실천 의미**

'생산자는 소비자의 밥상과 생명을 책임지고, 소비자는 생산자의 생활을 보장한다'는 한살림운동의 실천 가치는 생산자와 소비자의 협동이 중요하다는 규범적 의미를 넘어서 생산자와 소비자가 협동 주체로서 상호공속적[53]이고, 상호책임짐[54]의 관계를 맺고 있음을 확인하는 고백이라고 할 수 있다.[55] 즉, 생산자는 소비자와 더불어 함께 하지 않고서는 실천 주체로 존재할 수 없으며, 소비자 역시 생산자와 더불어 함께 하지 않고서는 실천 주체로 존재할 수 없는 존재 방식을 이야기하고 있는 것이다. 일면적으로 보면, 한살림운동이 이야기하는 협동 주체 되기가 생산자 주체와 소비자 주체

---

52 미셸 푸코.(2017). 「파레시아」, 『담론과 진실』, 심세광 옮김. 동녘: 24~79쪽.
53 다른 한쪽이 없이는 불편하거나 고통스러운 것이 아니라 아예 존재 자체가 불가능한 관계를 의미한다.
54 어느 한쪽이 원인이 되고 다른 한쪽이 결과는 되는 인과적 관계가 아니라, 서로가 서로에게 원인이 되고 결과가 되는 그래서 어느 한쪽이 전적으로 책임을 지는 것이 아니라, 서로가 서로에게 책임을 지며, 서로가 서로에게 책임인 관계를 의미한다.
55 박재일.(2013). 『생산과 소비는 하나다』, 『한살림의 협동을 말하다 1』, 모심과살림연구소: 149~165쪽.

의 협동으로 이해할 수 있다. 즉 서로 분리된 두 주체들 사이에 자기 효용과 자기 이익을 극대화하고 자기 욕망을 충족하기 위한 거래적·도구적·전략적 협동으로 이해할 수 있다. 그러나 그것은 한살림운동이 뚝심을 갖고 지속적이고 일관되게 추구해온 생명의 유기적 연대와 생태적 공존으로서 협동 주체 되기의 온전한 의미를 왜곡하거나 혹은 궁핍하게 이해하는 것이라고 할 수 있다. 협동 주체 되기는 '복수적 존재로서 주체란 타자와 더불어서만 본래적이고 특이성의 자기 자신으로 자유롭게 존재함을 공동의 몫인 동시에 자기 자신의 몫으로 받아들이는 주체 되기의 존재 방식'이라고 할 수 있다. 이러한 협동주체 되기의 의미는 에드가 파넬(Edgar Parnell)이 『협동조합-그 아름다운 구상』에서 말한 '스스로 존재하면서 동시에 더불어 존재하는 존재'의 의미와 공명하고 있다.

한살림운동이 뚝심을 갖고 강단[57]있게 이야기해온 협동 주체 되기[58]는 앞에서 언급했듯이 서로의 필요를 충족하기 위한 거래적·도구적·전략적인 형식

> '스스로 그리고 상호 돕기의 주체로 존재하기란 무엇인가? 슬프게도 사람들은 종종 그들 스스로는 무엇인가를 이룰 수 없다는 맹신에 빠져 있다. 주체 되기란 자신의 삶에서 기본적으로 중요한 측면들을 스스로 통제하고 있다는 사실에 좌우되는 것이다. 만약 우리가 전혀 영향을 미칠 수 없는 조직들에 우리의 생존과 미래를 의존하고 있다면, 우리는 스스로를 자유로운 개인이라고 말할 수 없을 것이다. 현대 사회 속에서 우리가 직면한 다양한 문제들은 스스로의 힘으로 해결하기에는 한계가 있다. 오직 다른 사람들과 함께 협동을 통해서만 문제를 해결할 수 있고, 더 나아가 의미 있는 무엇인가를 이룰 수 있다. 그리고 서로 돕고 협동하기 위해서는 상설적인 연대체와 조직이 필요하다. 그러나 우리 자신이 스스로를 돌볼 수 있는 능력을 갖고 있지 않다면, 연대와 협동이라는 이름 아래 소중한 자유를 포기한다면 상대의 힘에 의존적이 되고, 예속된 상태가 되고 말 것이다. 그것은 노예 상태에 그리 멀지 않은 삶이다.'[56]

---

56   E.Parnell(2012). 『협동조합-그 아름다운 구상』, 염찬희 김, 그물코: 35~36쪽

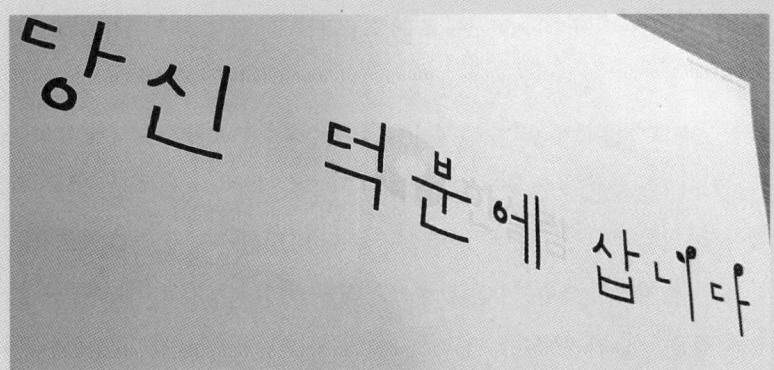

협동조합 조합원 주체 되기

의 사적 주체들의 협력과 연대에 의한 협동과는 본질적인 차이가 있다. 협동의 본질이란 '복수적 주체 스스로가 타자와 더불어서만 주체의 본래성과 고유성, 특이성(Sigularity)이 소멸되지 않고 자유롭게 존재하는 삶의 방식'이기 때문이다. 즉 타자와 더불어서만 자기일 수 있는 자기 되기의 존재 방식인 것이다. 협력적 감성[59]을 전면적으로 자기화한 주체들 간의 협동을 의미하는 것이다. 따라서 협동이란 타자로서 자기 되기이며, 자기로서 타자인 자기들의 협동이다. 자기 효용과 자기 이익, 자기 욕망을 추구하는 개인들의 연대와 협력은 한살림운동을 실제적으로 주도해온 협동 주체 되기[60]와는 근본적인 차이가 있음을 간과해서는 안될 것이다.

'당신 덕분입니다'라고 호혜와 신뢰의 인사를 건네는 한살림 조합원 주체들의 고백은 모심과 살림의 가치를 일상 속에서 실천하는 것으로써 환대의 실천이라고 할 수 있다. 이것이 한살림운동을 주도해온 조합원 주체들의 존재 방식이 이야기하는 실천적 의미라고 이해할 수 있다. 한살림 조합원 주체 되기로서 협동 주체 되기는 '밥'과 관계해서 더 잘 이해할 수 있다. 한살림운동이 30년 동안 지속적으로 이야기해 왔던 것은 '밥'이다. 밥이 생명이고, 밥이 우주이고, 밥이 삶의 힘인 것이다. 또한 밥은 사랑이고, 밥은 우정이고, 밥은 환대이다. 그리고 밥은 기쁨이고 즐거움이며, 삶의 향유이자 삶의 향유를 지

---

57 강단이란, (1)어떤 일을 무너지지 않고 지속하는 힘이며, (2)굳세고 꿋꿋하게 견디어 내는 힘이고, (3)어떤 일을 야무지게 결정하고 처리하는 힘이다.
58 협동주체는 생명주체, 존엄한 주체, 주권적 주체와 공명하는 주체되기의 의미로 이해할 수 있다.
59 협력적 감성은 개개인의 삶이 밀접하게 연결되어 있고 개인의 행복이 궁극적으로는 자신이 살아가는 더 큰 집단의 행복에 좌우된다는 사실을 인정하는 힘이다.
60 이 장에서 일관되게 한살림운동의 실천주체를 '협동주체'로 명사로 표현하지 않고, 동사인 '협동주체되기'로 표현하는 것은 주체되기는 일생을 통해 지속되는 과정이기 때문이며, 주체되기란 곧 과정속의 주체되기임을 이야기하기 위함이다.

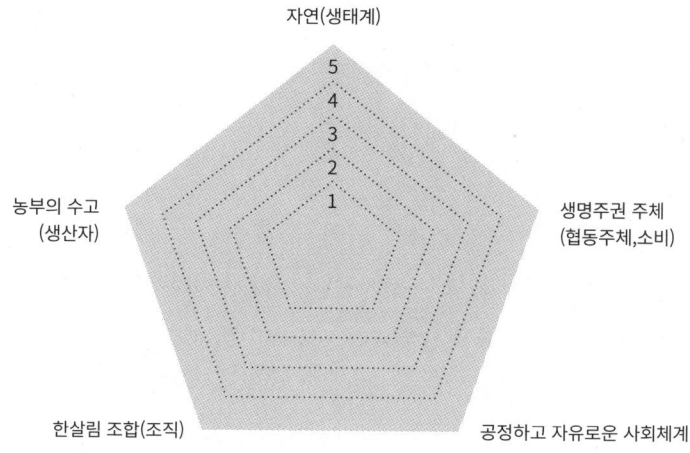

속하게 하는 힘이다. 아울러 밥은 인간을 도구화시키고 예속시키며 억압하는 권력에 저항하는 전복적 힘을 생성시킨다. 밥은 세상을 변혁하고 혁명을 주도하게 하는 봉기의 힘이다. 이 모든 것들은 또한 밥의 영성을 이야기하는 것이다. 이러한 밥은 자연의 선물이고, 농부의 손길이며, 한살림운동 속에서 생태적 공존과 협동에 의해 존재 의미를 드러낸다.

밥은 ① 자연(땅과 물과 바람과 태양 그리고 벌레들, 생태계), ② 생산자인 농부의 땀흘림의 수고, ③ 소비자인 생명주권 주체의 지혜로운 선택, 그리고 그러한 것을 연결해주고 있는 ④ 플랫폼이자 네트워크 조직으로서 한살림, ⑤ 공정하고 자유로운 사회체계(생태 민주주의)를 의미한다. 이러한 5가지 요소들이 균형과 충만의 관점에서 유기적으로 융합될 때 우리는 밥을 온 몸으로 경험할 수 있게 된다.

한살림운동은 30년 동안 밥의 영성을 뚝심 있고 강단있게 실천해 왔다. 물론, 사회적으로 선하고 정의롭고 성평등적이고 민주적인 사회를 위한 실천적 응답엔 아쉬운 면이 있지만, 그것은 한살림운동이 사회 제도의 변혁자로서 자신을 인식하기보다는 마치 '등대'[61]와 같이 능동적 수동성을 자기 정체성으로 받아들였음을 이해할 수 있다.

● 협 동 주 체 되 기 철 학 의 미

협동 주체 되기의 본질적인 의미를 이해하기 위해 우리가 한 걸음 더 캐물어야 할 것은 협동 주체 되기는 복수적 주체 되기와 공명하는 관계를 맺고 있다는 것이다. 협동 주체 되기는 우선 생산자와 소비자의 관계로부터 시작되지만, 모든 사회적 관계로 확장되어진다. 생명 주체는 모든 살아 있는 생명들과 연결되어 있음을 전면적으로 자기화하면서 존재하듯이, 협동 주체 되기 역시 모든 사회적 관계를 자신과 무관하게 여기지 않으며, 세계의 문제가 곧 자신의 문제임을 받아들이는 주체 되기이다.

고대 그리스의 피타고라스(Pythagoras)는 협동 주체 되기의 실천적 의미를 잘 보여주는 철학자이다. 피타고라스는 '친구들의 것은 공동의 것이며, 공동의 몫인 자기 몫을 공유하는 공동체가 우애의 공동체이며, 우애의 공동체는 모두가 평등한 관계'라고 말했다.[62] 피타고라스는 공동체에 참여하는 모든 사람들은 각자가 더 이상 나뉘어질 수 없는 고립된 개별 인간(Individual)

61　기원전 3세기 알렉산드리아의 섬에 세워진 파로스 등대는 높이가 100m이상 되는 건축물인데, 등대는 고정되어 있어 수동적이지만, 어둠에 빛을 주는 능동적 가치를 갖고 있다는 점에서 능동적 수동성을 상징한다고 볼 수 있다.
62　디오게네스 라에르티오스.(2008). [피타고라스], 『그리스철학자열전』, 전양범 옮김. 동서문화사: 529쪽. '피타고라스는 친구들의 것은 모두의 것(공통.공동.공유)이고 우정이란 평등한 관계라고 말했다. 피타고라스의 제자들은 자신들의 소유물을 하나로 모아놓고 공유된 공동.공통의 몫으로 사용하였다.'

이 아니라, 공동 주체(Common-Public Being)로서 협동 주체라는 것을 말하고 있다. 공동체는 모든 것을 명백하게 서로 공유해야 하며, 타자와 더불어서만 자기일 수 있는 그런 주체들의 관계망이 바로 협동 주체의 관계망으로서 공동체라는 것을 강조하고 있다. 피타고라스의 협동 주체 이해는 생태적 공존의 맥락에서 자연과 우주, 그리고 신들과의 연결을 포괄하고 있다. 협동 주체는 자연과 신들과의 관계망까지를 포괄하는 의미를 지향하고 있다. 피타고라스의 이러한 협동 주체 되기는 플라톤(Platon)에게 이르러서 인간이 사회를 이루고, 국가를 구성하는 본질적인 이유로 여겨졌다. 여기서 우리는 '친구들의 것은 공동의 몫인 자기 몫(The Property of Friends is Shared Common-Public Property)[63]'이라는 의미를 좀 더 캐물어보고자 한다. '친구들의 것은 공동의 몫인 자기 몫'이라는 말은 '친구', '것(소유할 수 있는 것)', '공동의 몫', '자기 몫'으로 나누어서 몇 가지 일련의 물음을 던짐으로 그 본래적인 의미를 사유할 수 있다. 누가 서로의 '친구'인가? 누가 우리의 '친구'인가? '친구'들이 생각하는 '친구'가 바로 우리 자신인가? '소유'한다는 것은 무엇인가? 자기 자신의 노력에 의해서 성취된 것을 '소유'한다고 말하는 것인가? 타자로부터 증여된 것을 '소유'한다고 말하는 것인가? '공동의 몫'은 각기 개인들의 몫의 합을 말하는 것인가? '공동의 몫'은 일반 의지나 이데아처럼 공동의 가치 혹은 목표를 말하는 것인가? '자기 몫'은 자기 자신의 소유와 어떻게 다른 것인가? '자기 몫'은 생의 마지막 순간까지 자기 자신에게 진실인 자기 자신의 것인가?

간단하게 대답하기 힘든 이러한 일련의 물음만을 제기할 뿐, '친구들의 것은

---

[63] Koinonia ta ton Philion

공동의 몫인 자기 몫'의 실제적인 의미를 우리가 명석·판명하게 설명하지 않는 이유는 그 의미의 의미를 본질적으로 사유하는 것을 통해 협동 주체 되기의 실천적 힘을 얻을 수 있다고 믿기 때문이다. 피타고라스가 이해한 '친구들의 것은 공동의 몫인 자기 몫'이라는 경구는 플라톤에게 전수되었다. 그리고 피타고라스와 플라톤[64]에게 공유되었던 이러한 내용은 2500년 후에 제레미 리프킨이 말하는 소유를 넘어 접속[65]과 공유의 시대[66]를 통해 지속적으로 이야기되고 있다고 할 것이다.

플라톤은 피타고라스의 '친구들의 것은 공동의 몫인 자기 몫'이라는 문장을 소개하면서, 공동체에 참여하는 '우리는 차이를 가진 하나'[67]임을 강조하고 있다. '공동체는 한마음(Homonoia)을 가진 관계'이다. 신과 닮은 존재로서 인간들도 상호적으로 닮음의 관계라는 것이다.[68] 그리고 그 각각의 인간은 본질과 관계맺음 속에 있어야 하며, 본질과 관계 맺는 사람들이 서로 연결되었을 때 그들은 서로가 '우리는 차이를 가진 하나이다'라고 말할 수 있다. 따라서 '우리는 차이를 가진 하나이다'라는 말의 의미는 형식적인 동질성을 넘어 본질을 본질적으로 사유하면서 관계 맺는 사람들의 관계망이며, 그러한 공동체에 참여하고 있음을 의미하는 것이다. 그리고 이것이 바로 '코이노니

64 　플라톤.(2003). 『국가.정체』, 박종현 옮김, 서광사: 4권 424a(265쪽)
65 　제레미 리프킨(2009).『소유의 종말: 접속의 시대』, 이희재 옮김, 민음사
66 　제레미 리프킨(2014).『한계비용 제로 사회: 협력적 공유경제의 부상』, 안진환 옮김, 민음사
67 　우리는 하나가 아니라 여러 부분들의 복합물이고, 우리는 차이이다. 우리가 하나일 수 있는 것은 숫자 '1'이 아닌 전체로서 하나임(Whole, Holistic)을 의미하기 때문이다. 한살림이란 차이를 가진 우리들이 하나로 연결되어 있음을 의미한다는 점에서 '우리는 차이를 가진 하나이며', '친구들의 것은 공동의 몫인 자기 몫'이라는 피타고라스와 플라톤의 공동 존재 혹은 협동 존재로서 인간의 본래성에 대한 철학적 인식과 연결되어 있다고 볼 수 있다.
68 　'Homo Imago Dei. 신이 자신의 형상을 따라 인간을 창조하였다. 인간은 무한한 신(존재 자체)을 닮은 유한 존재자이다.

아(Koinonia:본질·공유·참여·협동)'의 본래적인 의미이다.[69]

아리스토텔레스 역시 피타고라스와 플라톤이 이야기한 '친구의 것은 공동의 몫인 자기 몫'에 대해 자기만의 해석을 소개하고 있다.[70] 아리스토텔레스는 우애를 정의로움보다 우선하는 삶의 가치로 인식했다. 우애는 동일한 삶의 가치와 비전을 공유한 사람들 사이에 존재한다고 보았다. 코이노니아는 우애의 관계이며, 또한 정의로움이 작동하는 관계이다. 우애가 정의보다 우선한다는 점에서 정의는 우애의 깊이에 따라 존재한다. 친구들의 것은 공통의 것이라는 말은 우애란 '코이노니아 안에 존재하기 때문이다.[71]

공동체의 부담과 짐을 공동의 몫인 자기 몫으로 소유한 사람들의 관계망, 평등하고 정의롭고 민주적이고 생태적인 공존의 관계망이 코이노니아 공동체이다. 우애가 깊을수록 모든 것이 공동의 소유가 되지만, 우애가 깊지 않은

---

69 플라톤.(2009). 『법률』, 박종현 옮김, 서광사: 5권 739c(378쪽)
70 아리스토텔레스.(2014). 『니코마코스 윤리학』, 강상진 외 옮김. 길: 8권 1159b25~30(297쪽)
71 폴리스 공동체, 시민 공동체로서 폴리테이아(Politeia)는 정치체제로 이해되고 있지만, 플라톤과 아리스토텔레스가 사용했던 그리스어로서 폴리테이아는 개인과 공동체의 상호공속성과 개인의 복수성에 대한 실천적 함의로 이야기하는 개념이다. '폴리테이아(Politeia)'는 도시공동체를 의미하는 '폴리스(Polis)', 시민을 뜻하는 '폴리테스(Polites)', 그리고 정치를 의미하는 '폴리티크(Politik)'와 상호적으로 연결된 그룹 개념이라고 할 수 있다. 폴리스가 시민들의 공동체이듯이, 폴리테이아가 시민에 의거한 것은 확실하다. 시민으로서 폴리테스는 결코 고립된 개인이 아니라 한 공동체의 구성원을 항상 의미하고 있다. 타자와 더불어서, 타자 속에서만 자기 일 수 있는 그런 주체를 일컫는 것이다. '테스(Tes)'라는 표현은 범주를 설정하는 그리스어 접미사이다. 즉 폴리테스란 '폴리스에 속해 있는 시민'이라는 의미이다. 따라서 시민 자신은 폴리스에 의거한다. 시민(폴리테스)은 폴리스 전체의 한 부분에 불과하며, 전체 없이 시민은 자신을 인식할 수도 자유와 평등이라는 시민적·정치적 권리를 행사할 수도 없다(공동-나-존재. 복수로서 단수인 주체). 시민의 폴리테이아는 폴리스라는 공동체 내에서만 의미를 갖는다. 폴리테이아는 폴리스와 시민이 상호공속적으로 관계 맺고 있다는 자각의 결과로 형성된 개념이다. 즉 폴리테이아는 개념은 폴리스의 권리를 부여 받은 시민이 새로운 동료시민과 함께 살면서 삶을 전체적으로 공유할 때에야 비로소 그 전체의 의미를 갖는다. 쟈클린 보르드(Jacqueline Bordes, 2000). 『폴리테이아: 고대 그리스 시민권론과 정치체제론』, 나정원 옮김. 아르케: 13~87쪽.

사람들 사이에는 제한된 것들만이 공동의 소유로 공유될 뿐이다. 우애의 정도에 따라 더 많은 것들이 공유되고, 그렇지 않은 경우에는 더 적은 것들이 공유된다. 따라서 우애의 수준에 따라 공동으로 소유되는 양과 질에서도 차이가 생긴다.[72] 우애의 관계를 협동 주체 되기의 관점에서 이해한다면, 협동 주체 되기는 공동의 소유를 공유하는 것과 평등하고 정의롭고 생태적인 공존의 관계가 작동하는 공동체 형성과 공명하고 있음을 이해할 수 있다. 이러한 검토에 의해 우리는 한살림 조합원 주체 되기의 존재 방식으로서 협동 주체 되기란 '생태적·사회적 관계의 총체로서 생명 존재 및 인간적 타자와 더불어서만 본래적이고 고유하며 특이성의 자기 자신으로 자유롭게 존재할 수

---

[72] 아리스토텔레스, 『니코마코스 윤리학』, 강상진 외 옮김, 길: 9권 1689b5~10(334쪽) '우정이란 서로 다른 두 육체 가운데 깃든 하나의 영혼이다. 우정이란 서로 동등하고 평등한 관계이다. 친구들의 것은 공동의 것이다. 공동의 몫인 자기 몫을 소유하는 관계가 우정이다.'

있는 자기임을 인식하는 주체 되기'로 이해할 수 있다.[73]

그런데 여기서 우리가 간과해서는 안 될 중요한 점이 있다. 협동 주체 되기를 전체주의적으로 오해해서는 안된다는 것이다. 협동 주체는 협동하는 개별 주체의 본래적인 존재 방식이면서 동시에 각 주체의 고유성과 특이성의 차이가 손상되지 않는 한에서 협동 주체 되기라고 말할 수 있는 그런 주체 되기의 특성이다. 블랑쇼(Maurice Blanchot)는 이것을 '바깥'이라는 개념을 통해 설명하고 있다. 블랑쇼는 '바깥이란 항상 거기에 있고 가깝지도 멀지도 않으며, 친숙하지도 낯설지도 않고, 중심이 없으며 모든 것을 흡수하지만, 아무것도 간직하지 않는 현존하는 힘이다. 바깥의 영원한 넘쳐흐름의 힘'[74]이라고 보았다. 레비나스(Emmanuel Levinas)는 블랑쇼의 '바깥'을 주체 되기의 방식으로 이해하면서, 다음과 같이 바깥의 주체 되기가 어떤 실천적 의미를 갖는지 이야기하고 있다.

> "절대적으로 다른 것으로서, 블랑쇼가 말하는 '바깥의 영원한 넘쳐흐름'에 따라 타자를 외면하거나 적대적이지 않으면서, 타자를 위한 존재 방식으로 현현하는 주체 되기가 우리의 실천적 과제이다. 바깥의 영원한 넘쳐흐름이란 '주체가 타자의 시선에 포착되지만 주체 자신의 타자성(Sigularity, 고유성과 특이성)을 상실하지 않으면서 타자 앞에 그 모습을 드러내는 것'이다. 타자의 시선에 포착되었음에도 불구하고 타자에게 관리 당하지 않고 장악 당하지 않고 포섭 당하고 통제 당하지 않을 수 있는 주체 되기는 논리적인 사유에 의해서가 아니라 실천적 삶을 통해서만 가능하다."[75]

우리는 바깥의 주체 되기의 의미를 매개로 협동 주체 되기란 바깥의 주체 되기이며, 바깥의 주체로서 협동 주체를 이해할 수 있다. 한살림운동의 실천

---

73 이러한 맥락에서 협동 주체란 생태적·사회적 관계의 총체로 이해할 수 있다.
74 모리스 블랑쇼.(2011). 『도래할 책』, 심세광 옮김, 그린비: 466쪽
75 임마누엘 레비나스.(2003) 『모리스 블랑쇼에 대하여』, 박규현 옮김. 동문선: 16~17쪽

주체로서 조합원 주체들의 존재 방식을 협동 주체 되기로 이해할 때, 협동 주체는 주체들 상호간의 우애와 정의, 평등, 생태적 공존이 상호 작용하며, 각 주체의 고유성이 어떠한 경우에도 손상 당하지 않고 협동하는 전체와 공명을 지향하는 바깥의 주체 되기를 의미한다. 협동 주체 되기는 또한 공정하고 자유롭고 민주적인 법과 제도의 환경 위에서 더욱 잘 작동할 수 있다는 것을 간과해서는 안될 것이다.

● **주체 해석학**

협동 주체 되기를 이야기하는데 있어서 아직 충분히 해명하지 않은 개념이 있다. 그것은 바로 '주체(Subject)'의 의미이다. 주체로 번역되는 'Subject'는 중세에 '아래로 보내다', '아래에서 떠 받들다'라는 의미였다. 중세에는 신의 통치 대리인으로서 군주의 뜻을 따르는 것이 인간의 존재 방식이었다. 주체란 군주를 떠 받드는 인간의 존재 방식을 의미했으며, 그렇기에 중세 문헌에서 나타나는 'Subject'는 '주체'가 아니라 '신민(臣民)'으로 번역해야 한다. 복종하는 자, 예속된 자로서 신민은 '자신이 행하는 복종을 자유로이 받아들이는 것 말고는 모든 자유를 박탈 당하는 예속된 존재'이다. 복종할 자유, 예속될 자유로서 자유를 가진 자가 바로 신민으로서 중세의 주체였던 것이다. 예속되는 것을 자신의 본래적인 존재 방식으로 받아들였던 신민으로서 주체는 르네상스 시대를 거쳐 데카르트(Descartes) 등 근대철학의 사상가들에 의해 세계를 근거지우고, 세계를 해명하고, 세계를 규정짓는 본질적인 존재이며, 실체로서 재해석되었다. 그리고 이러한 주체의 의미는 현재까지도 이어지고 있다. 군주에게 복종하는 신민인 주체에서 세계를 근거지우고 세계를 규정짓는 본질로서 실체인 주체로 재해석될 수 있는 근거는 'Subject'의 그리스어인 아리스토텔레스의 철학용어에 기초하고 있다. 일반적으로 'Substance(실체)'로 번역되는 그리스어 휘포케이메논(Hypokeimenon,'아래에 놓여 있다', '아래에서 떠 받들다'의 의미)에서 '주체(Subject)' 개념을 가져온 것이다. '휘포케이메논'은 본래 '지탱하는 힘, 가능하게 하는 힘, 근거를 제공하는 힘'이라는 의미를 갖는다. '휘포케이메논'으로서 주체인 인간은 따라서 더 이상 신이나 군주에게 예속되거나, 자연과 인간과 공존하고 협동하는 생태적 공존을 하지 않아도 되는 존재로 자신을 인식하였다.

근대까지 주체 개념은 실체로서의 주체로만 이해되어 왔다. 세계를 존재하게 하는 힘, 세계를 규정짓고, 정의 내리고, 대상화하고, 포획하고, 장악하고, 지배하고, 압도하는 힘으로서 주체의 의미를 이해해왔다. 물론, 이러한 근대적 주체 개념이 가져온 폐해는 이미 우리가 잘 알고 있으며[76], 그것을 극복하는 과정이 한살림운동의 실천 주체인 조합원 주체의 존재 방식으로서 협동주체 되기인 것이다.

그런데 이러한 근대적 주체 개념은 20세기에 들어와서 레비나스와 데리다(Jacques Derrida)를 통해 근본적으로 재해석되었다. 주체 개념을 전복시켰다고 이해할 수 있다. 그것은 새로운 의미, 전혀 다른 의미가 아니라, 주체라는 개념 안에 본래적으로 내재되어 있던 의미를 끄집어 낸 것이라 할 수 있다. 'Sub'는 '아래'이고, 'Ject'는 '내보내다', '떠받들다', '맞아들임'이라는 의미이

---

[76] 프랑크푸르트 학파의 비판이론 1세대인 호르크하이머와 아도르노 그리고 미셸 푸코는 세계를 근거지우고 세계를 규정하는 근대적 주체 개념을 비판하였으며, '도구적 이성', '주체는 없다'와 같은 경구를 제시하였다. 막스 호르크하이머(2006), 『도구적 이성비판』, 박구용 옮김, 문예출판사 / 호르크하이머&아도르노(2001), 『계몽의 변증법』, 김유동 옮김, 문학과지성사 / 미셸 푸코(2012), 『말과 사물』, 이규현 옮김, 민음사 / 미셸 푸코(1992), 『지식의 고고학』, 이정우 옮김, 민음사.

기에 이것을 연결해서 레비나스와 데리다는 주체 되기란 '타인을 맞아들이는 가운데, 내 자유가 스스로를 종속시키는 것을 기꺼이 받아들이는 과정'이다. 타인을 받아들임을 통한 자유의 예속은 분명히 주체의 예속을 의미하며, 질서지워진 자유에 복종을 의미하지만, 동시에 주체의 탄생을 의미한다. 주체성을 환대로 재정의하는 레비나스에게 타자를 맞아들이는 주체의 예속은 자기 주체의 부정이 아니다. 타자에게 예속되는 주체 되기가 온전한 주체로 전환되는 진정한 삶의 주인이 되는 과정이다. '타인에 대한 책임은 주체의 본래성이다. 나는 타자의 볼모이다. 내가 여기 있다고 대답하고, 모든 것과 모든 사람에게 응답하는 것', 이것이 레비나스가 이야기하는 주체의 존재 방식이다.[77] 데리다는 레비나스의 타자의 아래에서 떠받듦으로서 주체 되기가 가능하다는 의미를 타자를 환대할 수 있는 힘으로 재해석하고 있다. 데리다는 타인을 맞아들임이라는 말은 '능동성'과 '수동성'의 동시성을 표현해준다고 보았다. 타자를 맞아들임을 레비나스는 '환대(Hospitality)'라는 의미로 재창조하였다고 해석한 것이다.

환대는 맞아들이는 주인(Xenia. host)이 맞아들여지는 손님(Xenia. Gest)과 관계하는 힘의 관계이다. 손님에 대한 주인의 힘이고, 주인에 대한 손님의 힘이다. 환대로 번역해서 사용하고 있는 본래 '제니아'라는 개념에는 '손님의 주인'이고, '주인의 손님'이라는 의미가 동시에 담겨 있다. 환대를 한다는 것은 어느 한 쪽을 전적으로 손님으로만 위치시켜도 안 되고, 다른 한 쪽을 전적으로 주인으로만 위치시켜도 안 된다. 아울러 타자를 맞아들이고, 받아들이는 것은 내가 하는 주도적인 행위가 아니라, 타자의 현현에 대한 응답이

---

77 자크 데리다(2016). 『아듀 레비나스』, 문성원 옮김, 문학과 지성사

며, 타자의 얼굴은 나의 행위를 가능하게 하는 '아르케(Arche. 시원·시초)'이다. 나의 행위를 확인하고, 확신하고, 자기인식하고, 자기배려하게 하는 것은 나 자신이 아니라 타자이다. 레비나스에게 자기선택, 자기결정, 자기주도성은 '타자를 받아들이고, 맞아들이고, 환대하는 것'인 한에서 자기선택이고, 자기결정이고, 자기주도성일 수 있다.[78] 따라서 자기선택과 자기결정은 '수동적 결정', '무의식적 결정', '타자의 이름으로 증여된 결정'인 것이다. 타자의 존재로 인한 환대가 가능하다면, 주체가 환대를 할 수 있도록 타자가 환대의 가능성을 증여한 것으로 이해할 수 있다. 내가 어떤 누군가에게 증여를 했다면, 그것은 그 타자가 바로 나로 하여금 증여 행위를 할 수 있도록 증여 행위를 증여해준 것이다.[79] 이것이 타자를 환대할 수 있는 존재론적 근거이다. '주체 되기'란 곧 '타자를 아래에서 떠 받들며 환대하는 주체 되기의 존재 방식'이다.[80]

이러한 맥락에서 한살림운동의 실천적 핵심 가치인 '모심'과 '살림'은 우리가 캐묻고 있는 협동 주체 되기의 실천적 의미를 강렬하게 보여주고 있다. 한살림 조합원 주체들에게 주체성의 특성이란 바로 '모심'과 '살림'의 주체로 존재

---

[78] 우애와 환대의 공동체를 지향하는 한살림의 주체들이 '당신 덕분입니다'라는 상호호혜적이고 상호신뢰의 인사를 나누는 것이 이러한 철학적 의미를 실천적으로 적용한 것으로 이해할 수 있다.
[79] 데리가 이야기하는 '타자의 존재 자체가 나로 하여금 타자를 환대하는 증여 행위를 증여해주었다'는 실천적 의미는 주체 상호간의 거래적 관계나, 혹은 언제가는 되돌아올 효용 가치를 기대하는 관계맺음을 이야기하는 것이 아니다. 증여의 본래적인 의미는 '받을 것을 기대하지 않고 줌'이기 때문에, 내가 사회적 관계 속에서 누군가에게 받을 것을 기대하지 않고 줌으로서 증여 행위를 할 수 있었던 것은 증여의 역사적 경험과 이해, 그리고 전 생을 통해 경험한 삶의 체험 등이 복합적으로 어우러진 과정을 통해 증여 행위를 증여 받았다는 의미인 것이다.
[80] 임마누엘 레비나스(2003). 『존재에서 존재자로』, 서동욱 옮김, 민음사 / 임마누엘 레비나스(2010). 『존재와 다르게: 본질의 저편』, 김연숙외 옮김, 인간사랑 / 자크 데리다(2016). 『아듀 레비나스』, 문성원 옮김, 문학과 지성사

하는 것이다. 생명과 자연, 우주와 세계, 사회적으로 연결된 모든 타자들을 모심을 통해서만 살림이 가능하며, 살림의 힘을 가능하게 하는 것은 곧 '아래로부터 떠받듦(Subject)'인 모심을 통해서만 가능하다는 것을 의미한다. 모심이 없는 살림은 도구적·거래적·전략적 일 수 있으며, 살림이 없는 모심은 공허하고, 맹목적이고, 추상적일 수 있다. 모심과 살림은 상호 공속적인 관계를 맺고 있다.[81] 모심은 살림을 통해서만, 살림은 모심을 통해서만 그 의미를 가질 수 있다는 점에서 모심과 살림이 연결되어 있는 순환적 관계는 악순환이 아니라, 긍정의 순환이고, 생명의 순환이고, 삶의 힘을 주는 순환이라고 할 수 있다.

이렇듯 환대의 주체 되기는 모심과 살림의 주체 되기와 공명하는 존재 방식을 의미한다. 주인으로서 모심이며, 손님으로서 모심이 상호 공속적으로 연결되어 있는 것이 살림의 온전한 의미이다. 모심은 주인과 손님의 상호 책임짐의 존재 방식이다. 그렇기에 상호 모심인 한에서 상호 모심의 주체들의 연결망을 통해 상호 살림이 가능해지는 것이다. 사적으로 생존할 수 있다고 여기는 생명 존재의 개별성으로는 상호 살림의 힘을 만들어 낼 수 없다. 이미 상호 살림의 힘을 가진 협동 주체로서 생명 존재들의 연대와 협력, 협동을 통해 생명살림의 힘을 작동시키고, 강렬하게 드러낼 수 있다.

---

[81] 우리가 자기동일성을 고립된 자기안에 가두는 한, 자기와 다른 타자의 타자성은 아무런 의미도 제시하지 못한다. 그러나 우리가 타자성과 자기성을 한 쌍으로 놓게 되면 사정은 전혀 달라진다. 『타자로서 자기 자신』이 처음부터 암시하는 것은 자기 자신의 자기성이 타자성을 매우 내밀한 단계에서 이미 함축하고 있기 때문에 한 쪽은 다른 한 쪽 없이 생각되어지지 않는다는 것이다. 폴 리꾀르(2006). 『타자로서 자기 자신』, 김웅권 옮김, 동문선: 17쪽

● **협동 주체 되기 사회 실천 방법**

향유와 저항의 주체 되기

우리는 한살림운동을 주도했던 실천 주체인 조합원 주체 되기의 존재 방식을 협동 주체 되기로 이야기했다. 생명·농업·밥상살림을 실천해온 협동 주체 되기란 '타자와 더불어서만 주체의 본래성과 고유성, 특이성이 소멸되지 않고 자유롭게 존재하는, 즉 타자와 더불어서만 자기일 수 있는 자기 되기'로서 주체 되기인 것이다.

스테파노 자마니(Stefano Zamagni)와 베라 자마니(Vera Zamagni)가 함께 쓴『협동조합으로 기업하라』는 왜 우리가 협동을 해야 하는지 그 실용적인 이유를 강렬하게 이야기하고 있다. 협동조합이란 '시장경제 안에서 주권자인 시민이 소비자로 머물지 않고 자본의 논리에 예속되거나 대상화되지 않는 주권적 삶의 주체로 존재하자는 삶의 방식이며, 타자와 더불어 본래적이고 고유한 자기 자신의 삶을 자유롭게 향유할 수 있는 선택을 공동의 몫인 자기 몫으로 받아들이는 것을 공동의 목표로 함께 지향하는 연대체'라는 것이다.[82]

여기에서 우리는 협동 주체 되기의 실천적 의미를 '향유(享有)'와 '저항'으로 이해하고자 한다. 협동 주체 되기의 '향유'란 '타자와 더불어서만 본래적이고 고유하고 특이성의 삶을 자유롭게 누리는 것을 기쁨'으로 받아들이는 주체의 존재 방식이다. 향유는 '참여를 통한 즐김'이다. 타자와 더불어 생명의 힘을 공유하며 생태적 공존을 본질적인 의미로 받아들이며, 삶의 본질적인 의미에 참여하는 것으로서 공동의 참여함이다. 즉 생명의 힘과 생태적 공존의

---

[82] 스페파노 자마니·베라 자마니(2013), 『협동조합으로 기업하라』, 송성호 옮김, 북돋움: 26쪽

본질적인 의미에 참여함으로서 본래적이며 특이성의 삶을 즐길 수 있게 되는 것이다.

그리고 협동 주체 되기의 '저항'이란 생명 존재의 유기적 연결과 생태적 공존을 침식하고 억압하는 모든 힘에 맞선 저항이다. 향유도 협동을 통해 그 의미를 풍성하게 할 수 있지만, '저항'은 특별히 협동을 통해 '저항'의 힘을 강화할 수 있다는 점에서 협동 주체 되기의 중요한 존재 방식이라고 할 수 있다. 협동을 통해 주체의 향유와 저항을 추구하는 협동 주체는 존엄한 주체들이 저마다의 행복을 추구하며 향유하는 삶을 살아갈 뿐만 아니라, 자신의 삶을 지배하고 억압하고 착취하는 혹은 하고자 하는 모든 힘들에 저항할 수 있는 기반과 역량을 구비하는 것이다. 이것이 협동 주체 되기의 중요한 존재 방식이다. 한살림운동의 실천 주체인 조합원 주체들의 존재 방식을 협동 주체 되기로 설명할 수 있는 근거는 바로 '향유'와 '저항'을 순수 내재적 힘으로 보여주고 있기 때문이다.

주체 되기 4가지 존재 방식

우리는 협동 주체로서 한살림 조합원 주체가 일상에서 보여주고 있는 주체 되기의 존재 방식을 <표2>처럼 4가지로 분류해 볼 수 있다. 조합원 주체의 활동적 삶을 생활 영역(사적 vs. 공적)과 관계 방식(개인적 vs. 공적)으로 구분해서 4사분면을 구성하면, 4가지로 주체 되기를 설명할 수 있다. 생활 영역이 사적인 측면에서 개인적인 관계를 활동적 삶으로 이해하는 조합원 주체를 '소비 주체'로 명명하였으며, 생활 영역이 공(公)적인 영역에서 개인적인 관계를 활동적 삶으로 이해하는 조합원 주체는 '가치 지향 주체'로 명명하였다. 그리고 생활 영역이 사적인 측면에서 공(共)적인 관계를 활동적 삶으로 이해하는 조합원 주체를 '능동적 주체'로 명명하였으며, 생활 영역이 공(公)적인 영역에서 공(共)적인 관계를 활동적 삶으로 이해하는 조합원 주체는 '협동 주체'로 명명하였다.

<표2> 주체 되기 4가지 존재 방식

	Private (사적 영역)	Public (공적 영역)
Personal (사적 관계)	1사분면 가족들의 건강, 개인의 건강을 위해서 생명의 먹을거리를 소비함. 대형마트를 주로 이용하지만, 생협에서 싸게 파는 물품이 있을 경우에 이용함. 여러 생협의 조합원으로 가입해서 사적이고 개인적인 필요와 욕구를 충족하는 물품들을 이용함. 소비 주체	2사분면 개인의 건강을 위해서 생명의 먹을거리를 소비함. 기후변화, 에너지 전환, 협력적 공유라는 시대적 가치에 공감하기에 생협 조합원으로 참여함. 매장이나 공급을 통해서 물품을 이용하지만, 마을모임이나 생협의 조합원 활동에 참여하지는 않음. 가치 지향 주체
Common (공적 관계)	3사분면 가족들의 건강을 위해 생명을 먹을거리를 소비함. 아파트나 동네에서 사람들과 함께 공동으로 구매하고, 공동체 활동에도 참여함. 매장과 공급을 통해서 물품을 이용할 뿐만 아니라, 마을모임이나 생협의 조합원 활동에도 참여함. 능동 주체	4사분면 가족들의 건강, 개인의 건강을 넘어 생태계 전체와의 관계를 의식하며 물품과 관계함. 생협 조합원으로서 활동하는 관계망에 머무르지 않고 지역사회와 전체사회의 변화, 즉 생태적 공존에 대한 분명한 지향을 갖고 숙고된 실천적 선택[83]으로 참여함. 협동 주체 (Common-Public Being)

---

[83] 어떤 것에 대한 앎이나 지혜가 실천적이기 위해서는 '실천적 지혜(프로네시스.phronesis)'와 함께 '숙고된 실천적 선택(프로아이레시스.Proairesis)'을 함께 이해해야 한다. 프로아이레시스란 '어떤 숙고된 선택이 자기 자신에게 진실인 바 자기 자신의 것인 선택'이다. 프로아이레시스인 한에서 그러한 선택이 실천적 의지와 힘을 가질 수 있다.

1사분면의 '소비 주체'의 존재 방식은 가족들의 건강, 개인의 건강을 위해서 생명의 먹을거리를 소비하며, 대형마트를 주로 이용하지만, 한살림에서 싸게 파는 물품이 있을 경우에는 이용하고 있다. 한살림만이 아니라 여러 생협의 다중 조합원으로 참여하고 있으며 사적이고 개인적인 필요와 욕구를 충족하기 위해 물품들을 이용하는 주체 되기이다.

2사분면의 '가치 지향 주체'의 존재 방식은 개인의 건강을 위해서 생명의 먹을거리를 소비하지만, 기후변화, 에너지 전환, 협력적 공유라는 시대적 가치에 공감하면서 한살림 조합원으로 참여하는 주체 되기이다. 매장이나 공급을 통해서 물품을 이용하지만, 마을모임이나 다양한 조합원 활동에는 참여하지 않는 주체 되기이다.

3사분면의 '능동 주체'의 존재 방식은 가족들의 건강을 위해 생명의 먹을거리를 소비하면서도, 아파트나 동네에서 사람들과 함께 공동으로 구매하고,

마을모임과 조합원 활동에도 적극 참여하는 주체 되기이다.

4사 분면의 '협동 주체' 존재 방식은 가족 건강, 개인 건강을 넘어 생태계 전체와 공존 관계를 의식하며 물품과도 관계 맺는 주체 되기이다. 한살림 마을모임과 조합원 활동뿐만 아니라 지역 사회와도 적극적으로 소통하면서 전체사회의 변화에 관심을 가진 조합원 주체 되기이다. 협동 주체는 생태적 공존이라는 의식의 지향을 갖고 숙고된 선택[84]으로 조합원 주체로 존재하고 있다.

협동 주체 되기(Common-Public Being)

우리는 '협동 주체'를 표현하는 영어 개념을 'Common-Public Being'으로 사용하고 있는데, 그 이유를 해명하고자 한다. 공공성·공공가치에 대한 기존의 탐구는 공(公, Public)을 공(共, Common) 앞에 위치하고 있다. 이러한 전통에서 공(公, Public)은 공(共, Common)에 비해 외연과 내포가 더 크고 포괄적인 것으로 이해하고 있다. 정부의 책임은 공(公, Public)으로, 시민의 책임 혹은 마을의 책임은 공(共, Common)으로 구분해서, 정부의 공적(公) 역할이, 시민이나 공동체의 공적(共) 역할보다 더 크고, 포괄적이며, 중요하다고 생각하는 것이다. 그러나, 그리스의 '폴리테이아(Politeia, 폴리스 전체에 영향을 미치는 정치체제)'이든, 로마의 '레스 퍼블리카(Res Publica, 로마 시민 전체에게 영향을 미치는 사안을 다루는 정치체

---

[84] 어떤 것에 대한 앎이나 지혜가 실천적이기 위해서는 '실천적 지혜(프로네시스, Phronesis)'와 함께 '숙고된 실천적 선택(프로아이레시스, Proairesis)'을 함께 이해해야 한다. 프로아이레시스란 '어떤 숙고된 선택이 자기 자신에게 진실인 바 자기 자신의 것인 선택'이다. 프로아이레시스인 한에서 그러한 선택이 실천적 의지와 힘을 가질 수 있다.

제)'이든 Public(공, 公)의 의미는 엄밀하게는 Common(공, 共)의 의미와 다르지 않다고 할 수 있다. 플라톤과 아리스토텔레스는 지속적으로 폴리스는 공동체(Koinonia)임을 강조하고 있다. 우리의 물음은 언제부터, 누구에 의해, 폴리스 전체 시민을 일컫는 코이노니아(Koinonia)로서 '커먼(Common)'과, 로마 시민 전체를 일컫는 코이노니아(Koinonia)로서 '퍼블릭(Public)'을 마치 다른 것처럼 분리해서 사유하게 되었으며, 결국에는 Public(공, 公)을 Common(공, 共)과는 본질적으로 다른 것으로 이해하게 되었는가에 대한 것이다. 플라톤과 아리스토텔레스, 그리고 키케로의 정치철학을 온전히 이해할 수 있다면, 커먼(Common)으로서 퍼블릭(Public)을, 그리고 public으로서 커먼(Common)을 연결지어 동시적으로 사유해야 할 것이다. 아테네의 커먼(Common)이든, 로마의 퍼블릭(public)이든 모두 동일한 개념인 코이노니아(Koinonia)의 번역어이다. 즉 코이노니아(Koinonia)를 아테네의 맥락에서는 커먼(Common)이라는 용어로, 로마의 맥락에서는 퍼블릭(Public)이라는 용어로 번역하면서 마치 서로 다른 개념인 것처럼 착각과 오류에 빠지게 된 것이었다. 우리는 이러한 왜곡된 구분을 극복해야 한다. 그렇지 않으면 우리는 계속해서 정부의 책임으로서 퍼블릭(Public)과 시민 혹은 마을의 책임으로서 커먼(Common)을 분리해서 접근하는 왜곡을 벗어날 수 없게 될 것이다. 예를 들어, 정부 관료가 퍼블릭(Public) 조직인 정부가 시민들 개개인의 모든 안전을 책임질 수 없다고 하면서 생명을 잃은 유가족에게 국가배상을 외면한다면, 그것은 시민들의 삶의 공동체인 커먼(Common)을 위해 존재하는 것이 곧 퍼블릭(Public)으로서 정부라는 점을 망각하는 것이라고 할 수 있다. 시민 한 사람 한 사람의(Common) 생명과 안전을 지키는 것이 곧 퍼블릭(Public) 조직으로서 정부의 본래적인 존재 방식이기 때문이다. 반대로, 정부가 복지예산의 부족을 이야기하면서 시민 각자의 삶은 시민이 살고 있는 공동체(Common)가 감당하라는 측면에서 '커뮤니티 케어(Community Care)'라는 이름으로 공동체가 시민의 복지와 삶의 질을 책임지도록 정책을 이야기하는 것은 퍼블릭(Public) 조직의 본래적이고 본질적인 책임을 방기하는 것이라 할 수 있다. '커뮤니티 케어(Community Care)'는 '퍼블릭 케어(Public Care)'여야 하며, '퍼블릭 케어(Public Care)'는 '커뮤니티 케어(Community Care)'가 되어야 한다는 인식의 전환이 요구된다고 볼 수 있다. 커먼(Common)과 퍼블릭(Public)을 이해하는 관점의 '전환'이 필요한 것이다. '커먼(Common)은 '퍼블릭(Public)'인 것이다. 이러한 맥락에서 한살림 조합원 주체의 존재 방식을 '협동 주체(Common-Public Being)'로 표기하고자 하는 것이다. 또한 최근 '마을정부', '시민주권', '우애와 환대의 공동체'를 강조하는 사회적 흐름은 '커먼(Common)'과 '퍼블릭(Public)'은 다르지 않으며, 퍼블릭(Public)은 곧 커먼(Common)임을 이야기하고 있는데, 협동 주체 되기의 의미와 공명한다고 볼 수 있다.

도래할 협동 주체 되기

협동 주체 되기는 두 주체 사이의 상호작용에 의한 관계를 통해서만 가능하다. 영혼 주체들 간의 상호 열림에 의한 관계맺음이 협동 주체 되기를 가능하게 할 수 있다. 협동 주체는 타자와 더불어서만 자기일 수 있음을 머리로 이해하거나, 다른 사람들이 그렇게 이해하고 있음을 알고 있는 주체가 아니다. 협동 주체 되기는 타자와 더불어서만 본래적인 자기 자신으로 존재할 수 있음이 자기 자신에게 진실이기에 전면적으로 자기화되도록 자기실천을 하는 주체 되기라고 할 수 있다. 한살림 조합원 주체되기로서 협동

주체 되기는 미시적인 사회적 관계뿐만 아니라 거시적인 정치·경제·문화적 관계 속에서도 작동할 수 있다는 비전을 제시하고 있다.

미시적인 예로는 생산자와 소비자가 상호 책임성 속에서 서로가 부담해야 하는 위험을 기꺼이 감수하고 책임생산을 하고, 또한 책임소비를 하는 관계 맺음이 협동 주체 되기의 존재 방식이다. 거시적인 예로는 인간의 존엄이 존중받는 존엄한 사회를 만들기 위해서는 주체를 고립된 주체로 유아론적 주체로 보기보다는 협동 주체로 이해하고 접근할 때 사회 정책 방향과 실행 과정이 달라질 수 있다.

한살림운동을 한다는 것은 환경의 문제를 살펴서 생명의 제자리로 돌아가자고 하는 운동이다. 생명의 본래성을 회복하자는 것이다.[85] 이러한 맥락에서 한살림운동의 미래는 지금보다 더 나은 그 무엇을 성취하거나 실현하자는 것과는 다른 의미를 갖는다. 아직 오직 않은 한살림운동의 미래(未來)란 새로운 것의 도래함이 아니라, 본래(本來)적인 생명의 모습을 회복하는 것이기에, 아직 오직 않은 것으로서 도래할 것은 바로 생명의 본래성이다. 따라서 한살림운동의 미래란 도래할 생명의 본래성을 이야기하는 것이다. 한살림운동이 이야기하는 생명살림은 아직 온전하게 충족되지 못했지만, 그렇다고 지금 여기에서 생명살림을 살고 있지 않은 것은 아니다. 한살림운동의 실천 주체인 조합원 주체들은 협동 주체로서 이미 생명살림의 주체이지만, 그러나 아직 온전한 생명살림의 주체로 존재하는 것은 아니다. 온전한 생명살림의 주체 되기를 향한 지속적인 실천의 과정 속에 위치하고 있다고 말할 수 있다.

---

85   장일순.(2016). [화합의 논리, 협동하는 삶], 『나락 한 알 속의 우주』, 녹색평론사: 123쪽.

협동 주체 되기는 이러한 과정을 통해 경험되고 확인되는 삶의 방식이다. 그것은 지속적인 흐름과 생성 속에서 경험되는 것이며, 생명이 존재하는 한 지속[86]되는 과정이다. 생명 그 자체의 존재 방식처럼 협동 주체 되기는 고정되지 않고 끊임없이 생성 변화하는 데 있다[87]. 협동 주체 되기는 한살림의 조합원 주체들이 30년간 뚝심을 갖고 지속해온 삶의 방식이며, 동시에 우리 사회에 권유하는 말건넴이다. 협동 주체 되기는 '생태적·사회적 관계의 총체로서 생명 존재 및 인간적 타자와 더불어서만 본래적이고 고유하며 특이성의 자기 자신으로 자유롭게 존재할 수 있는 자기임을 인식하는 주체 되기'이며, 이러한 주체 되기는 자기실천의 몫이면서 동시에 연대와 협동의 협력적 실천이다[88].

---

[86] 베르크손(2005). 『창조적 진화』, 황수영 옮김, 아카넷. '지속은 차이의 생성이다. 생명의 역동하는 지속은 스스로 확장되어 자신을 초월하는 결과들을 창조하고 생산하는 것이다. 지속으로서 생의 약동은 진화의 여러 노선들로 나뉘어 그 위에서 보존되면서 적어도 규칙적으로 유전되고 서로 첨가되어 신종을 창조하는 변이들의 심층적 원인이 되고 있다. 지속으로서 시간과 삶은 연속된 것의 집합이 아니라 연속적인 것의 흐름이다. 삶은 단지 정신의 자기 자신에 대한 회귀가 아니라, 인간의 의식과 그것이 흘러온 생명적 원리와의 일치이자 창조적인 노력과의 접촉이다.'

[87] 한살림30년비전위원회.(2016). 『한살림 30년 비전 제안 보고서』, 9~10쪽.

[88] 한살림운동이 시민주권이라는 시대정신과 공명하기 위한 실천적 지향 속에서 정치적 변혁, 정당정치의 개조, 시민사회·노동·민중 운동과 생명과 생태적 관점에서 연대와 협력을 통해 협동주체되기의 힘을 사회적으로 공유하기 위해 지속적으로 담대한 실천을 수행해나가야 할 것이다.

참고문헌

디오게네스 라에르티오스.(2008). [피타고라스], 『그리스철학자열전』, 전양범 옮김. 동서문화사
막스 호르크하이머(2006). 『도구적 이성비판』, 박구용 옮김, 문예출판사
모리스 블랑쇼.(2011). 『도래할 책』, 심세광 옮김, 그린비
모심과살림연구소(2017). 『한살림 조합원 리더십 연구보고서』, 양세진 외
미셸 푸코(1992). 『지식의 고고학』, 이정우 옮김, 민음사.
미셸 푸코(2012). 『말과 사물』, 이규현 옮김, 민음사
미셸 푸코.(2017). 「파레시아」, 『담론과 진실』, 심세광 옮김. 동녘
미셸 푸코.(2017). 「자기수양」, 『비판이란 무엇인가/자기수양』, 심세광 옮김. 동녘
박재일.(2013). [생산과 소비는 하나다], 『한살림의 협동을 말하다 1』, 모심과살림연구소
베르크손(2005). 『창조적 진화』, 황수영 옮김, 아카넷.
스페파노 자마니·베라 자마니(2013), 『협동조합으로 기업하라』, 송성호 옮김, 북돋움
아리스토텔레스(2007). 『니코마코스 윤리학』, 강상진 외 옮김, 길
양세진(2017). [협동조합 조합원 리더십의 본질을 묻다], 『모심과 살림』, 11호.모심과살림연구소
에드가 파넬(2012). 『협동조합-그 아름다운 구상』, 염찬희 옮김, 그물코
임마누엘 레비나스.(2003) 『모리스 블랑쇼에 대하여』, 박규현 옮김. 동문선
임마누엘 레비나스(2003). 『존재에서 존재자로』, 서동욱 옮김, 민음사
임마누엘 레비나스(2010). 『존재와 다르게: 본질의 저편』, 김연숙 외 옮김, 인간사랑
쟈크 데리다(2016). 『아듀 레비나스』, 문성원 옮김, 문학과 지성사
쟈클린 보르드(2000). 『폴리테이아: 고대 그리스 시민권론과 정치체제론』, 나정원 옮김. 아르케
장일순.(2016). [화합의 논리, 협동하는 삶], 『나락 한 알 속의 우주』, 녹색평론사
제레미 리프킨(2009). 『소유의 종말: 접속의 시대』, 이희재 옮김, 민음사
제레미 리프킨(2014). 『한계비용 제로 사회: 협력적 공유경제의 부상』, 안진환 옮김, 민음사
폴 리꾀르(2006). 『타자로서 자기 자신』, 김웅권 옮김, 동문선
플라톤.(2009). 『법률』, 박종현 옮김, 서광사
플라톤.(2003). 『국가.정체』, 박종현 옮김, 서광사
한살림30년비전위원회.(2016). 『한살림 30년 비전 제안 보고서』.
호르크하이머&아도르노(2001). 『계몽의 변증법』, 김유동 옮김, 문학과지성사

양세진

소셜이노베이션그룹 대표, 모심과살림연구소 연구기획위원. 공동저서로는 『조합원리더십연구』, 『나눔철학에 대한 대화』 등이 있다. 실천가들의 리더십 역량 강화와 조직 비전과 조직문화 등에 관심을 갖고 실천적 소통을 하고 있다.

3부
농업을 살리는 공동체

탈근대 농지살림운동과 마을공동체운동

김용우

한살림의 과학기술정책 대응 방향

김훈기

농지는 생명공동체 삶의 터전이자 생명줄이라는 점에서
사적 소유 체계와 국가 소유 체계를 중심으로 벌어진
근대 농업에 대한 성찰을 통해
농지살림에 걸맞은 새로운 시선을 확보해야 한다.
농지살림운동은 단순히 유기농지를 보전하는 것이 아니라
공동체적 접근성을 높이는
방향에서 고민해야 한다.
농지를 자발적이고 자율적인 생명공동체의 것으로
되돌리는 운동이 필요하다.
농사 짓는 사람도, 짓지 않는 사람도,
다른 뭇 생명도, 모두 더불어 살아가야 할 터전으로써
농지를 공동체의 것으로 전환(시민 공유)하는 운동으로
농지살림운동이 위치 지워져야 한다.

탈근대 농지살림운동과 마을공동체운동

●

김용우
(사)한알마을 이사장

2015년부터 논의가 시작된 '한살림 농지살림운동'(이하 '농지살림운동')은 '한살림운동 30주년' 논의를 통해 현실의 의제로 자리 잡았다. 이는 때늦은 감이 있지만 잘 된 일이다. 그러나 '농지살림운동 추진계획(안)'에 따르면 2016년 괴산 우리씨앗농장의 인근 토지 매입을 시작으로 농지살림운동 활성화를 위해 실무자도 배치하였지만 여러 사안에 밀려 구체적 추진이 미뤄지고 있다.

농지살림운동을 위한 한살림의 인식이 한살림 사상과 시대상황을 폭넓게 반영하지 못하고 있다. 또한 농지살림운동이 한살림의 중심적 과제로 인식되고 있는 것이 아니라 발생하는 상황에 대응하는 형식을 띠고 있어 농지살림운동의 동인(動因)을 확보 못한 감도 있다. 농지살림운동의 정책 문서인 (가칭)농지살림주식회사 설립 및 농지보전운동 추진계획(안)[89]에 따르면 농업·

---

89   한살림 정책기획위원회, 2015년

농촌 고령화와 함께 한살림 생산자들의 고령화와 농업 포기, 귀농인의 점진적 증가에도 불구하고 이에 대응한 한살림 대응 정책의 부족, 유기농지의 생태적 가치와 사회적 가치에 대한 한살림 차원의 정책 마련의 필요성 등이 중요한 동인으로 등장하고 있다. 물론 실무적인 논의이기 때문에 실용적인 차원에서 거론된 것일 수 있지만 한살림의 사상과 운동이라는 측면에서 보면 논거가 소극적이고 빈곤하다. 농지살림운동이 대중운동으로 활성화되기 위해서는 시대 상황을 반영하여 대중을 설득할 수 있는 농지살림운동의 철학적, 사회적 담론이 필요하고 이를 요약 또는 함축한 논리가 필요하다. 그런 점에서 보면 한살림 농지살림운동을 위한 대중적 천명과 공유 과정이 누락되어 있다는 점 또한 지적될 수 있다. 또 한 가지는 조합원들이 농지살림운동에 참여하기 위해서는 다양하고 구체적인 정신적, 사회적, 물적 동인(動因)이 필요한데 현재 농지살림운동에서는 이것이 보이지 않는다. 세 번째로는 현행 법률과 제도는 도시민이나 소비자단체가 농지를 매입하거나 소유하기가 쉽지 않고, 시민 참여형 농지신탁법인 설립을 위한 법률도 없다. 그런 점에서 보면 한살림이 지향하는 농지살림운동의 원칙적인 방향과 현재의 법률과 제도가 어떻게 충돌하는지 살펴 법과 제도 개선 운동이 동반되어야 한다. 마지막으로 농지살림운동은 결국 지역 생협별 차원에서 활발하게 이루어져야 하는데 이를 담당할 조합원 조직은 설정되어 있으나 농지살림위원회의 구체적인 역할과 활동방향 등이 마련되어 있지 않다.

이 글에서는 농지살림운동의 철학적·사회적 필요성을 한살림 사상과 연동하여 검토하고, 한살림의 농지살림운동이 활성화되기 위한 몇 가지 정책을 검토해보고자 한다.

● **정책을 위한 성찰**

한반도 평화체제 의미

2018년 4월 27일 판문점 남북정상회담을 계기로 한반도에 새로운 분위기가 형성되고 있다. 6월 싱가포르 북미회담을 앞두고 양국의 힘겨루기가 한 번 있었다. 8월 현재 비핵화의 진전과 종전선언이 불투명해 보이지만 전반적으로 한반도에 평화가 제도적으로 정착되리라는 믿음은 줄어들지 않았다. 지난 근대화 과정에서 이념에 따라 세워진 두 개의 국가권력이 70년의 적대를 끝내고 평화로 전환하겠다는 것이다. 지금까지 수많은 남북대화와 합의서, 선언, 성명서 등이 있었지만 '4.27 판문점선언'에 대한 기대는 '비핵화'라는 구체적 동인과 '종전선언과 평화협정'이라는 구체적 프로그램이 시간과 함께 제시되었다. 그리고 트럼프로 상징되는 미국 정부의 대화 응대로 북미 직접대화가 실현됨으로서 '한반도 평화체제' 실현가능성이 높게 보인다. 그러나 본질적으로는 서구적 근대화 사상으로 무장했던 남과 북의 권력 엘리트들이 저간에 진행해온 '서구적 근대화의 한계' 앞에서 '남북관계 개선의 필요'를 인식함으로서 이루어지기 때문이다. 앞으로도 우여곡절을 겪으며 환호와 탄식, 절망과 안도의 순간들을 겪을 수 있겠지만 큰 틀에서 '한반도 평화체제' 흐름은 거스르기 어려울 것으로 보인다.

이러한 현실은 이제까지 한반도 남단에서 근대 산업문명에 대한 성찰을 통해 새로운 문명으로 나아가고자 했던 '생명사상'과 '생명운동'이 한반도적 시선을 가지고 넓게 동아시아를 아우르면서 '탈근대적인 개벽의 전망'을 세워야 한다는 것을 의미한다. 그것은 한반도에서 진행되었던 두 개의 근대화 프로그램에 대한 성찰을 통해 서로 융합하고 소통함으로써 새로운 전망과 실천은 남과 북의 민초들의 공동인식 아래 이루어져 나가야 함을 의미한다. 그

런데 남한 정부와 남한 언론들의 한반도적 시선은 '남쪽이 걸어 왔던 길을 북쪽이 수용해서 남북을 함께 자본주의적 근대 번영으로 이끌고 가는 한반도 강국'에 비중을 두고 있는 듯하다.[90] 그런데 이것은 남한 자본주의 욕망의 표현이거나 남한 경제체제의 우월적 시선의 투사에 불과하다. 남한의 근대화 과정을 성찰해온 사람으로서 북쪽이 남한의 모습을 닮아야 한다고, 혹은 남한이 걸어온 경제 성장의 길을 걸어야 한다고 생각한다면 이는 필연코 의식의 분열 증세가 아닐까 싶다. 또한 한반도 근대화 과정에서 세워진 남북의 강력한 근대국가(정부)가 해야 할 일과 국가권력을 운용하는 엘리트 세력의 일이 우리(운동)의 일이라고 착각하고 있는 것이다. 특히 그것은 권력이나

---

90   북한의 풍부한 지하자원과 노동력을 활용하는 남북경제협력이라든지, 남북철도를 시베리아 횡단철도에 연결한다든지, 북한의 여러 지역의 경제특구를 공동개발해야 한다든지, 북한의 농업생산력을 높이는데 남한의 기술이 전수돼야 한다든가 하는 논의들이 그것이다.

자본의 정책에 빌붙거나 그 자리를 지향하는 지식인들의 시선인 경우가 많은데 생명운동이나 민초들 삶의 현실 및 지향과는 거리가 있다. 이러한 생각은 근대 국가권력이 근대체제의 산물로서 필수적 도구이지만, 근대 산업문명에 대한 저간의 성찰 속에서 보면 근대문명의 폭력이 자본과 국가권력에 의해 이루어지고 있음을 모르쇠 하는 것이다. 즉, 생명운동의 탈근대적 전망 안에는 근대국가의 지배를 넘어서는 자율적 자치(Self-Governance)의 희망이 녹아 있음을 모르거나 무시하는 행위이다. 근대국가에 의존하는 정치개혁은 어느 정도 사회개혁의 전망도 제시하지만 어디까지나 근대체제 안에서 근대국가의 지속을 위한 것이다. 근대국가를 둘러 싼 정치행위는 민초들의 자율적 자치를 억누르거나 의존적 의식을 심화시켜 식민화 하는 경향이 존재함을 알아야 한다. 생명협동운동은 민초들과 더불어 밑으로부터의 협동과 공생의 새로운 희망과 문명을 일구는 실천이 기본이라는 것을 우리는 종종 놓친다.

현재 사회운동과 지식인이 해야 할 일은 남북한의 근대화와 민초들의 삶과 생명위기에 대한 전반적이고 구체적인 비판과 성찰운동이 아닐까 생각된다. 남북한 근대화의 문제점과 장점이 무엇이고, 원인과 조건이 어떠했는지를 알아내는 것에서부터 시작해서, 향후 구축될 한반도평화체제가 근대 국가권력과 자본 주도의 개발문명의 연장이 되지 않도록 하는 실천 방안을 고민해야 한다. 진정한 의미의 평화는 국가간 평화를 넘어 그 공간 내에 사는 뭇 생명들이 일으키는 삶의 에너지로 확산·유지되는 것이기에 그들이 평화의 주인공이어야 한다. 이를테면 남북의 적대적 시대는 역설적으로 인간의 가공할 폭력이 침노하지 못하는 DMZ로 상징되는 생명평화의 공간을 만들었다. 그러나 평화 체제는 한반도 전체로 남북의 인간활동이 활발하게 확대

될 것이고 DMZ의 생태계 평화도 위협할 것이다. 또한 그동안 상대적으로 개발이 덜된 북쪽의 자연이 남한 자본을 비롯한 국제 자본과 남북 국가권력에 의해 개발의 대상이 될 수 있다. 이것은 남북의 평화가 한반도의 자연과 뭇 생명들에게는 또 다른 폭력으로 다가올 수 있음을 예감케 한다. 그러나 한반도의 어떤 생명도 남과 북 혹은 DMZ 내의 지역에 고립되는 일은 없을 것이며, 생명은 상호 영향을 주고받으며 진화의 몸짓은 더욱 활발해 질 것이다. 평화 체제로 인해 생명의 교감이 활발해져 뭇 생명들이 '한반도 생명공동체'의 주인공으로 거듭나기 위해서는, 인간의 역할과 인식이 어떠하냐에 따라 긍정과 부정의 향방이 결정될 것이다. 그런 점에서 이제 한반도 남단에 갇혀있던 생명운동의 시선과 사상의 내용을 '한반도 생명공동체'라는 심화된 자각을 거쳐 동아시아라는 광대한 시선과 내용의 성숙으로 확장·전환시키는 것이 필요하다.

남북 농업 근대화 과정과 농지

땅은 땅에 속한 모든 생명체들의 어머니이다. 특정한 개체 생명의 소유물이거나 사람만이 배타적으로 소유 또는 점유하여 이용하는 대상이 될 수 없는 것이다. 땅은 모든 생명체의 터전이자 생명의 존재 근거이다. 땅은 이제 우리가 땅을 어떤 시선으로 바로보아야 하는지 근본적인 성찰을 요구하고 있다.

오랫동안 우리는 경자유전(耕者有田)의 원칙하에 농지를 바라보았다. 그것은 이 땅의 대다수 인간의 삶이 농(農)을 기본으로 하는 사회였기 때문이다. 농지가 모든 생명을 살리는 살림의 근거였으며, 사회적으로 비농민(지배집단과 관료 및 상인 등)이 농지를 소유함으로서 생기는 질곡을 넘어서기 위한

담론이다. '농지는 농민의 것이어야 한다'는 농지에 대한 사상은 전근대적인 사상임에도 한반도에서 근대를 관통하면서 담론의 표면을 여전히 유지하고 있는 사상이다. 그것은 아주 오랫동안 한반도에서 농(農)을 중심으로 한 사회가 유지되었고 사회 불평등 문제가 농지의 소유 문제에서 비롯하고 있다는 역사적 인식에 기인한다. 그리고 여전히 농(農)의 공간은 인간뿐만 아니라 뭇 생명의 살림살이의 절대적 공간이다.

생명(한살림)운동은 근대 문명에 대한 성찰로부터 탈근대적인 전망을 실현해가는 운동이다. 그 운동의 중심적 사상은 한반도에서 삶을 살았던 사람들 내면에 보편적으로 깃든 정서와 시선을 바탕으로 새로운 문명으로 나아가고자 하는 운동이다. 그리하여 농의 공간을 생명공동체의 태모(胎母)로 하여 농과 연결된 도시와 삶을 공동체적으로 변혁하고 새로운 문명으로 나아가자는 운동이다.

한반도 분단과 함께 진행된 농지개혁은 한반도의 평화로운 농공동체가 가능할 것처럼 보였지만 그 결과는 한반도 근대화 과정의 비극만큼이나 굴절되어 왔다. 한반도 남단에서 농지를 비롯한 토지는 토지개혁과 함께 자본주의 시장의 재산 가치가 되어 부의 축적수단이 되어 버렸다. 또한 근대화 과정에서 상당수의 농지는 국가와 자본에 의해 산업·도시·도로용지로 전환되었다. 근대화 과정에서 많은 농민들이 도시로 나와 도시노동자나나 도시민이 됨으로서 농촌에 있는 농업인구는 급속히 줄어 들었고, 농지는 부재지주의 몫이 되었다. 이 일련의 과정은 영국에서 벌어진 인클로저(Enclosure)현상의 한국판이자, '땅에 속해 있던 사람의 관계'가 '땅이 사람에 속하는 관계'로의 전도(顚倒) 과정이다.

그러나 이러한 근대화 과정에 대한 성찰은 즉, 농업을 바탕으로 한 근대 세계에 대한 인식의 전환은 한살림 사상과 생태주의 사상으로 발전하였다. 그리하여 이제 농은 농부만의 농업이 아니고 농산물은 농민의 생명만 살리는 게 아니다. 오히려 농은 생명의 근본 토대이며 농산물은 뭇 생명의 생명줄이 된 것이다. 나아가 농을 중심으로 한 생명관계는 인간을 넘어서 있으며 농에 바탕해야만 지속가능한 문명으로 전환이 가능하다는 것을 알게 되었다. 이에 따라 농은 농민만의 문제가 아니라 농과 농지를 매개로 살아가는 모든 생명체들의 삶을 좌우하기에 특정 개인이나 국가권력이 함부로 할 수 없는 영역임이 분명해졌다.

북한에서는 이른바 사회주의적 근대화가 진행되어 경자유전의 원칙에 따라 농지가 배분되었다가, 1957년 이후 농지의 개인 소유를 제한하고 협동농장과 국영농장이 농지의 경영권을 갖는 형태로 전환되었다. 초기 사회주의 개혁에서는 인민의 협동농장 참여 방식이 자유로웠으나 점차 강제화 되어 인민은 협동농장 농지의 점유와 경작, 생산된 농작물에서 소외되고 당 전유와 계획적 분배 구조가 기본을 이루었다. 이후 다양한 변화 과정을 거쳐 2012년 김정은 집권 후에는 이른바 '6.28방침'이라는 것을 통해 협동농장의 분조규모를 10~25명에서 4~6명으로 축소하고 계획 생산물은 국가 대 농장원이 7:3의 비율로 분배하며 초과 생산물은 농장원에게 분배되어 자율적으로 처분할 수 있게 되었다. 다시 2014년 5월에는 '우리식 경제관리방법의 확립'을 통해 '자율경영권의 부여(생산권, 분배권=판매권, 무역권 등을 생산 단위에 부여함), 분조관리제의 강화, 포전담당책임제의 도입, 시장 가격으로 수매, 분배 식량의 자율처분권 부여' 등이 포함된 '5. 30 노작 정책'[91]이 시행된다. 이를 통해 북한의 식량생산량이 증대되고 장마당이 활성화 되었다. 북쪽의 변화 방향은 농지의 공유성을 바탕으로 경작의 자율성과 농산물 처분권의 자율성 증대로 요약할 수 있으며 이는 공동체적 시장경제로 진입하고 있음을 의미한다.

남북 양쪽의 근대화 과정에서 남한은 농지의 사적 소유와 시장거래 허용, 북은 인민적 소유와 계획경제 아래 농업이 진행되었다. 하지만 공히 농업과 농산물의 국가통제 전략을 통해 농(農)을 산업의 하위 계열화 함으로서 생산력 증대와 개발을 추구했다. 그 결과 남의 농업과 농촌은 자본과 국가의 종속화를 불러왔을 뿐만 아니라 석유에 의존하는 농업으로 재편되었다. 그리고 1950년대의 농지개혁 직후의 자작농 중심의 농촌에서, 현재는 수많은 부재지주와 투기대상으로서 농지, 그리고 무분별한 개발로 인해 공장과 개발 오염으로 둘러싸인 농지가 되버렸다. 산업화 중심의 정부 정책은 대부분의 농민을 도시로 이주하게 함으로써 자립과 자치공간으로서 농촌은 붕괴되어 왔다. 농부의 고령화는 공동체로서 마을을 더 이상 지속가능하지 않게 하고 있다. 일반 농지는 물론, 유기농업 농지조차도 고령화와 주변 환경의 오염

---

91 「북한의 협동농장과 유기농업의 동향」, 정은미, 『모심과 살림 8호』, 2016.12

및 관행농업화로 지속가능성이 위협받고 있다.

반면에 북은 해방 직후 무상몰수·무상분배에 기초한 토지개혁에 이은 협동농장화의 길로 사회주의적 근대화의 길로 들어섰다. 사회주의적 근대화는 강력한 국가체제아래 철저한 국가 지배와 사회주의 산업화 추구 형상으로 전개되었다. 이에 따라 북한 농업은 소련을 비롯한 사회주의권 국가들의 연대와 지원 아래 석유에 기반한 기계화와 산업화로 초기 생산성이 증대되었다. 그러나 점차 증대되던 농업생산물은 생산물에 대한 소외로 대표되는 사회주의 협동농장의 '계획생산과 분배'의 한계로 생산성이 떨어지거나 기술 발전이 지체되었다. 그러다 1990년대 동유럽 사회주의 몰락으로 시작된 사회주의 국제 경제의 몰락과 석유 공급 제한 등으로 북한 내 사회주의 산업이 마비됨에 따라, 자율성마저 없는 협동농장은 생산성이 급격히 떨어지고 자연재해까지 겹쳐 식량 위기를 자초하였다. 1990년대 초중반 북한의 식량 위기와 최근 국제 사회의 고립 속에 드러난 식량 부족 사태가 그 증거다. 그러나 최근 협동농장의 개혁 정책으로 국가와 농장의 거래 관계를 합리화 되었고, 협동농장에서 생산된 농산물의 가족 혹은 분조처분권을 늘림으로써 시장이 활성화 되었으며, 전체적인 농업생산량도 늘어나고 있다. 북한은 토지 문제에 있어 정권 수립 때부터 토지개혁을 거쳐 농촌을 협동농장화 함으로써 근본적으로 전 인민적 소유(국가 소유)제를 유지하고 있다. 북한은 사회주의 산업화의 진행 후에도 적정한 협동농장과 농업인구를 유지하고 있으며 평화 체제가 도래하더라도 중국이나 베트남 선례를 보건대 농지의 국가적 소유(인민적 소유)는 본질적으로 포기하지 않을 것으로 보인다.

남북 양쪽의 실험은 다른 체계였지만 '근대적 산업화 길로서 농업'이라는 점에서 같으나 소유제도 양상은 다르다. 남한의 시민사회는 근대화 과정에서 농(農)이 생명과 공동체 존재 근거이고 한반도가 '농을 기반으로 하는 생명공동체'라는 생명 인식 수준을 높여나가고 있다. 또한 근대화의 극점에서 해체되어가는 농업·농촌에 대한 성찰을 진행하고 있다. 한편 북한은 뒤처진 근대화 속에서 협동농장을 중심으로 한 농업 생산 체계와 규모를 그대로 유지하면서 다양한 개혁을 진행하고 있다. 이것은 저발전을 의미하기도 하지만 한 사회에서 농이 가지고 있는 식량공급 기능을 유지하고자 하는 의지로 보아야 한다. 또한 최근의 평화 체제 협상에 적극 나서는 것은 지금까지의 고립을 넘어, 뒤처진 근대화를 가속하고, 근대적 부국강병을 달성하려는 의지로 보여진다. 이것은 근대화와 농에 대하여 남북 어느 한쪽의 실험이 옳았다거나 전면적인 긍정을 받을 수 없는 상황임을 말해준다. 오히려 서구적 근대화의 한계만 확인한 것에 불과하다. 남과 북의 서구적 근대화의 한계는 '한반도 생명공동체의 탈근대적 전망' 수립과 실천의 과제를 제시하고 있는 것이다. 그것은 '생명사상과 운동'에서 보면 근대적인 두 국가를 하나의 국가로 통합하는 근대적 단일 민족국가로서 '통일'의 길이 아니라, 오히려 한반도 내에 농(農)을 매개로 한 다양한 공동체들의 촘촘한 평화 네트워크를 만들어 궁극적으로 탈근대적인 평화공동체 문명으로 나갈 것인가의 과제로 다가온다.

농지와 한반도 생명공동체

남과 북의 서로 다른 근대화를 통한 실험은 그 결과를 모두 보여주고 있다. 한반도에서 삶을 영위하는 생명공동체가 한반도 농업의 방향을 재설정하고 새로운 문명으로의 전환을 위한 성찰적 논의가 시작되어야 할 때이다. 특히 농지 소유 제도와 관련해서는 근대 철학에 기초한 양극단의 실험을 남북이 진행한 만큼 주저 없는 논의들이 필요해지고 있다. 이것은 물론 농지를 넘어서 '한반도 생명공동체' 차원의 농업과 농촌, 공동체를 위한 근본적인 성찰과 전망이 필요함을 의미한다. '한반도 생명공동체'는 한반도라는 공간을 중심으로 연결되어 있는 유기적인 생명체계를 말한다. '한반도 생명공동체'는 남북의 적대적 분단과 서구적 근대화 과정에서 파괴되고 교란되고 단절되었다. '한반도 생명공동체'는 분단으로 인해 생명관계가 인위적으로 단절되었던 과거 70년을 넘어 오랜 역사를 두고 존재해 온 생명체계 회복을 의미한다. 평화 체제로 회복될 '한반도를 공간으로 하는 생명들의 생명관계'를 '한반도 생명공동체'라 칭하고자 한다.

한반도의 지난 세월은 이른바 근대화라는 의제를 중심으로, 남한은 토지의 소유와 거래가 인정되는 자본주의 체제로, 북은 토지 국유화에 기초해 토지 점유권과 사용권만 인정되는 사회주의 체제로 전환되었다. 그 결과 남한은 온 산천을 헤집고 개발하여 밥은 먹고 살 수 있게 되었지만 조상들이 오면 고향을 찾을 수 없을 정도가 되었다. 반면에 북한은 사회주의 경제의 늦은 성장과 미국의 경제 봉쇄로 그나마 난개발은 막았지만 남한에 비해 물질적으로 빈곤하다. 농지 역시 마찬가지이다. 남한의 농지는 화학비료와 농약, 비닐, 농기계 등으로 구성되는 석유농업으로 전환되었고, 농촌은 젊은 사람들이 돈을 찾아 도시로 떠난 뒤 돌아오지 않아 이제 노인들만 남아 폐농·폐촌의 위기에 직면하고 있다. 농지 소유는 법률에 제한이 있다고 하지만, 농지를 포함한 부동산이 재산 증식 수단이 됨으로써 편법을 통해 누구나 사고팔 수 있어 농민의 것이 아닌 농지의 비중은 점점 높아만 가고 있다.

이것은 농지에 대한 인식이 바뀌어야 함을 의미한다. 이제 농지는 더 이상 농민만의 농지도 아니고 근대 국가의 소유만도 아니다. 미래 사회는 농지를 바탕으로 한 농업과 농민, 농촌이 국가와 시장에 휘둘리는 시대여서도 안 된다. 농지는 해당 공간에서 살아가는 생명공동체의 삶의 터전이고 생명줄이다. 그런데 그동안 한반도의 농지를 둘러싼 생명관계는 굴절과 왜곡도 겪었지만 안타깝게도 남북의 적대적 분단으로 인해 남북의 생명관계마저 분할되어 버렸다. 이제 한반도 평화시대를 맞아 농지 문제를 그동안의 성찰에 더하여 새롭게 고민해야 한다. 때마침 남한에서는 헌법 개정과 맞물려 '토지공개념'이 논의되고 있고, 민간에서는 근대 농업 성찰과 관련한 다양한 농업·농촌 살림 논의가 있다. 북에서는 그간의 사회주의 농업 정책과 계획 경제의 성찰과 함께 협동농장의 자율성과 시장이 중요한 정책 화두가 되고 있다.

한반도 근대화에 대한 두 실험을 넘어 새로운 한반도 생명 평화 시대로 가기 위해서 그동안 농지의 사적 소유 체계와 국가 소유 체계를 중심으로 벌어진 근대 농업 성찰을 통해 농지에 대한 새로운 시선을 확보해야 한다. 그것은 '시애틀 인디언 추장의 편지'[92]만큼이나 오래된 미래의 시선이 필요함을 의미한다.

이를테면 농지는 '한반도 생명공동체의 것'이다. 혹은 '농지는 한반도의 생명줄이다'라는 선언적 인식에서 출발해야 한다. 그것은 농지를 재산 가치나 부의 증식 수단이 아닌 모든 생명이 더불어 사는 생명공동체의 삶터로 환원하는 정신운동이자 생활실천운동으로 전환하는 첫출발이다. 근대를 넘어 새로운 문명으로 가는 첫걸음은 농지에 대한 한반도 거주민들의 인식과 의식

---

92 "그대들은 어떻게 저 하늘이나 땅의 온기를 사고 팔 수 있는가?
우리로서는 이상한 생각이다. 공기의 신선함과 반짝이는 물은 우리가 소유하고 있지도 않은데 어떻게 그것들을 팔 수 있다는 말인가? 우리에게는 이 땅의 모든 부분이 거룩하다. 빛나는 솔잎, 모래 기슭, 어두운 숲 속 안개, 맑게 노래하는 온갖 벌레들, 이 모두가 우리의 기억과 경험 속에서는 신성한 것들이다."

을 전환하는 것에서 시작되어야 한다. 이것은 무산된 헌법 개정 논의에서도 제기되었던 환경권에 대한 공유사상[93]을 농지에도 적용하여 식량 주권의 공유와 연장으로서 농지의 시민공유(Commons)를 위한 선언과 실천이 필요함을 의미한다.

북의 경우도 시장경제의 도입이 현실화될 경우 농지 소유 제도는 큰 변화가 없겠지만, 협동농장의 경우 생산성을 높이고 자치 능력을 강화하기 위해 협동농장의 독립적 법인화와 경작과 농산물 처분의 분화를 거쳐 자율경영이 강화되는 방향으로 전환될 가능성이 크다.

- **농지살림운동 방향과 생태 소농공동체**

  농지살림운동과 (마을)공동체

  농지살림운동은 단순히 유기농지를 보전하는 것이 아니라 농지의 공동체적 접근성을 높이는 방향에서 고민해야 한다. 근대화 과정에서 중시된 개인과 사적 소유의 대상이자 근대 국가의 획일적 관리 대상이었던 농지

---

[93] 2018년 상반기에 무산된 헌법개정 논의에서 환경운동연합에서 박태현의 집필로 제출된 「생태헌법의 제안」에는 환경권을 개체적 권리이자 집단적 권리로 표현하고 있다. 즉, 사람뿐만 아니라 동물을 비롯한 뭇 생명의 생명 가치를 명시하여 환경문제에 대한 국가의 과제화와 국민참여를 명확히 함으로서 '공유권'으로서 환경권 개념을 확장하고자 하고 있다. 한편 청와대가 발표한 헌법개정안에는 토지공개념이 들어 있다. 토지공개념은 자본주의 시장체계의 토지소유권은 인정하되 토지의 공공성을 고려하여 '토지는 국민 실생활의 기반이자 영향을 미치는 바가 크기 때문에 '공공재'로 다루어야 한다'는 개념이다. 이것은 토지의 사적소유를 인정하되 점유, 사용, 매매권에 대한 일정한 제한을 부과하는 개념이다. 특히 자연환경의 보호도 고려하지만 토지개발로 발생하는 개발이익을 환수하는데 초점이 있는 개념이다. 이러한 개념은 일반 토지와 달리 우리가 생각하는 농지의 공유사상과는 거리가 있다. 농지는 공공재라는 개념을 넘어서 한반도 생명의 생명줄이라는 인식하에 농지를 '한반도 생명공동체'의 공유(共有)로 다루어 나갈 필요가 있다. 농지가 생명공동체 미치는 상호 영향을 고려하면 생명공동체가 지속가능하도록 전근대적인 농민소유와 자본주의 투기적 소유 개념을 넘어 탈근대적인 국민공유 혹은 시민공유로 나아가야 할 것이다.

를 자발적이고 자율적인 생명공동체의 것으로 되돌리는 운동이 필요하다. 근대 이전의 농지 소유 사상인 경자유전(耕者有田)의 사유가 근대 사회에서 욕망과 산업의 대상이 됨으로서 붕괴되었기에 이에 대한 성찰을 통해 경자유전 사상의 공동체적 확장이 필요하다. 농사를 짓는 사람도, 농사를 짓지 않는 사람도, 다른 뭇 생명들도, 모두 더불어 살아가야 할 터전으로서 농지를 공동체의 것으로 전환(시민 공유)하는 운동으로 농지살림운동이 위치 지워져야 한다는 뜻이다.

그것은 농지살림운동의 '순환적 의지 고리'[94]를 정리하는 첫걸음이다. 한반도에 거주하는 사람들이 농지를 자신을 포함한 공동체의 것으로 인식하고 새로운 소유로 전환시키는 일에 동의하고 참여해야 한다. 누구든지 그 땅에서 농사를 지을 수 있지만 가급적 생태적으로 지어야 하고 농사를 영위하는 과정이 행복해야 하며, 생산된 농산물이 참여한 사람과 우리 이웃에게 돌아

---

94 '누구든지 농지에 의지하지 않고는 먹고 살수 없으며 한 사회는 적정규모의 농지와 농지경영자(농부)가 살아있어야 생명공동체의 지속이 가능하다.'는 필자의 생각.

가야 한다. 이것은 우리가 생필품을 공동구매 소비하는 근대적인 소비조합운동에서 벗어나 밥을 중심으로 한 생명공동체로서 한살림소비자생활협동조합운동으로 전환한 것에 버금가는 운동이다. 즉 단순히 생협운동을 통해서 안전한 유기농산물만을 먹고, 혹은 먹음으로서 농사를 짓는 사람도, 농사를 짓지 않는 사람도, 다른 뭇 생명들도, 모두 더불어 살아가야 할 터전으로서 농지를 공동체의 것으로 전환(시민공유)하는 운동으로 농지살림운동이 위치 지워져야 한다

농지살림운동에는 시민들과 농민들의 광범위한 참여가 필요하다. 참여는 단순히 공공성이나 올바름만으로 되지 않는다. 오히려 그것이 내 삶과 어떻게 연동되고, 나의 참여가 어떻게 그 목적에 유효성을 드러내는지 설명되어야 한다. 그런 점에서 농지살림운동은 생태적 보전이 우선 필요한 지역의 농지를 시민(조합원)들이 출연해서 매입하되 목적 지향이 분명해야 한다. 단순히 (유기)농지를 보전하는 것만이 아니라 그곳에서 사람이 무엇을 할 것인가에 대한 답을 제시하고 그 내용을 실천해야 한다. 가장 먼저 생각해보아야 할 것은 생태적 소농공동체(마을)를 만드는 방향에서 고민해보아야 한다. 물론 이것은 단순히 농사를 짓는 사람들만의 공동체가 아니라 삶의 공동체가 되기 위해서 다양한 중심과 네트워크를 가질 수 있다는 이야기다. 이를테면 노년을 아름답게 보내기 위한 돌봄공동체, 청년들의 공동체, 수공예에 중심을 둔 손노동 공동체와 문화예술을 중심에 둔 문화예술공동체 등을 염두에 둘 수 있다.

---

95 『마을이 세계를 구한다』, 마하트마 간디, 녹색평론, 50쪽

> "현재 세계에는 두 부류의 사상이 있다. 하나는 세계를 도시로 나누려는 것이고, 다른 하나는 마을들로 나누려는 것이다. 마을문명과 도시문명은 전적으로 다르다. 하나는 기계와 산업화에 의존하고, 다른 하나는 수공업에 의존한다. 우리는 후자를 택하고자 한다."[95]

남한에서는 어차피 농사를 짓는 사람이나 마을에서 살 사람이 도시에서 유입되지 않는 한 농지살림운동은 한계가 있을 수밖에 없다. 따라서 농지에 우리가 삽입해야 할 개념은 공공공(公共空)의 개념이다. 농지는 모든 사람의 삶의 뿌리이자 공(公)적 가치를 담지하고, 더불어 사는 터전으로서 공(共)동체이다. 더 나아가 땅은 나(我, ego, 마음)의 주인이 되는 수행터(비움)이자 우주적 존재로서 공(空)을 깨닫고 이웃과 더불어 자연과 더불어 사는 주인공(主人空)이 되는 곳이다. 이것은 한살림운동이 농지살림운동을 통해 '공동체 귀농운동'과 연대해야 함을 의미한다.

탈근대적 생명공동체(마을)는 농지살림운동을 통해 확보된 농지를 중심으로 농과 소박한 삶이 어우러진 새로운 마을을 창조해내는 방향으로 이루어져야 한다. 그것은 우리가 만들고자 하는 새로운 마을운동이 우리 사회가 직면한 문제들, 즉 환경 파괴와 기후변화 대응, 고령화와 돌봄공동체의 필요, 자본주의적 노동의 종말과 공동체적 자급을 위한 손노동의 회복이라는 과제를 농(農)을 바탕으로 해서 우리 삶에 재구조화해야 함을 의미한다. 이윤을 위해 직업으로서 농부를 양산한 근대 농업 체제를 넘어서 생활로서 농(農)과 농에 대한 접근성을 높이는 운동으로 가야 한다. 그것은 많은 농지를 운영하는 자본주의적 영농이 아니라 각자의 역량과 필요에 따라 적정 규모의 영농을 바탕으로 농과 마을에 친화력을 갖는 사람들의 네트워크로 재편하는 것이다.

그런 점에서 우리는 마을에서 경작하는 농업이 소농 중심의 자연 친화적인 농업이어야 하고, 마을경제의 활성화를 위해 농업 이외의 다양한 형태의 가공과 수공예(Craft)들이 공동체적으로 활성화 될 수 있도록 촉진해야 한다. 나아가 노동이 불안한 청년세대에게 희망의 공간이 되어야 하고, 삶의 마무리를 앞둔 노인들의 안식처가 되어야 한다. 그러나 이것들은 소농경작을 제외하고는 어디에 중점을 두느냐에 따라 그 성격이 달라 질 수 있다. 청년에 방점을 두면 청년마을로, 수공예에 촛점을 두면 손노동의 마을로, 돌봄과 휴식에 둔다면 그것대로의 특성을 살리면 된다.

그런 점에서 기존의 한살림 생산공동체의 농지를 매입할 때는 농지살림운동의 취지와 전망을 생산공동체 구성원들과 공유하고 함께 논의해가야 한다. 그것은 생산자들이 살고 농업을 영위해온 마을의 전망 수립에 그들이 주인으로서 참여하는 것이기도 하다.

농지살림과 공동체 손노동 회복[96]

인류의 진화와 문명의 진화는 장구한 세월의 손노동과 도구를 사용한 생산력 증대 과정이었다. 근대 문명으로의 전환 이후 우리 삶은 농업과 공동체, 손노동과 수공예물품(Craft)으로부터 공장을 중심으로 한 산업문명과 기계에 종속된 노동을 통해 규격화되고 획일화 된 물품으로 일상의 삶이 바뀌었다. 우리 삶은 물질적으로 풍요로워졌지만, 그 풍요의 바탕을 이루는 물품은 대부분 자본이 공장에서 만든 것들을 사들인 것이다. 우리가 잃어버린 것은 생명으로서의 자발적인 노동과 자율적인 공동체, 손노동과 아름다

---

96   이 단원의 글은 2016년 한살림부산 '손노동 기획전'에 발문으로 썼던 글을 일부 전재하였음.

운 수공예품이다.

근대 문명의 종언은 그 자체의 한계와 모순에 의해 도래하겠지만 새로운 문명의 등장(개벽)은 근대 문명에 대한 성찰과 우리 삶의 전환에 의해 서서히 등장할 것이다. 30여 년 전에 생명사상과 한살림운동을 제창한 장일순과 박재일은 이러한 사실을 직관하고 예견하였지만 우리는 지금 현실에서 스러져 가는 근대 문명을 보고 있다. 근대 문명의 핵심적 문제 중의 하나는 자원의 비가역적 이용과 산업자본에 의한 상품으로서의 획일화라고 할 수 있다. 지금 우리 삶을 돌아보라. 수많은 물품의 모든 재료는 한정된 지구자원에서 온 것이고 대부분 순환 사용이 불가능한 재료나 에너지로 이용되고 있다. 또한 비슷하거나 똑같은 제품을 옆집과 이웃에서 사용하고 있음은 물론이고, 그것은 우리가 만들어 손때 묻힌 기물이 아니라 모두 산업자본에게서 사온 것들이다. 우리 일상생활에 들어온 근대 문명의 모습이다. 30여 년 전에 자연과 인간의 공생, 사람과 사람의 공생을 주창하며 시작된 한살림운동이 우리의 먹을거리를 우선으로 시작한 근대 문명 극복운동이었다면 이제 우리는 우리 일상의 삶에서 손노동과 생활기물(器物)의 자립과 자급을 도모해야 할 때이다. 그것은 '공동체적 손노동의 회복'운동이고 그 결과물들이 수공예품(Craft)이다.

수공예품은 공산품에 비해 상대적으로 제작 과정이 오래 걸리고 초기에 기초 장비와 기술을 익혀야 하는 수고가 들기는 하지만 일단 만들어 쓰기 시작하면 공산품에 비해 오래 쓰고 다양성의 아름다움을 가지고 있다. 자신과 이웃이 만들었기 때문에 소중함이 느껴진다. 또한 손노동을 통해 우리 몸의 생명성에 신명을 일으키고 두뇌에 활력을 줌으로서 치매와 노화를 예방하고 건강한 삶을 영위할 수 있다. 특히 이것을 공동체적인 협동조합 목공방 혹은 도예방, 농산물의 공동체 가공 등 작은 협동조합 수공예 작업장으로 운영한다면 근대 문명에 의해 개별화된 우리 삶을 새로운 공동체적 삶으로 거듭나게 할 수 있다. 요컨대 먹을거리에 이어 탈근대적 협동운동으로 시작해야 할 운동이 '공동체적 손노동의 회복'운동인 것이다. 공동체적 손노동의 영역은 헤아릴 수 없이 넓다.

수공예에 쓰이는 거의 모든 재료가 농지와 주변 자연에서 조달된다. 또한 농지에서 농산물과 수공예의 원료 생산과 채취, 그리고 가공은 홀로 진행할 수 없다. 나아가 근대적인 대량 생산 체제를 넘어 서려는 탈근대적 수공예는 전근대적 가내수공업을 통해서는 효율성과 공동체적 자급물품을 생산하기 어렵다. 대량생산과 소비가 자연에 대한 수탈과 오염, 그리고 생명공동체를 파괴하듯이, 탈근대적인 자립과 자급은 전근대로 돌아가자는 것도 아니고 개별적 사유와 실천으로 가능한 것이 아니다. 농지의 공동체적 소유와 효율성을 바탕으로 한 원·부재료 생산 조달 체계에 여러 사람이 함께 어울려 일정한 생산성을 확보하는 공동체적 손노동이 결합되어야 자급과 자립, 그리고 나아가 나눔이 가능하다. 그런 점에서 볼 때 농지살림운동은 자급과 자립의 관점에서 공동체적 수공예운동과 결합되어 진행되는 것이 좋다. 특히 이것은 농지살림운동과 연동된 귀농운동에 적정기술과 함께 농친화적인 수공예가 강조됨으로서 마을공동체운동에 풍요로움을 보탤 수 있다.

농지에서 치유와 돌봄

우리 사회는 65세 노인인구 비율이 2017년을 기점으로 14%를 넘겨, 고령화사회(Aging Society)가 아니라 고령사회(Aged Society)가 시작되었다. 조만간 초고령사회(Postaged Society)가 도래할 전망이다. 많은 사람들이 노후를 준비한다고 많은 돈이 필요하다고 하는데 그것은 우리 사회가 노후생활과 삶의 마무리를 시장에 맡겨놓고 있다는 고백에 다름 아니다. 선거 때마다 반복되는 후보자들의 공약과 사람들의 요구사항은 '지역 개발(경제) 정책'과 '사회복지 예산'이 중심이다. 우리의 전통적인 공동체적 돌봄을 철저하게 시장과 국가의 손에 넘기고 있는 것이다. 물론 시장은 시장대로, 국가는 국가대로 그 역할이 있겠지만 가장 본질적인 것은 우리 사회의 돌봄문화의 빈곤이다. 우리 자신이 누구나 돌봄의 대상이 되지만 우리는 누군가를 돌보는데 인색하고, 누구나 삶을 언젠가 마무리 지을 터인데 행복한 마무리를 위한 오늘의 삶에 충실하지 못하다.

한국농촌경제연구원이 2016년에 발표한 『농업·농촌에 대한 2015년 국민의식 조사 결과』를 보면 대체로 절반 가량이 귀농·귀촌 의향이 있으며 그 이유가 '자연 속에서 건강하게 생활하기 위해'가 약 58% 가량을 차지한다. 그러나 2016년 전국귀농운동본부에서 귀농자들을 대상으로 귀농 시 어려움을 묻는 질문에서 여유자금 부족(45.0%)과 농지 구입의 어려움(30.3%)에 가장 많이 응답한 것에서 알 수 있듯이 농촌에 의지해서 사는 삶의 토대인 농지 구입이 가장 어려운 것으로 드러나고 있다. 이것은 농촌에 마을의 회복과 새로운 공동체를 구성하는데 가장 큰 문제가 농지(주거용지 포함)임을 말해준다.

 우리가 농지살림운동을 생각하게 된 계기 중 하나는 이농(離農)과 농촌의 고령화로 인한 영농 지속의 어려움에 대한 대처 방안으로 시작된 측면도 있다. 이것은 농지살림운동에서 반드시 고려해야 될 요소 중 하나가 고령화 대응 방안을 포함해야 함을 의미한다. 고령화된 생산자들도 그렇고, 도시의 소비자들도 그렇고, 농촌에서 자연과 더불어 평화로운 인생 마무리가 가능하려면 마을이 돌봄문화와 더불어 일정한 편의시설이 함께 갖추어진 공동체로 거듭나야 한다. 그런 점에서 농지살림운동은 마을을 농을 매개로 하여 남녀노소가 더불어 살 수 있는 돌봄의 공동체로 진화시키고 구현시키는 운동과 결부되어야 한다. 그리고 이러한 모델을 잘 만드는 것은 인생의 노후를 고민하는 생산자와 소비자들에게 주요한 메시지가 될 수 있다. 우리 삶의 마무리를 자본이 운영하는 노인요양원이나 요양병원에서, 우리가 지향해 온 생명가치와 존엄을 포기하고, 맞이할 수는 없지 않은가?

- **농지살림운동 활성화를 위한 제언**

농지살림운동 활성화를 위해서는 농지의 시민공유운동 선언과 함께 다음과 같은 점을 고려해 보아야 한다.

농지살림과 보전을 위한 농지 시민공유

농지와 관련된 여러 용어들이 혼동스럽게 사용되고 있다. '한살림 농지살림운동'(이하 농지살림)이 공식적인 용어로 홍보물과 '농지살림주식회사' 등에 쓰이고 있고, 정책 문서에는 '농지보선운동'으로 되어 있다. 일각에서는 '농지신탁협동운동', '농지공유운동' 등의 용어도 쓰이고 있다. '농지보전'이라는 용어는 현재 경작하고 있는 농지의 보호와 온전한 지속성을 의미한다. 이것은 현재 한살림 생산공동체의 유기농지가 고령화와 이농으로 더 이상 유지가 불가능한 것에 대한 대응책으로 나온 개념이다. 사회적으로는 전농(전국농민회총연맹)이나 농민단체 등에서 식량 주권과 식량 안보를 위해 적정한 양의 농지를 유지해야 한다(농지총량제)는 뜻으로 농지보전이란 용어를 사용하기도 한다. 그러나 용어를 사용하는 주관기관이 한살림일 때 이 용어는 '한살림 생산지의 농지(유기농지)를 보전하자'는 의미로 읽힐

수밖에 없다. 이것은 농지살림운동의 시작일 수는 있어도 농지살림운동의 사상적 지평과 미래를 담아 내기에는 확장성이 부족한 협의적 용어라는 생각이 든다. '농지공유'라는 단어는 농지살림운동의 사상적 배경을 담아내기는 하지만 이것이 자칫 농지를 근대적 개인이 '지분'을 소유하는 것으로 오인될 가능성이 있다. 또한 '농지공유'라는 단어가 '경작' 및 '공동체'라는 뜻과 '농지를 중심으로 순환하는 삶의 의미'를 충분히 담아내기 어렵다는 지적이 있다. 반면에 '농지살림'이라는 용어는 포괄적 의미를 전달하기는 하나 참여하고자 하는 사람에게는 구체적으로 그것이 어떤 행위를 요청하는지, 결과가 어떤 것인지 불분명 할 수 있다.

'농지살림운동'은 농지의 '시민공유운동'이지만, 한살림 생산공동체 내의 유기농지가 다양한 이유로 경작되지 못하거나 매매의 위험이 있다면, 기존 생산자의 경작이 지속가능하지 않은 땅부터 매입(혹은 신탁을 받아)을 시작하여 한살림 '생산공동체(마을)와 농업의 지속가능성을 도모'하는데서 출발할 수 있다. 그러나 그것은 소극적으로 한살림 생산공동체만에 국한될 것이 아니라 한살림운동의 확장과 성숙의 전망 속에 새롭고 다양한 생산공동체(마을)를 조성하는 것을 염두에 두는 것이어야 한다. 이때 새로운 마을공동체는 전통적인 마을공동체를 넘어서 뭇 생명이 더불어 사는 진화된 마을만들기 운동과 연동된다. 이것은 '귀농운동과 생태공동체운동'이 결합되어 진행될 수 밖에 없다. 또한 현실 사회의 여러 가지 경향과 맥락을 다듬어 수용해야 한다.

현재로서는 '농지살림운동'이라는 용어를 사용하되 농지보전, 귀농, 공동체(마을) 등에 대한 개념들은 운동 과정 속에 상호 연동하여 사용해야 할 것으로 판단된다.

농지살림운동 기관 설치와 활동

현재 한살림의 경우 농지살림운동은 제창은 되었지만 조합원을 중심으로 한 대중활동기관이 없다. 실무체계 상의 주무기관도 정책기획팀의 일부 업무로 배정되어 있지만 사업의 구체성이 결여되어 있다. 농지살림운동이 활성화되기 위해서는 농지살림운동의 주관기관의 설치와 운영 원칙이 중요하다. 농지살림운동은 조합원 전체와 사회 전체를 대상으로 하는 만큼 별도의 상설위원회의 설치(가칭, 농지살림위원회)가 필요하다. 물론 이것은 한살림연합과 지역 회원생협 공히 필요하다. 다만 한살림 전체적으로 농지살림운동을 활성화하기 위해서 지역 회원생협이나 권역별로 '농지살림마을' 내지는 '농지살림농장'을 상징적으로 설정하여 추진하는 것도 의미가 있을 것이다. 그런 점에서 '농업회사법인 농지살림주식회사'는 지역 또는 권역별 운영의 묘를 살리기 위해서 복수로 두는 것도 좋을 수 있다. 많은 사람이 참여할 경우 조직의 민주적 운영을 위해서는 참여 공간이 현장이 되고, 공간에서 민주주의가 구현되는 것이 바람직하기 때문이다. 농지살림위원회는 한살림 생산자와 소비자는 물론 시민사회와 농업·농촌운동에 종사하는 사람들도 적극적으로 참여시켜서 농지살림운동의 시선과 참여 범주를 함께 확장시켜 나가는 방법이 좋다고 생각된다. 농지살림위원회가 농지살림의 의미를 홍보하고 조합원과 시민 사회단체의 참여를 권장하고 연대하는 운동을 한다면 농지살림주식회사는 농지 구입과 관리·운영, 귀농 프로그램 운영 등을 담당하고 공동체의 구상과 활성화 등의 문제는 공동으로 다루어야 할 것으로 보인다. 이에 따라 농지살림위원회와 농지살림주식회사의 인적 구성은 적절하게 혼용될 수밖에 없을 것이다.

농지 공(共)개념 헌법 명문화와 농지살림 관련법 재개정운동

현행 헌법 121조 ①항에는 '국가는 농지에 관하여 경자유전의 원칙이 달성될 수 있도록 노력하여야 하며, 농지의 소작제도는 금지된다'고 명시하고 있다. 그러나 이 조항이 현실에서는 선언적으로만 적용되고 있는 것은 삼척동자도 다 안다. 경자유전의 원칙은 1948년 헌법 제정 당시부터 지금까지 지속적으로 유지되어온 내용이고 해방 당시 '농지개혁'이라는 단어는 변혁적 함의도 담고 있었고, 여러 가지 문제가 있긴 했지만 근대국가에 의해 집행되었다. 그러나 그 이후 지금의 현실은 대부분의 농지가 부재지주 소유이고, 농지는 투기와 개발의 대상이 되어버렸다. 현행 헌법의 이 조항이 지켜지지 않은 것은 다음 항인 ②항에서 '농업생산성의 제고와 농지의 합리적인 이용을 위하거나 불가피한 사정으로 발생하는 농지의 임대차와 위탁 경영은 법률이 정하는 바에 의하여 인정된다.'는 예외 조항과 근대 국가와 자본이 주도하는 공업 중심 근대 문명 개발과 성장 논리에 기인한다. 이러한 성찰 속에 새로운 문명을 꿈꾸는 생명협동운동은 농지문제의 근본 방향을 제시해야 한다. 농지는 모든 생명체의 삶의 지속과 관련되어 있고 이를 국가나 개인이 함부로 할 수 없다는 점을 명시하고, 이것이 지켜지고 훼손되지 않도록 '농지는 생명공동체 소유' 조항과 '농지의 시민공동체 관여'가 가능하도록 조문이 만들어져야 한다. 자본과 국가로부터 농지의 공공(公共)성을 확보하고, 시민사회의 참여와 통제가 가능하도록 고민해야 한다. '토지의 공(公, Public)개념'도 들어가야 하겠지만 '농지의 공(共, Common)개념'도 포함되어야 한다. 나아가 농지가 생명의 지속가능을 보장할 뿐만 아니라, 삶의 수행터이자 우주와 만나 우주적 주인공(主人空, Anatman, 眞我)이 되는 절체절명의 공간이라는 인식 전환이 이루어져야 한다. 이를 통해 도시와 농촌이 함께 농지살림운동을 활발하게 펼칠 수 있는 기회가 되어야 한다. 사실 공(公, Public)은 본래 공동체가 중심적으로 구현하던 과제였으나 근대 국가가 등장하면서 공동체의 기능을 전유한 것에 불과하다.

반면에 현실에서 농지살림운동은 다음 '농업 농촌식품산업기본법'의 32조 ①항과 ②항에 근거해 전개해야 할 것으로 판단된다. 〈표1〉에서 보듯이 현행 법령으로도 국가와 지자체는 농지의 공공성을 구현할 책무가 있으나 방기하고 있다. 기본적으로 농지공유를 추구하며 새로운 공동체운동을 모색하는 농지살림운동은 생명공동체운동의 영역이지만 근대 국가와 지자체가 농지에 대한 합리적 정책을 수립·집행하도록 압박하는 운동도 필요하다.

<표1> 농업 농촌식품산업 기본법의 농지 관련 조항

> 30조(농지에 관한 기본이념); 농지는 미래세대를 포함하는 국민에 대한 식량과 주요 식품의 안정적인 공급 및 환경보전을 위한 기반이며 농업과 국민경제의 조화로운 발전에 기여하는 귀중한 자원으로서 소중히 이용 보전되어야 한다.
>
> 31조(농지의 소유 및 이용) ①국가와 지방자치단체는 헌법상 경자유전의 원칙이 달성될 수 있도록 농지의 소유 등에 대한 정책을 세우고 시행하여야 한다. ②항은 삭제됨
> ③ 국가와 지방자치단체는 농지가 농업과 국민경제의 균형 있는 발전을 위하여 효율적으로 이용될 수 있도록 농지의 이용 증진에 필요한 정책을 세우고 시행하여야 한다.
>
> 32조(농지의 보전)
> ① 국가와 지방자치단체는 농지가 적절한 규모로 유지될 수 있도록 농지의 보전에 필요한 정책을 세우고 시행하여야 한다.
> ② 국가와 지방자치단체는 제1항에 따른 정책을 세우고 시행할 때에 농업생산기반이 정비되어 있거나 집단화되어 있는 우량 농지가 우선적으로 보전될 수 있도록 하여야 한다.

그 외에 2011년 제정된 「공익신탁법」은 <표2>와 같이 제2조(정의) 1항에서 공익사업을 정의하고 있다. 나, 다, 카, 타, 파, 하 목의 경우가 이에 해당된다고 할 수 있다. 공익신탁은 공익을 위해 부동산을 위탁하는 자와 수탁자(개인과 법인 모두 가능)가 있어 이를 인증 받아 고유 목적사업에 따라 운영하는 제도이기에 현재로서는 생산자들 혹은 농지 소유자만 참여 가능하다.

농지살림운동의 활성화를 위해서는 농지신탁협동운동과 관련한 법률이 제정되는 것이 바람직하나 이것은 한국 사회 현실에서 보건대 어느 정도의 현

<표2> 공익신탁법 관련 공익사업

제2조(정의)
이 법에서 사용하는 용어의 뜻은 다음과 같다.
1. '공익사업'이란 다음 각 목의 사업을 말한다.
　가. 학문·과학기술·문화·예술의 증진을 목적으로 하는 사업
　나. 장애인·노인, 재정이나 건강 문제로 생활이 어려운 사람의 지원 또는 복지 증진을
　　　목적으로 하는 사업
　다. 아동·청소년의 건전한 육성을 목적으로 하는 사업
　라. 근로자의 고용 촉진 및 생활 향상을 목적으로 하는 사업
　마. 사고·재해 또는 범죄 예방을 목적으로 하거나 이로 인한 피해자 지원을 목적으로 하는 사업
　바. 수용자 교육과 교화(敎化)를 목적으로 하는 사업
　사. 교육·스포츠 등을 통한 심신의 건전한 발달 및 풍부한 인성 함양을 목적으로 하는 사업
　아. 인종·성별, 그 밖의 사유로 인한 부당한 차별 및 편견 예방과 평등사회의 증진을
　　　목적으로 하는 사업
　자. 사상·양심·종교·표현의 자유 증진 및 옹호를 목적으로 하는 사업
　차. 남북통일, 평화구축, 국제 상호이해 증진 또는 개발도상국에 대한 경제협력을 목적으로
　　　하는 사업
　카. 환경 보호와 정비를 목적으로 하거나 공중 위생 또는 안전의 증진을 목적으로 하는 사업
　타. 지역사회의 건전한 발전을 목적으로 하는 사업
　파. 공정하고 자유로운 경제활동이나 소비자의 이익 증진을 목적으로 하는 사업
　하. 그 밖에 공익 증진을 목적으로 하는 사업으로서 대통령령으로 정하는 사업

실적 운동이 경과된 후에나 가능할 것이다. 현행 공익신탁법은 시민 참여형 농지신탁운동을 하기에는 한계가 많이 있다. 민간의 농지신탁운동이 가능하도록 가칭 '농지신탁(협동조합)법' 제정을 추진하고 국가가 농지 유지의 책임을 지도록 법률로 강제해야 한다.

　　　귀농운동과 다양한 공동체운동 계발과 촉진
　　　　전국귀농운동본부는 2016년 창립 20주년을 맞아 「귀농운동 2.0」을 발표하였다. 귀농운동 20여 년을 결산하고 평가하면서 '모든 생명과 미래 세

대가 더불어 행복과 평화를 이룰 수 있는 생태적으로 지속가능한 사회'를 이루기 위해서 앞으로 만들어가야 될 사회와 운동 방향을 다음과 같이 제시한다.

> "국가 중심의 위계적 중앙집중체계가 아니라 사람과 사람이 서로 눈을 마주하는 대면적 관계의 확대와 풀뿌리공동체의 연대로 이루어지는 분권화된 자치의 사회를 지지합니다. 그래서 지역 안에서 자원과 에너지의 생산과 소비, 폐기가 선순환 되는 생태사회를 이루고자 합니다. 경제적 자립을 위하여 외부의존도를 최소화하는 식량자립이 필수적이며 농업이 살림살이의 근간이 되어야 합니다. 인간과 인간의 협력, 인간과 자연과의 평화, 개개인의 깨달음과 영성적 각성을 통해 사회적 깨달음으로 나아가고자 합니다."

그리고 귀농인 자립을 위한 여러 운동 방향과 더불어 핵심적 제안으로 '개인귀농에서 마을귀농·지역귀농으로'라는 화두를 던졌다. 그것은 '귀농은 곧 마을로 지역으로 돌아가는 것'을 확인하는 것이지만 보다 목적의식적인 공동체를 꿈꾸면서 귀농운동을 하겠다는 전략적 의지로 받아들여진다. 귀농운동본부의 이러한 방향은 한살림이 시작하는 농지살림운동의 맥락에서 상당 부분 교집합이 있다. 한살림 농지살림운동으로 만들어진 농지와 지역에 한살림 생산후계자들을 귀농운동본부와 연대시켜 교육·실습 프로그램을 함께 만들고 참여케 하면서, 이들이 귀농하여 한살림 생산공동체의 지속가능한 모델들을 만들어 나가도록 해야 한다.

지속가능한 농업·농촌을 위한 마중물

농지살림운동은 30여 년 전에 시작된 한살림운동의 재창조에 버금가는 운동이다. 30여 년 동안 한살림의 성장과 외연 확대에도 불구하고, 그리고 30여 년 전에 예견했던 근대 문명의 한계와 새로운 문명의 도래에도 불구하고 우리 농촌은 폐촌 직전에 처해 있다. 밥상살림을 통해 농업살림·생

명살림의 가능성을 보았다면 이제 농지살림을 통해 마을살림과 문명전환을
구현해 나갈 수 있을 것이다. 우리가 하고자 하는 농지살림운동은 현행 법률
이나 제도와 맞지 않는 부분들이 많이 있다. 당장에 농업회사법인 출자와 지
분과 권한 문제(소액출자자 다수가 참여했을 때)도 있거니와 농민들의 현물
출연(信託)을 다루는 정책(적절한 보상과 노후 정책 등)과 합리적인 운영 방
식(일정한 수익의 창출)도 현실에서는 만만치 않을 것이다.[97] 또 지속가능한
농촌이 되기 위해서는 농지 경영을 통해 일정한 수익이 창출되어야 하는데
한살림에서 취하는 생산지 및 생산물 정책이 최소한 지금처럼 지속되기 위
해서는 한살림운동의 양적, 질적 전환이 불가피하다.

그럼에도 불구하고 농지살림운동은 한살림운동이 제2의 도약과 확장으로
나갈 수 있는 계기가 될 수 있다고 생각된다. 한반도 평화 체제로의 전환은
한반도 남단에 갇혀 있던 시선을 넘어 한반도적 시선의 확보를 가능케 할 것
이다. 동시에 한반도 시대를 넘어 단숨에 동아시아를 하나의 지역생태계로
인식하게 하는 계기가 될 것이다. 이와 함께 동아시아에서 자본과 국가 주도
의 근대화 과정에서 행해진 두 실험[98]에 대한 성찰의 계기가 주어질 것이다.

---

97 2014년 한살림생산자연합회의 생산자 조사에 의하면 한살림생산자의 은퇴연령은 평균 73세, 생산자 평균나이를 기준으로 하면 13.5년 후면 대부분 은퇴할 것이라 한다. 더군다나 생산자회원의 2/3는 은퇴 후 농사를 물려줄 후계자가 없는 실정이다. 은퇴 시 농지 처분과 관련해서 자식에게 상속(16.6%), 한살림 농지보전활동에 활용토록 함(13.1%), 농지 처분(12.1%), 귀농자에게 임대(11.6%), 한살림 공동체·작목반의 공동경영에 위탁(9.5%) 순임

98 단순화의 위험이 있지만 지난 세기 동아시아는 서구적 근대화의 한복판에 있었다. 한반도 북부와 중국 베트남, 캄보디아, 라오스, 미얀마 등이 국가주도의 사회주의적 근대화를 경험했다면 일본과 대만, 홍콩, 필리핀, 말레이시아, 싱가포르, 태국은 시장중심의 자본주의적 근대화가 추진되었다. 이러한 동아시아의 경험은 동아시아지역이 서로 소통하며 탈근대적 문명으로 나아가기 공동의 성찰적 인식기반이 될 수 있다.

더불어 서구적 근대를 넘어서고자 했던 각 나라와 여러 공동체의 다양한 운동들이 새로운 문명 지평으로 나아가기 위한 교류와 협력이 진행될 것이다. 그것은 한살림과 같은 민초들의 자율적인 공동체운동의 지평이 풍성해짐과 동시에 창조적 대안 마련을 위한 과제로 다가올 것이다. 그 중심에 '농지살림'이 있다.

김용우
(사)한알마을 이사장, 생명평화결사 정책위원장, 모심과 살림연구소 연구기획위원 등으로 있으며, 생명공동체운동과 대안문명에 관심을 가지고 공부하고 있다.

첨단 농업이라는 이름으로
정부는 매년 막대한 연구개발 예산을 투여해
농업의 양적 질적 변화를 도모하고 있지만,
연구개발 정책 목표가 광범위하고 모호하게 설정돼 있고,
영농 현장 수요를 제대로 반영하지 못하고 있으며,
정책 평가 역시 미흡한 편이다.
농업 연구개발 정책이
농업구조 자체를 변화시킬 가능성이 크다는 점에서,
한살림이 꾸준히 정립해온 '지속가능한 농업·농촌 실현'이라는
실천 모델을 바탕으로 문제를 제기해야 할 지점,
비판적으로 수용해야 할 지점,
연구 성과와 유기농 현장과 연계해서 면밀한
검토를 거쳐 독자적인 방향을 설정해 나갈 필요가 있다.

한살림의 과학기술정책 대응 방향

농업 관련 연구개발
정책을 중심으로

●

김훈기
홍익대 교양과 교수

한국의 농업 연구개발 정책은 농림축산식품부와 그 산하 기관인 농촌진흥청(이하 농진청)이 제각기 추진해 왔다. 2016년 연구개발 전체 예산은 9,531억 원으로, 농진청, 농림축산식품부(이하 농식품부), 산림청의 예산 비중은 각각 6,308억 원(66.2%), 2,184억 원(22.9%), 1,040억 원(10.9%)이었다. 이 가운데 농진청과 농식품부 예산은 2014년부터 연평균 2.1% 정도 증가해 왔다. 현재 진행되고 있는 '제2차 종합계획'에서 비약적인 증가세를 보이는 부문은 첨단 과학기술 적용 영역이다. 예를 들어 '농업의 첨단 산업화' 농정과제의 경우 2015년 334억 원이 투여됐다가 2016년에는 484억 원으로 44.9% 상승했다.

정부는 매년 막대한 연구개발 예산을 투여하며 농업의 질적 변화를 도모하고 있지만, 연구개발 정책 목표는 전체 농업 정책의 목표처럼 광범위하고 모호하게 설정돼 있다. 뿐만 아니라 그 추진체계가 비효율적이고, 영농 현장의 수요를 제대로 반영하지 못하고 있으며, 정책 평가가 미흡하다는 지적이

계속 제기돼 왔다. 농업 연구개발 정책이 장기적으로 농업구조 자체를 변화시킬 가능성이 크다는 점에서, 단순히 예산 낭비 지적 차원이 아니라 농업의 바람직한 비전 속에서 검토와 고민이 필요하다.

정부의 농업 연구개발 정책은 한살림의 활동 전반에도 적지 않은 영향력을 끼칠 가능성이 있다. 특히 첨단농업의 이름으로 추진되는 정부의 다양한 사업들은 인간과 자연의 조화로운 가치를 지향하며 유기농을 실천해온 한살림의 활동 내용과 외견상으로 구분이 모호해질 가능성도 있다. 한살림이 농업 분야에서 꾸준히 정립해온 실천 모델을 바탕으로 급변하는 첨단 과학기술에 유연하게 대처해 나가기 위해서는, 먼저 국내에서 진행돼 온 연구개발 정책에 대한 검토를 통해 정책 내용에서 문제를 제기해야 할 지점, 그리고 비판적으로 수용해야 할 지점 등을 정리하는 일이 필요하다.

첫째, 연구개발 정책에서 추진하고 있는 유기농 지원에 대한 검토와 문제 제기이다. 현재 정부가 유기농 활성화를 위해 병해충이나 잡초 문제를 해결하고 가축 퇴비 사용량에 따른 벼 생산성 추정 모델을 개발하는 일은 중요해 보인다. 하지만 유기농 현장에서 당장 필요한 과학기술 내용이 무엇이며 얼마나 필요한지, 즉 현장의 수요에 부응하는 연구개발이 진행되고 있는지 평가할 필요가 있다. 궁극적으로는 농업 연구개발 정책 목표의 하나로 설정돼 있는 '지속가능한 농업'이 정부의 전체 농업 정책에서 어떤 위상을 차지하고 있으며 그 한계는 무엇인지 검토와 지적이 요구된다.

둘째, 첨단 농업에 동원되는 정보통신기술(Information & Communication Technology, ICT) 분야를 어떻게 수용해야 할지 비판적 검토가 필요하다. 물론 스마트팜(Smart Farm)을 비롯한 자동화와 기계화의 영향으로 농민이 점차 사라지고 일부 관리전문가만이 남는 근미래 농업의 모습을 평가하는 일이 우선 진행돼야 할 것이다. 동시에 정보통신기술의 확대 보급은 사회 전 분야에서 거스를 수 없는 시대적 흐름인 만큼, 이를 적극적으로 활용할 부분이 무엇인지 고민할 필요가 있다. 실제로 국내 과학기술 정책 분야에서는 첨단 정보통신기술을 농촌사회 혁신에 필수 요소로 설정하고 바람직한 적용 방안을 연구하는 일이 활발하다. 한살림은 첨단농업을 지향하는 정부 방침과 이를 비판적으로 적용하려는 과학기술 정책 연구자의 주장을 종합적으로 주시하며 독자적인 방향을 설정해 나갈 필요가 있다.

● **생명과 살림을 위한 농업 연구개발**

국가의 연구개발(R&D) 정책은 장기적으로 국정 목표 달성을 위한 주요 수단으로서 역할을 담당한다. 연구개발 정책은 흔히 당대 첨단 과학기술을 활용해 사회 전반의 발전적 변화를 도모하게 마련이다. 단적인 예로 세계 각국이 첨단 정보통신기술 개발에 막대한 예산을 투여하면서 '디지털 사회' 구현을 서두르고 있다. 농업 분야에서도 마찬가지이다. 첨단 생명공학기술과 정보통신기술 등을 적극 적용해 농업 분야 혁신을 추구하고 있다.

하지만 연구개발 정책이 농업의 변화에 얼마나 긍정적 영향을 미칠 지는 관련 이해당사자에 따라 다르게 다가올 수 있다. 한편에서는 유전자 변형을 통한 효율적인 종자 생산, 농업 전체 과정의 자동화 등을 통해 농업생산성을 획기적으로 높이겠다는 국가와 산업체의 목표가 있다. 하지만 다른 한편에서는 과연 첨단 과학기술이 영농 현장과 소비자의 요구를 제대로 반영하며 농업에 적용되고 있는지에 대한 비판적인 시각이 제시될 수 있다. 특히 인간과 자연의 조화로운 가치를 지향하며 유기농을 실천하는 생산자에게 첨단 과학기술이 긍정적 영향만 발휘할지 신중한 검토가 필요하다.

한국의 경우, 농업 분야 연구개발 정책은 지난 수십 년 간 농식품부와 농진청 주도로 추진돼 왔다. 국내 여타 분야와 마찬가지로 최근 정부의 농업 연구개발 정책은 외국의 사례를 좇아 첨단 과학기술을 서둘러 적용하려는 인상이 강하다. 하지만 현재까지 국내 관련 정책에 대한 평가는 학계 일부에서 부분적으로 진행돼 왔을 뿐이다. 정작 농업 연구개발의 최종 수혜자에 해당하는 농업 생산자와 최종 소비자의 관점에서 종합적인 평가가 이뤄지지 못했다. 물론 농업 연구개발 분야에 이미 막대한 예산이 책정돼 각종 사업들이 장기적으로 진행되고 있지만, 궁극적으로 연구개발 정책이 농업 자체를 현재와는 전혀 다른 상태로 바꿀 수 있다는 점을 염두에 둔다면 이에 대한 적극적인 감시와 문제 제기가 지금부터라도 시작돼야 한다. 특히 생명과 살림의 정신으로 농업을 바라보고 실천하는 한살림으로서는 정부의 농업 연구개발 정책이 가깝게는 한살림 자체 활동, 장기적으로는 국내 농업의 미래에 바람직한 영향을 미치는지 진지하게 검토할 필요가 있다.

여기에서는 최근까지 국내에서 진행돼온 농업 연구개발 정책이 어떤 특성을 갖는지 파악하고 생명과 살림의 관점에서 고민해야 할 과제를 소개하고자 한다. 이를 위해 그동안 농식품부와 농진청이 집중해온 예산 투여 분야 현황을 설명하고, 이에 대한 일반 정책 관점에서의 문제점(목표와 추진 체계)과 한살림이 관심을 가질 필요가 있는 문제점(유기농과 첨단농업)을 정리했다. 하지만 현재까지 농업 연구개발 정책 현황을 구체적으로 접할 수 있는 자료의 부족으로 글 전체가 다소 개괄적이고 추상적인 수준에 머물고 있다. 따라서 글 마지막 부분의 한살림에 대한 제언은 향후 세부적인 분석 내용이 반영돼야 한다는 한계를 전제로 작성됐다.

- **국내 농업 분야 연구개발 정책 추진 현황**

　　국내 농업 관련 연구개발 정책은 부처명으로 볼 때 농식품부가 총괄하고 있는 형태이지만, 실제로는 농식품부, 그리고 산하 기관인 농진청이 별도로 진행해 왔다. 시기적으로는 농진청이 1962년 설립 때부터 먼저 시행해 왔으며, 농식품부는 1995년부터 독자적인 연구개발 정책을 추진하기 시작했다.

농식품부는 1995년 농림기술관리센터(ARPC)가 한국농촌경제연구원의 부설기구로 설립되면서부터 농진청과 구분되는 관련 정책을 추진하기 시작했다(허정회 외, 2017, 7~8쪽). 2009년 4월에는 '농림수산식품 과학기술육성법'이 제정되면서 독자적인 연구개발을 추진할 수 있는 법적 근거가 마련됐다. 이 법에 따라 '농림식품 과학기술육성 종합계획'과 연도별 시행계획이 수립됐다. '종합계획'은 농림식품 과학기술의 발전 방향과 목표, 5개년 투자계획 등을 설정하는 기본계획으로 기능하고 있다. 현재 '제1차 종합계획 (2010~2014)'에 이어 '제2차 종합계획(2015~2019)'이 진행 중이다. 종합계획의 수립에서 평가까지 전체 과정은 농림식품과학기술위원회가 심의하며, 이 과정을 지원하는 기구로 농림식품기술기획평가원이 설립돼 있다(아래 그림 참조).

'제2차 종합계획'에 따르면 농림식품부문의 연구개발은 농식품부가 총괄하는 형태로 진행되고 있다. 그 내용은 4대 중점 분야(글로벌 경쟁력 강화, 신성장동력 창출, 안정적 식량 공급, 국민 행복 제고), 14대 기술부문, 50대 핵심 기술로 구분돼 있다.

이에 비해 농진청은 1962년 3월 제정된 '농촌진흥법'을 근거로 동년 4월 중앙행정기관으로 설립됐다. 농진청의 연구개발 목표는 시대에 따라 변화돼 왔

국내 농림식품 연구개발 추진 체계

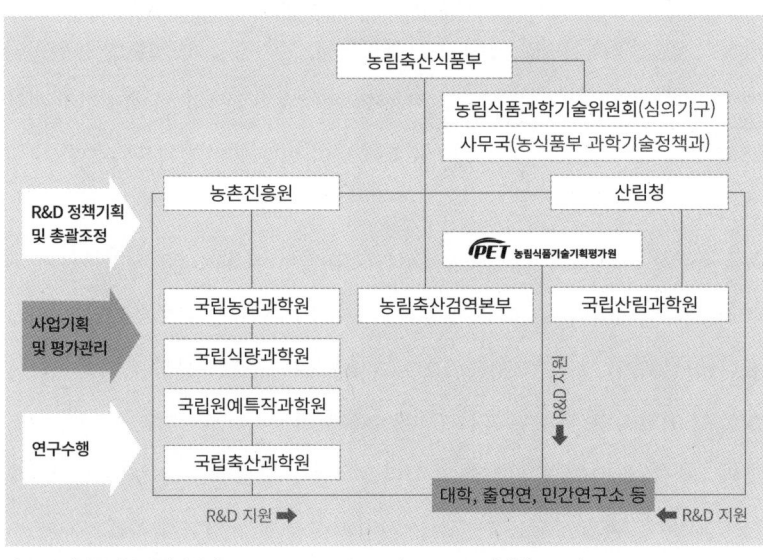

자료: 농림식품기술기획평가원, www.ipet.re.kr/Policy/Propel.asp 검색일 2019.6.11.

다(이주량 외, 2016). 1960년대에 식량자급률을 높이기 위한 생산 확대가 목표였다면, 1990년대에는 녹색혁명을 통해 식량 증산에 성공하면서 저비용·고품질 생산을 위한 연구에 집중했다. 2000년대 들어서는 첨단농업, 농업생명과학, 고부가 가치 농업 등 신조어 중심의 연구개발 정책을 집행했다.

농식품부와 달리 농진청에서는 연구개발 사업만을 위한 기본계획과 시행계획은 법제화돼 있지 않다. 대신 10년 주기의 '농업과학기술 중장기 연구개발계획'에 따라 독자적인 기획과 집행이 추진되고 있다. 현재 '제6차 계획(2013~2022)'이 4대 목표(안정적 식량 공급, 농업경쟁력 강화, 신성장동력 확보, 지속가능한 농업 농촌 실현), 19개 아젠다, 70대 과제로 구분돼 진행되고 있다.

국내 농림식품부문의 연구개발에 투여되는 예산은 농진청이 전체의 2/3를 차지한다. 2016년의 경우, 3개 부청의 전체 예산은 9,531억 원으로, 농진청, 농식품부, 산림청의 예산 비중은 각각 6,308억 원(66.2%), 2,184억 원(22.9%), 1,040억 원(10.9%)이었다(농림축산식품부, 2017.4, 2쪽). 이 가운데 농진청과 농식품부 예산은 2014년부터 연평균 2.1% 정도 증가해 왔다. 연구개발 총 예산이 농림업 전체 예산에서 차지하는 비중은 5.5% 수준이다. 또한 농림식품부문 연구개발 총 예산이 국가 전체의 연구개발 예산에서 차지하는 비중은 약 5.0% 수준이다.

그렇다면 양 기관의 세부 과제(50대 핵심 기술과 70대 과제)는 거시적으로 어떤 목표 아래에서 진행되고 있는 것일까. 일단은 양 기관이 큰 범주로 제시하고 있는 4가지 지향점(4대 중점 분야와 4대 목표)이 거시적 목표로 보인다. 이들의 내용은 거의 유사하며, 표면적으로는 농식품부가 상위 기관이기 때문에 해마다 양 기관의 연구개발 현황을 종합적으로 보고하는 자료에서는 일단 농식품부의 분류 체계에 따라 해당 내용이 표기된다.

한편 양 기관의 모든 과제는 정부가 표방하는 농정 과제에 따라 다시 분류된다. 즉 농식품부 자료에 따르면 7대 농정과제(농업 첨단 산업화, 고부가 가치 식품개발, 시장개방 대응, 농생명자원 가치 제고, 기후변화 대응, 현장문제 해결, 농촌 가치 제고)가 농업 정책 과제로 제시돼 있다(아래 표 참조).

'제2차 종합계획'에서 7대 농정과제에 투여되는 연구개발 예산을 살펴보면 과거에 비해 상대적으로 비약적인 증가세를 보이는 부문은 첨단 과학기술 적용 영역이다(농림축산식품부, 2017.4, 5~6쪽). 즉 '농업 첨단 산업화' 농정과제의 경우 2015년 334억 원이 투여됐다가 2016년에는 484억 원으로 44.9% 상승했다(산림청 예산 포함). 이에 비해 '고부가 가치 식품 개발' 과제

7대 농정과제 개념

7대 농정과제	개념
농업의 첨단산업화	ICT 기자재 표준화 및 핵심기술 국산화를 중점 추진하고, 드론 농업 적용 등 첨단기술 적용 확대
고부가 가치 식품 개발	해외시장 개척을 위한 맞춤형 식품 개발 및 식품 핵심소재 발굴 등에 투자 확대
시장개방 대응	한중 FTA 등으로 농식품 해외시장이 확대됨에 따라 수출 전략품목 안전적 생산, 기술개발 등 농업경쟁력 제고
농생명자원 가치 제고	종자, 곤충, 미생물 등 농생명자원 활용 신소재 개발, 산업화를 통해 새로운 부가 가치 창출
기후변화 대응	지구 온난화 등 기후변화에 따른 농업분야 영향 예측 및 안정적 식량 수급을 위한 대응력 강화
현장문제 해결	구제역, AI, 재선충 등 동·식물 전염병 신속 방제 및 발생·확산 방지, 농산물 안전 관리 등 고질적 현장문제 해소
농촌 가치 제고	농촌 경관을 보전하고, 전통자원의 문화콘텐츠화 등을 통해, 농촌 활력 제고 및 지속가능한 농업 기반 구축에 기여

자료: 농림축산식품부, 2017.4, 5~7쪽

는 같은 기간 동안 335억 원에서 401억 원으로 19.7%, '시장개방 대응' 과제는 908억 원에서 1,043억 원으로 14.9% 상승했다. '농생명자원 가치 제고' 과제는 1,049억 원에서 924억 원, '기후변화 대응' 과제는 279억 원에서 197억 원, '현장문제 해결' 과제는 644억 원에서 617억 원, '농촌 가치 제고' 과제는 280억 원에서 273억 원으로 각각 11.9%, 29.4%, 4.2%, 2.5% 하락했다.

'농업의 첨단산업화' 과제에 해당하는 농진청의 '제6차 계획' 사업에서도 이 같은 추세가 확인된다(허정회 외, 2017, 18~19쪽). 가령 'ICT 융합 한국형 스마트팜 핵심기반기술개발' 사업의 경우, 처음 진행된 2014년 20억 원이던 예산이 2015년 30억 원, 2016년 91억 8,600만 원으로 증가했다. 또한 '농업첨단 핵심기술 개발' 사업의 경우, 처음 진행된 2015년에 187억 4,600만 원, 2016년에는 164억 8,300만 원이 투여됐다.

- **농업 연구개발 정책 목표와 추진체계의 명과 암**

첫째, 농업 연구개발 정책의 목표가 농업 정책과 어떤 연관성 속에서 설정되는지가 모호하다는 문제이다. 한 국가의 농업 연구개발 정책은 농업 정책의 목표 달성을 위한 수단의 성격을 갖는다. 양 기관의 세부 과제들은 일단 4가지 거시적 목표 범주에 속해 있는데, 이것이 농업정책 목표인 것일까? 앞의 표에서 나타나듯, 농식품부는 7대 농정과제를 한국의 농업정책 과제로 제시하고 있다. 따라서 각 세부 과제들(50대 핵심기술)이 궁극적으로 어떤 목표를 달성하기 위한 수단인지가 중첩적으로 제시돼 있다(다음 표 참조).

이 같은 중첩 상황은 농식품부 발표 자료에서도 드러나는데, 가령 2016년도 연구개발 투자 예산에 대한 설명에서 '주요 4대 분야에 대한 R&D에 5,183억

'16년도 50대 핵심기술 부·청별 투자 현황

(단위 : 백만 원, %)

4대 중점	14대 분야	50대 핵심전략기술	농식품부	농진청	산림청	농정과제
글로벌 경쟁력 강화	농산업 체질개선	축산물 품질 고급화 및 생산성 향상 기술	5,514	13,092	-	시장개방 대응
		친환경 통합 가축분뇨 처리 기술	4,150	2,256	-	현장문제 해결
		첨단 친환경 축사 개발	2,661	2,274	-	농업의 첨단산업화
		신선 농산물 수확 후 관리 및 선도유지 저장유통 기술	3,814	2,812	-	시장개방 대응
		환경내성/복합병 저항성 고품질 원예특용작품 신품종 육성	4,903	12,469	-	
		원예용 첨단 자재 산업화 기술 개발	3,192	1,814	-	농업의 첨단산업화
		원예작물 안정생산 및 시설원예 에너지 절감 기술	4,493	6,209	-	
	고부가 가치 식품	질환개선 고부가가치 기능성 식품개발 기술	15,609	5,942	910	고부가가치 식품
		고품질/고소득 발효식품 소재화 및 실용화 기술	3,536	3,902	100	
		농식품 편이가공 및 식재료 해동기술	1,500	1,400	-	
		식품가공공정 효율성 향상 통합 생산관리 시스템	4,630	934	400	
		체질별 맞춤형 장기능 개선 천연소재 개발	940	3,340	-	

세상의 밥이 되는 공동체운동

4대 중점	14대 분야	50대 핵심전략기술	농식품부	농진청	산림청	농정과제
	ICT 융합	첨단 농림기계 기반기술	5,101	2,778	879	농업의 첨단산업화
		지능형 정밀농업 생산 구현 기술	4,413	2,140	-	
		수익형 식품공장 비즈니스 모델 개발	1,815	652	-	
		지능성 농업용수 통합제어 시스템	1,906		-	

자료: 농림축산식품부, 2017.4, 8쪽

원(54.4%)을 투자하였으며, 그 중 7대 농정과제에 3,937억 원 투자'라고 요약돼 있다. 즉 농식품부는 4대 중점 분야와 7대 농정과제 두 가지를 모두 목표로 상정하고 해마다 연구개발 투자 예산을 확대하고 있다는 점을 강조하고 있다. 실제로 2017년 연구개발 예산 확대 목표에 대한 설명을 보면 "4대 중점 분야 50대 핵심 기술에 대한 투자비중 확대를 통해 7대 농정과제 목표 달성에 기여"할 것이며, 2017년에는 "4대 중점분야 투자 비중 목표는 56%로 전년 54.4% 대비 1.6%p 확대"됐다고 설명했다. 동시에 "긴급 현안, 정책적 중요성을 고려하여 7대 농정과제 중 '농업의 첨단 산업화', '현장문제 해결' 분야 투자 비중 확대"라는 표현도 등장한다.

한편 연구개발 정책 목표가 농업 정책의 목표로 거의 동일하게 설정되는 경향이 강하다는 점도 문제이다. 일반적으로 국가 농업 정책에서는 장기 목표와 함께 당면 문제 해결을 위한 단기적 목표가 설정돼 있다. 이에 비해 연구개발은 착수 이후 결과 도출과 현장 적용까지 오랜 기간이 걸리므로 장기적으로 안정되게 목표가 설정돼야 한다. 하지만 국내 상황은 그렇지 못하다.

그 결과 연구개발 정책은 정권이 바뀔 때마다 쉽게 변경되기도 한다(이정환 외, 2017.7, 3~4쪽). 가령 노무현 정부에서 수립된 농진청의 '제4차 농업 과학 기술 중장기 연구개발계획(2006~2015)'은 이명박 정부 출범과 함께 '5차 계획(2009~2017)'으로 바뀌고, 박근혜 정부 출범 후 다시 '6차 계획(2013~2017)'이 발표됐다. 실제 사례를 보면, 수입 개방 대책으로 논콩이 장려돼 연구가 이루어지다 1996년 쌀 부족으로 연구가 중단됐다. 2002년 쌀 과잉으로 논콩 지원 시책이 재개됨에 따라 2005년 다시 연구가 시작되다 2013년 쌀 재고 감소로 중단된 바 있다. 또한 식용유 수입 자유화로 1995년 유채 연구가 중단됐다가 2005년 바이오 디젤용 유채 정책 수립으로, 2007년 유채 연구가 다시 시작됐지만 2009년에 중단되기도 했다.

이 상황은 농업 연구개발이 농업 정책과 서로 윈윈할 수 있는 상호 발전의 관계가 아니라는 점을 의미한다(허정회 외, 2017, 97쪽). 바람직하게는 연구개발이 농업 정책 방향 실현을 구체화하거나 새로운 패러다임을 선도하는 역할을 수행해야 한다. 하지만 한국에서 둘 간의 관계는 연구개발 계획이 농업 정책에 완전히 종속되는 형태를 띠고 있다.

둘째, 예산 투여에서 선택과 집중의 근거가 제대로 드러나지 않는다(허정회 외, 2017, 83쪽). 예를 들어 농식품부 '제2차 종합계획'에 따르면 50대 핵심 기술에 전체 예산의 59%(2019년)까지 집중 투자하도록 설정돼 있다. 즉 50대 핵심 기술에 속하지 않는 14대 기술분야 관련 연구개발에는 6%만 투자한다는 의미이다. 그렇다면 50대 핵심 기술에 '제2차 종합계획' 예산의 90% 이상(59/65=91)을 투자하는 선택과 집중의 근거를 제시하지 않았다. 4대 중점 연구분야의 경우에도, '글로벌 경쟁력 강화' 분야는 약 2배의 투자 증가(11.3%에서 22.3%로 증가)가 이뤄지는데 비해 '신성장동력 창출' 분야는 비율상의 투자 증가가 나타나지 않았으며 그 근거가 제시되지 않고 있다.

셋째, 농식품부와 농진청 간 연구개발 내용의 연계성을 거의 찾아볼 수 없다(허정회 외, 2017, 83쪽). 물론 농식품부 종합계획 발표 자료에는 가령 2016년 50대 핵심 기술에 농식품부가 약 1,500억 원, 농진청이 약 2,000억 원을 투여한 것으로 명시돼 있다. 하지만 농진청의 이 수치는 자체 연구개발 사업 가운데 50대 핵심 기술에 해당하는 분야를 모아놓은 것일 뿐, 농식품부와 공동으로 사업이 추진됨을 의미하는 것이 아니다.

연구개발 분야에서 농식품부와 농진청이 유일하게 공동으로 추진하는 사업은 'Golden Seed 프로젝트'(이하 GSP)이다(허정회 외, 2017, 20쪽). GSP 홈페이지(www.gsp.re.kr)에 따르면 이 프로젝트는 "글로벌 종자 강국 도약과 종자 산업 기반 구축을 위한 국가 전략형 종자 R&BD사업"으로, 종자 수출을 통한 경제성 확보(2020년 종자 수출 2억 달러, 2030년 30억 달러)에 기여할 것을 목표로 삼고 있다. 전체 사업기간은 2012년에서 2021년까지 10년이며, 현재 2017년부터 추진된 2단계 사업이 진행 중이다. 전체 사업비(4,911억 원)의 대부분은 정부가 지원하며(농식품부 2,165억 + 해양수산부 748억 + 농진청 972억 + 산림청 100억=3,985억 원), 민간 대응 자금으로 설정된 926억 원은 홈페이지에 '계획'으로 표기돼 있다. GSP는 크게 5개 사업단으로 나눠져 수출 전략 종자 20개 이상을 개발하려 한다.: ① 채소종자사업단(고추, 배추, 무, 수박, 파프리카), ② 원예종자사업단(양배추, 양파, 토마토, 버섯, 백합, 감귤), ③ 수산종자사업단(넙치, 바리과, 전복, 김), ④ 식량종자사업단(벼, 감자, 옥수수), ⑤ 종축사업단(돼지, 닭).

넷째, 첨단 과학기술 적용 목표가 농업 정책 실현, 그리고 영농 현장의 수요 충족 모두에서 모호하게 설정돼 있다는 문제이다. 농식품부 자료에서 전체적으로 첨단 과학기술이 농정과제 목표를 달성하는 것으로 나타나긴 하지만, 실제로는 기술개발 차원에서 볼 때 "농업 정책(또는 영농 현장의 수요)과 무관한 연구자들의 연구개발(기초연구 및 첨단기술)이 보편화되는 형태로 나타난다"(허정회 외, 2017, 97쪽)는 지적이 있다. 심지어 화려해 보이는 첨단 과학기술의 유행을 일시적으로 좇고 있다는 비판도 있다. 즉 "대부분 기술개발 프론티어 확장에 주목하여 예측되는 신기술을 나열하고, 그 중 몇 가지 기준에 의한 우선 순위에 따라 R&D 목표를 설정하는 접근 방법을 적용하고 있다. 그리고 한국 농업·농촌 문제의 본질에서 벗어난 이슈 위주의 트렌디한 접근으로 이어져 실효성이 낮은 연구개발 구조를 초래해 결국 "한국 농업에 활용될 가능성이 낮고 결과적으로 농업 현장과 괴리된 연구가 많다는 외부 평가를 초래하는 원인의 하나가 되었다"는 것이다(이정환 외, 2017.7, 5~6쪽). 예를 들어 국내에서는 식물공장이 농업의 대안으로 부상해 연구개발 정책 주요 항목으로 떠오르고 있지만, 일본에서는 고비용과 소비자 외면으로 대부분 폐업되는 추세인 상황을 반영하지 못하고 있다.

마지막으로 국내 농업 연구개발 정책 평가가 제대로 이뤄지지 못하고 있다는 점이다. 한편에서는 '기술료 징수(건)' 및 '사업화(건)'와 같은 단순한 경제적 투자 대비 성과 지표를 제시하면서 연구개발 투여에 따른 성과가 우수하다고 평가하기도 한다(이주량 외, 2016). 가령 농진청과 농식품부의 평균 기술이전의 비율은 14.1%에 불과했지만 사업화 성과의 각각 99.2% 및 84.1%가 기술 이전 형태로 유형화됐다는 식이다. 하지만 연구개발 투자가 한국 농업에 어떤 기여를 해왔는지에 대한 적절한 성과 평가 지표가 없으며 평가 자체가 제대로 진행돼 오지 못했다는 것이 대체적인 지적이다(허정회 외, 2017).

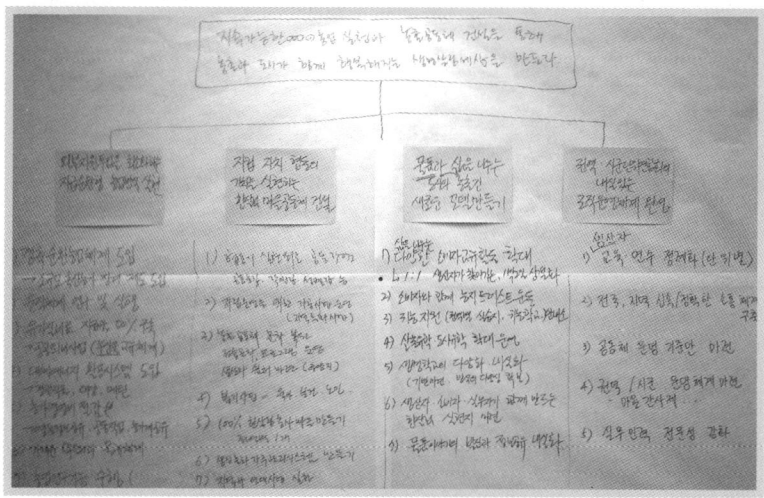

- **지속가능한 유기농과 첨단농업을 위한 공존의 문제**

국내 농업 연구개발 정책 목표는 전반적으로 경제성 관점에서 설정돼 왔다. 물론 '지속가능한 농업'과 같이 농업 생산성뿐 아니라 자연의 가치를 고려하는 용어가 등장하기는 한다. 가령 농진청의 4대 목표에는 식량의 안정적 공급, 농업경쟁력 강화, 신성장동력 확보와 함께 '지속가능한 농업·농촌 실현'이 설정돼 있고, 7대 농정과제 가운데 하나인 '농촌 가치 제고'에서도 그 표현이 등장한다. 하지만 과연 지속가능성이 여타의 3가지 목표나 6대 농정과제들과 개념적으로나 현실적으로 어떻게 공존할 수 있는지에 대한 내용을 찾기 어렵다.

스위스의 사례는 농업 정책과 연구개발 정책이 모두 일관되게 지속가능성을 표방한다는 점에서 눈여겨볼 만하다(허정회 외, 2017, 88~89쪽). 스위스에서 지속가능한 농업의 실천은 4단계에 걸쳐 이루어지고 있다. 첫째, 영농활동을 시작할 수 있는 여건을 만들기 위해 생물다양성 유지, 유전자원 보존, 토양 및 수질 보호 등 자연 상태의 유지와 보존을 시행하는 단계이다. 둘째, 재배와 수확에서 동식물이 환경친화적으로 건강하게 생산되도록 만드는 단계이다. 셋째, 이력제와 인증제를 통해 고품질의 식자재와 원료가 소비(판매)될 수 있게 만드는 단계, 즉 농장에서 식탁까지 이르는 유통과정을 관리하는 단계이다. 넷째, 토양의 복원과 개량, 양분 수지 관리, 윤작 실시, 가축분뇨 자원화 등을 통해 농업생산의 순환계와 생태계를 복원하는 단계이다. 이와 같이 상호 연관된 체계 속에서 스위스의 농업 경쟁력은 가격 경쟁력만이 아니라 품질 경쟁력의 강화를 의미하게 됐다.

한편 농진청의 '지속가능한 농업·농촌 실현'을 위한 연구에는 유기농을 장려하는 내용이 담겨 있다. 다만 여기에 투여되는 구체적인 예산, 그리고 그 성과와 유기농 현장과의 연관성을 좀더 검토할 필요가 있다. 여기서는 이 같은 한계 속에서 유기농 확산을 위한 농업 연구개발 내용을 살펴보자.

첫째, '저투입·자원순환형 유기농업 생산기술 체계 확립과 보급'이다. 농식품부 자료에 따르면, 2016년 이 분야의 성과로 유기농작물의 병해충과 잡초를 막기 위한 종합관리 기술 개발이 명시돼 있다. 가령 벼의 키다리병을 방제하기 위해 마늘 추출물을 이용하는 방법, 오이의 노균병을 방제하기 위해 순을 제거하는 방법, 호박의 병해충을 방제하기 위해 난황유를 사용하는 방법 등을 개발했다. 또한 가축분퇴비 등 5종의 유기자원을 투여했을 때 논토양에서 벼의 생산성이 얼마나 증가할 수 있는지 추정하는 모델을 개발했다. 유기과수(사과, 배, 포도, 단감, 감귤 등)에 대한 매뉴얼을 각종 정보 사이트(농사로, 농서남북)나 언론매체(농업전문지)에 배포해 농민교육 자료로 활용하고 있다는 내용도 등장한다.

둘째, 유기농업의 환경생태 보전 가치 평가이다. 2016년 밭토양의 유기농 경지에서 생물다양성을 비교한 결과, 관행농경지(10종)에 비해 유기농경지(13종)에서 우수한 평가가 나왔다. 또한 농촌경제연구원과 공동으로 유기농의 비시장적 가치를 산정한 결과 7천~1조 1천억 원이라는 막대한 수치가 도출되기도 했다. 특히 유기 사과의 경우 관행농에 비해 비시장적 가치는 84~92% 높게 나타났다.

하지만 농진청 연구개발 정책에는 원론적으로는 유기농 개념과 배치되는 농작물 개발 내용도 담고 있다. GMO(Genetically Modified Organism) 연구가 그것이다. 세계 어디에서도 GMO는 유기농 범주에 포함되지 않지만, 세계 많은 나라에서 '첨단 농업'의 영역에 포함시키고 있다.

그나마 GMO 연구개발은 여러 사업명으로 추진되고 있어 농식품부의 '2차 종합계획' 자료만으로는 사업의 중복 가능성이 제기되고 있지만 구체적인 전체 양상을 파악하기 어렵다. 예를 들어 농식품부 자료의 부록 부분에서 농진청의 성과는 다시 23개 주제로 구분돼 설명되고 있는데, '5. 농업생명공학 원천·기초기술 연구'와 '18 생명공학 실용화 기술 공동연구'에서 비슷한 내용이 등장한다. 요약하면 GMO 개발을 위한 유용한 유전자 발굴, GMO 안전성 평가 기술 개발, 그리고 최근 정밀한 유전자변형 기술로 부상하고 있는 크리스퍼/카스9 기술 개발 등이 공통으로 명시돼 있다. 다만 '18 생명공학 실용화 기술 공동연구'에서는 화장품 소재 단백질을 생산하는 GM콩, 돼지열병을 방제하기 위해 마커백신을 생산하는 GM담배, 노동력 절감을 위해 제초제에 잘 견디는 웅성불임 GM들잔디, 크리스퍼/카스9 적용을 위해 콩, 애기장대, 토마토 등에서 여러 유전자에 동시에 작동할 수 있도록 구축한 데이터베이스 등의 일부 사례들이 등장하고 있다.

'첨단농업'은 파종에서 수확에 이르는 전 과정을 자동화하고 기계화하는 연구개발 내용도 담고 있다. 이는 농진청의 '4. 생산공정 자동화, 에너지 절감 및 농작업 안전기술', '17. 친환경 안전축산물 생산', '19. 융복합 핵심 기술개발', '23 빅데이터 활용 생산성 향상 모델 개발' 등에서 드러난다. 외견상으로는 친환경을 지향하며 농업 생산 효율성을 높이는 효과를 발휘할 수 있지만, 현실에서 농업의 주체인 농민이 점차 사라지는 결과를 낳을 것이라는 점에서 주의 깊게 검토할 필요가 있다.

눈에 띄는 핵심어는 '스마트팜'이다. 농식품부 자료에 따르면, 스마트팜이란 정보통신기술을 이용해 농작물의 생육에 필요한 환경(온도 및 습도, 일사량, CO_2 등)과 생육 현황 자료를 분 단위로 자동 측정함으로써, 에너지를 절약하고 안전성을 도모하며 생산성을 높일 수 있는 차세대 농업 형태를 의미한다. 국내 영세한 농지 규모의 문제점을 극복하고 대외 경쟁력을 높일 수 있도록 자본·기술 집약적 농업생산 시스템을 구축한다는 내용이다.

농식품부는 2014년부터 시설농업 중심으로 스마트팜 보급을 확대하고 있으며, 특히 버섯 재배의 자동화 기술 분야에서 성과를 내고 있다고 한다. 가축 6종(돼지, 산란계, 육계, 오리, 한우, 젖소)의 친환경 축산물 생산을 위한 스마트 축사 관리 모델도 제시됐다.

최근까지 농진청은 한국형 1세대 스마트팜 표준 모델을 개발하고 ICT 기기 표준화를 추진하고 있다. 예를 들어 9품목 22농가를 대상으로 품목별 1세대 스마트팜의 시범 실증을 진행했으며, 온실용 센서 및 제어기 22종에 대한 표준화를 완료하고 이를 축산분야로 확대 적용할 계획을 추진하고 있다. 현재는 토마토를 대상으로 2세대 스마트팜 핵심 기술을 개발하고 있다.

밭농업 분야에서는 기계화가 활발히 진행되고 있다. 전자동 감자 파종기, 수집형 감자 수확기계 기술, 들깨 수확용 예취기와 탈곡기 개발이 사례로 제시돼 있다. 수확 후에는 농식품의 품질과 위해성 판정, 저장, 가공 등을 지원하는 관리공학 분야가 적용되고 있다.

한편 스마트팜 실현을 위한 연구개발 정책은 과학기술정통부 역시 적극 추진하고 있다. 지난 6월 4일 과학기술정통부가 배포한 보도자료 「데이터가 짓는 농업, 미래 스마트팜」에 따르면, 2015년 10월부터 한국과학기술연구원, 한국전자통신연구원, 한국생산기술연구원, 한국에너지기술연구원, 한국식품연구원 등 5개 연구기관으로 구성된 '스마트팜 솔루션(SFS) 융합연구단'이 연구를 진행하고 있다. 융합연구단은 최근까지 3년간 276억 원을 투여해 복합환경 계측센서 기반 스마트 관수 시스템, 인공지능 기반 토마토 숙도판별 기술, 온실 보온커튼 및 보광등 제어 시스템 등 총 16개의 주요 기술을 개발했다고 밝혔다. 융합연구단이 제시하는 스마트팜의 기대효과는 농식품부와 유사하게 크게 4가지로 요약된다. ① (생산성 향상) 최적화된 생육환경 제공으로 투입재, 노동력 절감 가능, ② (수출 확대) 통제된 첨단시설을 통해 연중 안정적 생산 및 바이어 요구 대응, ③ (일자리 창출) 전문재배사, 소프트웨어 개발자, 사물인터넷 서비스 기업 등 청년 일자리 창출, ④ (환경 친화적) 병해충·질병 감소, 악취 관리, 불필요한 양분 공급 감소 등.

과학기술정통부는 농식품부와 농진청과 연계해 2020년부터 10년간 '스마트팜 다부처 패키지 혁신기술개발 사업'으로 총 7,160억 원이 투여되는 대규모 프로젝트를 진행할 예정이다. 이들 정부 부처별 역할 분담은 나름대로 제시돼 있는데, 농식품부는 현장에서 즉시 적용이 가능한 표준화와 사업화, 농진청은 고도화할 수 있는 핵심기술 개발, 그리고 과학기술정통부는 차세대 스마트팜 기술 개발로 설정돼 있다. 보도자료에 따르면, 스마트팜의 비전은 "미래 농업은 사람의 경험보다는 데이터의 수집, 분석, 활용을 바탕으로 이뤄진다"는 것으로 명시돼 있다.

● **농업살림의 눈으로 미래 농업을 바라보다**

정부는 매년 막대한 연구개발 예산을 투여하며 한국 농업의 질적 양적 변화를 도모하고 있다. 하지만 연구개발 정책 목표는 전체 농업 정책 목표처럼 광범위하고 모호하게 설정됐을 뿐 아니라 그 추진 체계가 비효율적이고, 영농 현장의 수요를 제대로 반영하지 못하고 있으며, 정책에 대한 평가가 미흡하다는 등의 전반적인 지적이 계속 제기돼 왔다. 가령 정부가 야심차게 추진해온 대형 프로젝트인 GSP가 1단계 사업을 거치면서 고품질 국내 종자를 개발한 결과, 누적 수출 3,000만 달러와 수입대체 191억 원을 달성했다고 하는데, 과연 그 효과를 어디에서 확인할 수 있는지 궁금하다. 이 같은 상황이 지속돼 온 원인에는, 사실 농업에 대한 관심이 여타 분야에 비해 상대적으로 부족한 사회 분위기가 큰 몫을 차지하고 있다. 그럼에도 농업 연구개발 정책이 장기적으로 농업구조 자체를 변화시킬 가능성이 크다는 점에서, 단순히 예산 낭비 지적 차원이 아니라 농업의 바람직한 비전 속에서 연구개발을 어떤 방향으로 진행해야 할지에 대한 검토와 고민이 필요하다.

정부의 연구개발 정책은 한살림의 활동 전반에도 적지 않은 영향력을 발휘할 가능성이 있다. 특히 첨단 농업의 이름으로 추진되는 정부의 다양한 사업들은, 인간과 자연의 조화로운 가치를 지향하며 유기농을 실천해온 한살림의 활동 내용과 외견상으로 구분이 모호해질 가능성도 있다. 한살림이 농업 분야에서 꾸준히 정립해온 실천 모델을 바탕으로 급변하는 첨단 과학기술에 유연하게 대처해 나가기 위해서는, 먼저 국내에서 진행돼온 연구개발 정책에 대한 검토를 통해 정책 내용에서 문제를 제기해야 할 지점, 그리고 비판적으로 수용해야 할 지점 등을 파악하고 정리하는 일이 필요하다.

첫째, 연구개발 정책에서 추진하고 있는 유기농 지원에 대한 검토와 문제제기이다. 현재 정부가 유기농 활성화를 위해 병해충이나 잡초 문제를 해결하고 가축 퇴비 사용량에 따른 벼 생산성 추정 모델을 개발하는 일은 중요해 보인다. 하지만 유기농 현장에서 당장 필요한 과학기술 내용이 무엇이며 얼마나 필요한지, 즉 현장의 수요에 부응하는 연구개발이 진행되고 있는지 평가할 필요가 있다. 당연히 한살림 생산자들이 유기농을 실천하면서 겪어온 기술적 난제를 파악하고 이 내용이 정부의 연구개발 내용과 얼마나 일치하는지 정리하는 일이 필요하다.

한편으로 농진청은 2017년 중점사업의 하나로 유기재배 매뉴얼의 발간과 보급을 확대하고, 유기농가 소득증대 향상 방안을 연구하며, 유기농 민·관 협동 위원회 구성 및 국제기관과 협력 강화를 제시하고 있다. 일례로 현장 맞춤형 연구개발 추진의 일환으로 전문가와 농민이 실시간으로 소통하며 현장 애로사항을 해소하는 SNS 기술컨설팅을 확대 실시했다는 점이 주요 성과의 하나로 제시되고 있다(2015년 23품목에서 2016년 30품목으로 확대, 농림축산식품부, 2017.4, 11쪽). 이 같은 대외 협력 및 홍보 활동이 국내 유기농의 실천과 발전에 실제로 어느 정도 도움을 주었는지 평가와 지적이 필요하다. 다른 한편으로 정부가 유기농의 우수성을 연구한 결과물, 가령 유기농의 가치(토양의 생물다양성, 비시장적 가치 등)에 대한 평가 내용을 검토하고 이를 한살림의 홍보 자료로 활용하는 일도 고려할 수 있다.

궁극적으로는 연구개발 정책 목표의 하나로 설정돼 있는 '지속가능한 농업'

이 정부의 전체 농업 정책에서 어떤 위상을 차지하고 있으며 그 한계는 무엇인지에 대한 검토와 지적이 요구된다. 국가 전체의 농업 정책이 지속가능성을 지향하고 있는 스위스의 사례를 당장 좇을 수는 없겠지만, 한국 정부가 분명히 지속가능성을 표방하고 있는 만큼 그 실현을 위한 연구개발 현황을 구체적으로 파악할 필요가 있다.

둘째, 첨단농업에 동원되는 정보통신기술 분야를 어떻게 수용해야 할지 비판적으로 검토할 필요가 있다. 물론 스마트팜을 비롯한 자동화와 기계화 영향으로 농민이 점차 사라지고 일부 관리전문가만이 남는 근미래 농업의 모습을 평가하는 일이 우선 진행돼야 할 것이다. 동시에 정보통신기술 확대 보급은 사회 전체 분야에서 거스를 수 없는 시대적 흐름인 만큼, 이를 적극적으로 활용할 부분이 무엇인지 고민할 필요가 있다.

실제로 국내 과학기술 정책 분야에서는 첨단 정보통신기술을 농촌사회 혁신에 필수 요소로 설정하고 바람직한 적용 방안을 연구하는 일이 활발하다. 예를 들어 농촌사회에서 로컬 푸드 시스템이나 자원순환 시스템 구축, 사회적경제 생태계 마련 등을 위해 정보통신기술이나 관련 기술을 적극 활용해야 한다는 것이다(송위진 외, 2016). 이를 위해 기술능력과 사회혁신 주체를 조직화할 능력이 있는 '농촌사회혁신센터'를 지정하고 지역문제 해결을 위해 공방형 팹랩(Fab Lab)을 운영하자는 제안이다. 팹랩은 3D 프린터, CAD와 같은 디지털 제작기기, 오픈소스와 오픈디자인설계도, 메이커 활동 지원 인력을 보유한 하부구조 등을 지원하는 기구이다. 여기서 도출된 아이디어를 농업의 시스템 전환을 지향하는 연구개발 정책으로 발전시켜 나갈 수 있다. 이같은 논의가 실험적 성격이 강하기는 하지만 서구 사회에서 이미 다양한 경험을 축적해 나가고 있는 것이 사실이다. 한살림은 첨단농업을 지향하는 정부 방침과 이를 비판적으로 적용하려는 과학기술 정책 연구자들의 주장을 종합적으로 주시하며 독자적인 방향을 설정해 나갈 필요가 있다.

참고문헌

농림축산식품부, 「제2차 농림식품과학기술육성 종합계획(2015~2019)-2017년 농림식품과학기술육성 시행계획(안)」, 2017.4.
송위진 외, 「사회·기술시스템 전환 전략 연구사업(2차년도)-농업·농촌 사회·기술시스템 전환 연구」, 과학기술정책연구원, 2016.
이정환 외, "농업 R&D 혁신의 길", 「시선집중 GSnJ」, 제240호, GS&J Institute, 2017.7.
이주량 외, 「농업과학기술 혁신체계의 진화와 선택: 국가 간 비교연구」, 과학기술정책연구원, 2016.
허정회 외, 「농업부문 공공 R&D의 경제적 파급효과와 투자 수요 분석」, 한국농촌경제연구원, 2017.

김훈기

홍익대학교 교양과 교수, 모심과살림연구소 연구기획위원. 저서로는
『생명공학 소비시대, 알 권리 선택할 권리』, 『바이오해커가 온다』 등이 있다.
첨단 생명공학, 농업, 사회의 관계에 대해 고민하며 연구하고 있다.

한살림 30년 비전 제안 보고서 요약본

한살림,
새로운 30년
비전을 묻 다

한살림30년비전위원회에서
의견수렴과 조사·분석한
자료를 토대로 논의하고 정리해
2017년 1월에 내놓은
비전 제안 보고서 내용을
요약한 것이다.

부록

한살림,
　　새로운 30년
　　비전을 묻다

1) 지금 여기 : 우리는 어디에 서있는가?

서울 도시 한쪽 귀퉁이에서 '한살림농산'이란 이름의 작은 쌀가게로 시작한 한살림이 어느덧 서른 살이 되었습니다. 한살림은 지난 30년간 농촌과 도시 곳곳에서 '살림'의 씨앗을 뿌리고 정성껏 보듬고 땀 흘려 가꾼 결과, 전국을 아울러 60만 조합원과 2천여 세대 생산자들이 함께하는 큰 숲을 이루었습니다.

하지만 '한살림 하는 사람들'의 많은 노력과 성과에도 불구하고 우리가 살아가는 사회의 현실은 매우 우려스럽습니다. 쓰러져가는 농업을 살리고자 한 한살림의 노력에도 불구하고 한국농업이 처한 현실은 더욱 암담하고, 생명의 가치를 담은 먹을거리를 만들고 지키고자 애써왔으나 사회의 먹을거리는 양과 질 모두에서 위협을 받고 있습니다. 여기에다 기후변화를 비롯한 생태계의 위기가 점점 커지는 가운데, 지속적인 성장을 전제로 작동해 온 경제 구조는 세계 전체적으로 도전받고 있습니다. 거대한 문명사적 전환기를 맞아 이 땅에서 살아가는 사람들과 뭇 생명들은 물론 우리 미래 세대의 생존까지 불확실하고 위태로운 지경입니다.

그러나 다시, '위기는 전환의 징후'이기도 합니다. 그것은 분명한 도전이기도 하지만 지나온 성장의 과정이 낳은 증거이기도 하기 때문입니다. 성장의 관성을 넘어 새로운 차원을 열어가는 각별한 노력이 필요한 시대임을 확인하게 됩니다.

30년 전 생명을 화두로 새로운 삶과 세상에 대한 꿈을 꾸고 또 그것을 이루어 온 한살림 역시 이제 서른 살을 맞아서 새로운 단계로의 전환, 차원 변화를 위한 노력을 요청받고 있습니다. 의식과 무의식을 망라한 새로운 마음, 새로운 비전, 새로운 실천전략이 있어야 할 것입니다. 삶을 위협하는 위기적 징후들이 더욱 분명하게 총체적으로 드러나고 있는 지금이야말로 역설적으로 문명 전환을 향한 한살림의 꿈을 밝히고 한살림운동에 더욱 힘써야 할 때입니다.

한살림, 새로운 30년 비전을 묻다

일찍이 경험해보지 못한 거대한 변화와 도전 앞에서 한살림이 지난 30년
간 일궈온 숲 속에 갇혀서 길을 잃지 않도록, 깊은 통찰력으로 지나온 과정
을 되돌아보고, 지금 여기의 현실을 냉정하게 살피고, 한살림의 꿈을 잇고
더욱 발전시키기 위한 실마리를 찾아서, 새로운 30년을 향한 길을 나서야
할 것입니다.

2) 돌아보기 :
한살림이 걸어온 길

(1) 한살림을 시작한 마음(初心)

한살림은 죽임의 상황에 내몰리는 생명들의 목소리에 귀 기울이고, 이들의
아픔에 "'공명(共鳴)하는 마음'"이 만나서 시작되었습니다.
한살림을 시작할 당시 민중의 삶은 뿌리 뽑힌 채 유랑하고, 농업과 농촌은
급속히 쇠락하고 있었으며, 하늘과 땅, 물 등 자연의 전면적인 파괴와 함께
거기서 살아가는 생명들도 죽임으로 내몰리는 절박한 상황이었습니다. 당
시 자본주의와 사회주의, 보수와 진보가 더 나은 세상을 약속하며 서로 대
립하고 투쟁하고 있었지만 어느 누구도 삶의 터전을 잃고 죽어가는 생명들
에게 시원한 답을 주지 못하고 있었습니다.
이때 죽임의 상황으로 내몰리는 생명들의 절박한 목소리에 귀 기울이고,
함께 아파하는 마음들이 한살림으로 서로 만났습니다. 땅과 물이 생명이
살 수 없는 곳으로 오염되고 농약 중독으로 사람이 쓰러져가는 세태에 가
슴 아파하면서 생명농업의 길로 뛰어든 농부들과, 이들의 수고에 공명하면
서 아이들과 생명의 먹을거리를 나누고자 했던 어머니들이 서로 만나 한살
림운동으로 이어졌습니다.

(2) 한살림의 꿈

누군가의 아픔에 공명하는 마음은 공생(共生)을 통해 더불어 살아가는 평화로운 세상에 대한 꿈으로 나타났습니다. 세상이 돈벌이를 향해 정신없이 경쟁할 때, 뒤처지고 상처입고 소외된 이들의 아픔을 치유하고, 다른 것들이 서로 존중하면서 함께 살아가는 세상을 한살림을 통해 꿈꾸기 시작했습니다.

'나와 남', '부자와 빈자', '생산과 소비', '도시와 농촌', '자연과 문명'이 서로 다름을 있는 그대로 인정하면서, 막힘없이 어우러져 함께 살아가는 세상에 대한 한살림의 꿈은 '도농상생의 공동체'에 대한 열망으로도 나타났으며, '밥상살림', '농업살림', '생명살림'을 위한 실천으로 이어졌습니다.

(3) 한살림의 실천 방식

한살림은 공생을 향한 '살림'의 마음으로 평화로운 세상을 위한 '다리 놓기'를 통해 실천해 왔으며, 실천의 구체적인 매개로 '밥'을 선택했습니다.

공생을 향한 '살림'은 '내가 살기 위해 너를 이용하는 것이 아니라 너를 살림으로써 내가 사는 것'임을 알고 실천하는 것입니다. '그대가 나였음'을 알아차리고 공생의 길을 열어가는 한살림의 살림운동은 '밥상'과 '농업'은 물론 생산과 소비를 포함해 삶이 이루어지는 '지역'으로 확장되고, 사람들 '마음' 깊은 곳으로 다가가 치유와 재생, 창조의 힘을 길러내는 노력으로 이어졌습니다.

또한 한살림은 서로 다른 둘 사이에 '다리'를 놓음으로써 소통과 교류를 통해 높은 이는 낮추고 낮은 이는 높이고, 기쁨과 슬픔을 함께 나누며 공생하는 평화로운 세상을 만들고자 했습니다. 다름과 차이를 있는 그대로 인정하고 그 사이에 '다리'를 놓아 새로운 흐름을 창조적으로 만들어 내려는 한살림의 노력은 '생산과 소비', '식(食)과 농(農)', '결사체와 사업체', '사업과 활동'을 긴밀하게 연결시켜내기 위한 실천으로 나타났습니다. 생산과 소비 사이에 유기적인 순환의 관계를 만들어 물질과 마음이 함께 교류하는 한살림의 직거래운동 역시 농촌과 도시, 생산과 소비를 연결하는 '다리 놓기'의 의미 있는 실천이었습니다.

나아가 한살림은 생명의 가치를 부여한 '밥'을 엮음의 재료로 삼아 새로운 협동운동을 전개해 왔습니다. 따라서 한살림의 협동운동은 동일한 부류의 사람들을 묶어서 이해관계를 실현하기 위한 조합을 만드는 데 머물지 않고, 서로 다른 사람들을 엮어서 더불어 살아가는 세상을 만들기 위해 노력해 왔습니다. 그만큼 한살림의 실천에서는 무리나 집단보다 개별 '한 사람'이 더욱 소중할 수밖에 없고, 자유로운 개인들의 자발적인 선택으로 이루어지는 따뜻하고 품이 넓은 공동체적 삶의 원리가 강조되어 왔습니다.

(4) 한살림이 선택한 길

한살림은 시대 변화에 수동적으로 적응하기보다 새로운 길을 찾고 만들어 왔습니다.

한살림은 현대 산업문명에 드리워진 죽임의 질서를 넘어서기 위해 다양한 대안들을 모색해 왔습니다. 기존의 운동방식과는 다르게 사회 전체의 근본적인 변화를 위해 긴 안목으로 밑바닥부터 가치관과 삶의 방식 자체를 바꿔내고, 그 힘을 바탕으로 사회 전체의 질서와 구조, 체제를 바꿔내는 길을 찾고 만들고자 했습니다.

한살림은 중심이 아닌 주변과 함께하면서, 이들이 스스로 우뚝 설 수 있도록 하는 노력을 해왔습니다. 근대 국가와 자본주의를 관통하는 전체주의가 끊임없이 중심과 주변부를 만들어내고 있음을 인식하고, 중심으로 다가가고 중심에 서기보다 중심으로부터 배제된 주변부와 함께함으로써, 한편으로는 중심에 맞서면서 다른 한편으로 주변과 함께 살아가는 대안을 새롭게 만들어가는 길을 선택했습니다.

또한 한살림이 선택한 길은 당장 눈앞에 보이는 이익이나 현실의 조건을 따졌을 경우 첫 걸음조차 떼기 어려웠을 수도 있습니다. 그런데 한살림은 결코 쉽지 않은 이 길을 누구나 마음만 먹으면 함께할 수 있도록 방법들을 찾아내고 실천해 왔습니다. 한살림은 생활협동운동을 기반으로 '밥상'과

'농업', '생명'살림과 '지역'과 '마음'살림 등 다양한 살림운동을 통해 건강하면서 즐겁고 행복하게 살고자 하는 사람들 누구나 자유롭게 선택하고 자신의 생활에서 실천할 수 있도록 노력해 왔습니다.

(5) 서른 살 한살림이 걸어온 길

한살림의 등장에는 1970년대부터 변방에서 민중들의 자립과 자치를 꿈꾸면서 전개되었던 민주화운동, 협동운동, 공동체운동, 가톨릭농민운동, 생명운동의 흐름들이 깊이 연결되어 있습니다.

한살림을 본격적으로 시작하면서부터 전반부 15년은 한살림운동의 주체와 영역들을 찾아내고 관계를 이어가는 '엮음'의 노력들이 이루어지는 과정이었습니다. 한살림이 꿈꾸는 세상에 공감하는 '사람'들이 관계를 맺고 확장하면서 '결사'(結社)의 형태가 만들어졌습니다. 외롭게 친환경 농사를 하던 생산자들을 만나 생산자 조직을 만들고, 밥상과 농업을 살리는 일에 뜻을 함께하는 도시 소비자들을 조합원 조직으로 만들어 냈습니다. 나아가 이들 생산자와 소비자들은 다양한 도농교류 활동을 통해 깊은 신뢰 관계를 이어갔습니다.

이후 후반부 15년은 결사의 힘을 바탕으로 조직과 시스템을 통해 '묶음'이 만들어지는 과정이었습니다. 생협 조직으로의 분화, 사업연합을 통한 물류체계 혁신, 소식지 통합과 전산 시스템 구축, 인터넷 주문 및 매장공급 확대 등이 활발하게 이루어졌습니다. 시스템 구축을 통한 '묶음'의 과정은 친환경 먹을거리와 건강에 대한 사회적 관심과 함께 한살림의 조합원이 크게 늘어나고 사업과 조직이 빠른 속도로 커지는 데 중요한 기반이 되었습니다.

이처럼 지금까지의 한살림 역사에서 엮음과 묶음의 과정은 각각의 서로 다른 특성에도 불구하고 모두가 한살림의 중요한 역사이고, 이런 과정들이 유기적으로 이어짐으로써 지금의 한살림이 존재할 수 있었습니다.

3) 살펴보기 :
진단과 과제

(1) 한살림이 이룬 성과와 과제들

지난 30년간 한살림은 사람들과의 관계를 엮고 조직과 시스템을 만들면서 빠른 성장과 함께 자립의 기반을 형성해 왔습니다. 또한 이런 가시적인 성과와 함께 가치와 원칙을 지키기 위한 노력들을 통해 눈에 보이지 않는 신뢰의 자산들도 다양하게 만들어 왔습니다.

한살림이 생활 현장에 뿌리내린 대표적인 풀뿌리 대중조직으로 자리매김해 온 점도 주목할만한 성과라 할 수 있습니다. 생활인들이 문제 해결의 당사자로 참여해 사회적 영향력과 조직력을 갖춘 대중조직으로 발전해 오면서, 여성들의 살림살이 경험을 사회화하고, 사회적 실천의 주체로 성장하는 기반을 마련하였습니다. 그 결과 현재 한살림은 한국 사회 전체 가구의 3%인 60만 조합원 규모를 이룸으로써, 생명을 살리고 농업, 먹을거리를 지켜내는 보루로서 사회의 '소금' 역할에 대한 기대를 받고 있습니다. 나아가 죽임이 아닌 살림의 새로운 사회와 문명을 만들어가기 위한 다양한 대안의 영역들을 만들고 지원하고 확장해가는 책임 있는 역할자로서 요청도 늘어나고 있습니다.

한편, 한살림은 지난 30년간의 빠른 성장의 이면에 내재되어 온 과제와 새로운 환경변화에 따른 도전을 지혜롭게 극복하기 위한 과감하고 집중된 노력이 필요한 상황을 맞이하고 있습니다.

무엇보다 자본주의 시장경제가 한계를 드러내고 생명위기 현상이 확대되고 있는 지금, 현대 산업문명에 내재된 죽임의 질서를 극복하고자 한 한살림의 꿈과 열망이 오히려 가물거리고 있지 않는지 깊이 살펴봐야 할 때입니다.

한살림의 관심과 실천이 한살림의 운동을 위해 만든 사업과 조직, 시스템의 틀 안에서 머물고, 한 사람 한 사람의 처지와 형편을 살피고 돌볼 수 있는 마음의 겨를은 점점 없어지고, 에너지의 상당부분도 조직과 시스템을 유지하고 운영하는 데 쓰이고 있지는 않는지 진단하고 성찰할 필요가 있습니다.
또한 한살림 내부에 인식과 역량의 편차와 불균형이 나타나고, 획일화된 기준과 경직된 시스템으로부터 소외되는 영역이 생기고, 한살림의 강점이자 자랑이었던 생산(자)과 소비(자)의 신뢰 관계도 예전 같지 않다는 이야기들이 나오고 있습니다. '한살림 하는 사람'들의 자발성과 활력, 구심력이 점점 약해지고 있는 부분도 꼭 해결해야 할 과제로 제기되고 있습니다.

이처럼 30년의 시간을 통해 축적되어 온 내부적 해결 과제들이 만만치 않은 가운데, 한살림을 포함해 사회 전체적으로 거대한 변화와 도전의 시기를 맞고 있습니다. 한살림은 지금 중요한 전환점에 서 있으며, 현재 어떤 선택을 하느냐에 따라 다가올 미래의 모습은 전혀 달라질 전망입니다. 따라서 한살림이 애초에 가졌던 마음과 꿈을 이어가면서, 발상의 전환과 상상력으로 새로운 차원의 한살림운동을 열어가기 위해 모두의 지혜를 모아야 할 것입니다.

(2) 사회 현실과 다가올 미래에 대한 진단

사회 속에 튼튼히 뿌리를 내리면서 사회 자체를 변화시키고자 하는 한살림은 이를 위해 사회가 처한 전반적인 현실과 변화의 흐름들을 잘 읽어내서 전환의 방향과 지점들을 잘 찾아내야 할 것입니다.
지금의 현실을 보면 승자독식의 치열한 생존 경쟁 속에서 패자부활의 기회조차 가지지 못하는 수많은 사람들이 낙오와 배제, 소외에 대한 두려움으로 힘들어하고 있습니다. 서로 정을 나누며 친밀했던 관계는 사라지고 '낯선' 사이는 어느새 '날선' 사이가 되어 긴장과 갈등이 증폭되고 있습니다. 이런 현실에서 희망을 잃고 삶터를 떠나거나 삶을 포기하는 사람들이 계속 늘어나고 있습니다.
그런데 이런 안타까운 문제들은 시간이 지나면서 해결되기는커녕 오히려 더욱 녹록치 않은 상황으로 전개될 가능성이 높습니다. 정신 바짝 차리고 현명한 선택을 해야 할 때입니다.

무엇보다 경제, 사회, 환경 전반에서 구조적인 변화가 폭넓게 더욱 빠른 속도로 진행될 전망입니다. 경제적 침체 상황이 계속되면서 살림살이는 더욱 팍팍해지고, 저출산, 고령화와 표준가족 해체, 1인가구 증가 등으로 인한 인구구조의 변화는 '돌봄'을 중요한 사회 의제로 등장시키고 있습니다. 또한 과잉노동과 시간빈곤 문제가 여전히 해결되지 않은 상태에서 한편에서는 과학기술의 발달 등으로 노동의 구조와 성격이 크게 바뀜으로써 일자리에 대한 새로운 접근이 요구되고 있습니다. 그리고 지금까지도 어려웠지만 농업과 먹을거리에 대한 미래 전망은 더욱 불확실해져서 식량자급과 농업살림을 위한 특단의 대책과 노력을 필요로 합니다. 또한 신(新) 기후체제 속에서 저탄소 사회로 가기 위한 노력의 정도는 미래의 지속가능성에 결정적인 영향을 줄 전망입니다.

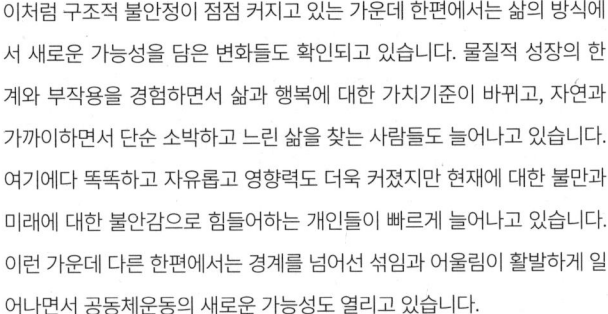

이처럼 구조적 불안정이 점점 커지고 있는 가운데 한편에서는 삶의 방식에서 새로운 가능성을 담은 변화들도 확인되고 있습니다. 물질적 성장의 한계와 부작용을 경험하면서 삶과 행복에 대한 가치기준이 바뀌고, 자연과 가까이하면서 단순 소박하고 느린 삶을 찾는 사람들도 늘어나고 있습니다. 여기에다 똑똑하고 자유롭고 영향력도 더욱 커졌지만 현재에 대한 불만과 미래에 대한 불안감으로 힘들어하는 개인들이 빠르게 늘어나고 있습니다. 이런 가운데 다른 한편에서는 경계를 넘어선 섞임과 어울림이 활발하게 일어나면서 공동체운동의 새로운 가능성도 열리고 있습니다.

이런 시대변화 속에서 한살림은 지난 30년간의 경험을 토대로 당면한 과제들을 지혜롭게 해결하고 미래를 새롭게 열어가기 위한 방향과 방안을 적극 찾아낼 필요가 있습니다.

4) 함께 찾기 :
새로운 30년의 열쇳말, 밥·한 사람·공동체

(1) '밥'운동 하는 한살림

한살림운동을 한마디로 정리하면 '밥'의 운동입니다. '밥 한 그릇'에 담긴 의미를 제대로 알고 밥을 살리는 것입니다. "온 우주 생명체의 협동 활동을 통해 밥이 만들어지듯, 이 밥을 먹는 사람의 삶도 더불어 살아야 하지 않을까." 한살림 초창기 소식지 제호에 담긴 글귀입니다.

온 우주의 생명과 협동의 가치가 한 그릇의 밥에 담겨 있는 만큼, '밥 한 그릇'을 살리는 일은 사람의 몸과 마음을 건강하게 살리는 것은 물론이고, 땅과 물, 공기와 더불어 농촌과 도시를 함께 살리는 일과 깊이 연결되어 있으며, 결국에는 생산과 소비, 노동과 소유, 생활양식 전반을 죽임이 아닌 서로 살림의 관계로 바꿔내는 것입니다. 그래서 '밥'은 실체화된 〈밥〉이자, 동시에 먹고 먹이고 먹히는 생명 순환의 과정을 연결하는 중요한 매개물인 것입니다.

한살림은 한 사람 한 사람의 사이를 잇고 관계를 엮어 그것을 기반으로 다시 한 사람에게로 다가가는 엮음의 구체적인 매개로 '밥'을 선택했습니다. 그리고 한살림은 선택한 '밥'에 대해 "밥이 하늘이다"라는 말로 의미를 부여했습니다. 이것은 밥에 '생명'의 가치를 부여한 거대한 인식의 전환으로, 쌀을 돈벌이 대상으로만 바라보는 자본주의나 지배의 도구로 활용해온 기존 사회주의와는 다른 차원의 세상을 여는 이야기였습니다.

한살림은 '밥'을 매개로 한 엮음의 실천으로 농촌과 도시, 생산과 소비를 잇는 '도농 직거래'방식을 선택했고, 그 시작이 바로 30년 전의 작은 쌀가게였습니다. 한살림은 밥을 매개로 단절된 생명과 생명을 엮고, 이를 기반으로 서로 다른 생명이 공생하는 사회를 이루려는 마음을 "생산과 소비는 하나다"로 표현했습니다. 자본주의 시장경제에서 서로 경쟁하고 대립하는 생산(자)과 소비(자)의 관계를, '밥'을 연결과 연대의 매개물로 삼아서 서로를 살리는 관계로 전환시키고자 했습니다.

(2) '한 사람'을 살리는 한살림

'밥'을 매개로 한 '엮음'을 통해 한살림의 미래를 열어가는 데 있어 핵심적으로 주목해야 할 부분이 바로 사람, 특히 '한 사람' 입니다. 개별 주체들의 자발적인 '엮음'의 과정이 만들어낸 '묶음'이 어느 순간 각자 개별의 개성과 자율, 창의성을 가로막는 '묶임'으로 작용한 데 대한 우려와 반성 때문입니다.

전체로서 집단을 우선시하면서 개별의 사람들을 소홀히 하는 전체주의는 한계가 있을 뿐만 아니라 위험합니다. 그 점에서 한살림은 '전체'의 부속물로서 '하나'를 다루는 기계론적 세계관을 일찍이 비판하면서, '하나' 속에 '전체'가 있음을 자각하고 '하나'를 살림으로써 '전체'를 살려내는 생명운동을 펼쳐 왔습니다. 온 우주가 담겨있는 '나락 한 알'의 소중함을 소홀히 하지 않도록 힘써온 마음을 살려서 다시 '한 사람'에 주목할 필요가 있습니다. 생산자, 소비자, 실무자, 활동가 한 사람 한 사람이 한살림의 얼굴이고 미래입니다. 한살림의 꿈을 영글게 하는 힘도 바로 한 사람에서 나옵니다. 한살림을 한다는 것은 결국 한 사람을 살린다는 것이고, 그 살리는 행위의 주체 또한 한 사람입니다. 이처럼 한 사람을 다시 강조하는 것은, 여느 때보다 자유로우면서도 불안하고 외롭고 쓸쓸한 개인들이 빠르게 늘어나는 시대 상황과도 맞닿아 있습니다.

한살림에서 "생산자는 소비자의 생명을, 소비자는 생산자의 생활을" 함께 살피고 돌보는 노력도 결국 한 사람 한 사람의 얼굴 있는 관계를 통해 이루어집니다. 한살림을 일구어 온 힘의 바탕에는 생산자와 소비자가 서로의 개별의 마음과 처지를 구체적으로 살피는 깊은 관계의 힘이 자리하고 있습니다. 한살림 하는 한 사람 한 사람이 서로에게 고마운 존재이고 그래서 아낌없이 '이바지'하는 관계가 될 때, 한살림의 생명력은 더욱 충만해지고, 한살림 하는 사람들의 삶도 더 평화롭고 행복해질 것입니다.

(3) '공동체'에 대한 꿈을 새롭게 펼치는 한살림

독립된 개인들의 등장과 함께 쓸쓸하고 불안한 고립된 개인들도 빠르게 늘어나면서 '공동체'에 대한 관심이 여느 때보다 높습니다. 경직된 집단주의와 고립된 개인주의를 넘어 '한 사람을 살리는 공동체', '한 사람들이 만들어가는 공동체'가 주목받고 있습니다. 이것은 '묶음'을 통해 강요된 형태가 아니라 자유로운 개인들의 자발적 선택에 따른 '엮음'으로 이루어지는 새로운 관계로서 공동체를 말합니다.

이미 세상은 그 어떤 '묶음'으로도 사람을 가둘 수 없으며, 억압적이고 폐쇄적인 '무리'로서의 '묶음'은 설득력을 잃고 있습니다. 한 사람이 온전한 삶의 주체로서 전체와 자유롭게 관계를 맺는 공동체적 삶에 대한 새로운 열망이 곳곳에서 확인되고 있습니다. 개별 한 사람 한 사람의 '마음을 잇고', '관계를 엮고', '삶을 나누는' 공동체는 이제 생존의 차원을 넘어서 자유와 해방, 창조를 함께 실현해가는 대안의 영역으로 모색되고 있습니다.

한살림 차원에서 조합원과 생산자 한 사람 한 사람의 삶과 생활에 전면적인 관계를 맺어가는 공동체운동은 한살림의 오랜 꿈을 새롭게 현실화시키는 것입니다. 일찍이 원주 지역을 기반으로 협동운동을 통해 지역커뮤니티를 만들고자 했던 꿈은 한살림의 밥상공동체, 생산공동체, 생활공동체로 이어지고, 도농상생의 생명공동체를 위한 다양한 실천들로 나타났습니다. 지역살림운동과 조합원노동, 돌봄에 대한 새로운 모색도 지역공동체에 대한 전망과 깊이 맞닿아 있습니다.

이제 한살림은 생명의 공동체 원리가 '밥 한 그릇'에 담겨 있음을 분명히 하여, 농촌 생산자와 도시 소비자들이 서로의 생활 전반을 함께 돌보는 공동체운동을 힘 있게 펼치고, 나아가 생산과 소비에서 배제된 이웃들의 삶을 함께 살피고 살려나가도록 그 영역을 더욱 확장해 나가야 할 때입니다.

5) 내다보기 :
한살림, 새로운 30년을 향하여

미래를 바라보는 시선을 크게 세 가지로 구분해 볼 수 있습니다. 미래를 어떤 원인의 결과로 보는 '필연성의 미래'와 수많은 변수의 결과로 보는 '불확실성의 미래', 그리고 지금 여기의 선택의 결과로 보는 '가능성의 미래'가 그것입니다.

중요한 것은 희망은 더 나은 삶과 세계에 대한 믿음, 더 나은 존재로의 변화에 대한 믿음에서 출발한다는 점입니다. 그래서 열린 미래, 가능성의 미래를 여는 지금 여기의 '선택'이 중요합니다.

한살림의 새로운 30년을 위한 선택도 마찬가지입니다. 한살림의 지속가능한 30년 미래는 '밥', '한 사람', '공동체'를 열쇳말로 삼아 삶의 자립 기반을 확충해 나감으로써 이루어질 것입니다.

관련해서 생명활동의 기본이 되는 '식량'과 '에너지'의 자립 기반을 높이는 노력은 더욱 중요한 과제가 되었습니다. 기후 불안정과 농산물 시장의 확대 개방으로 농업의 기반이 빠르게 무너지고 농촌과 도시의 관계의 끈도 점점 약해지는 상황에서 식량 자급력을 높이는 것은 핵심적인 과제가 되어야 할 것입니다. 게다가 기후변화와 원전에 대한 불안감이 갈수록 커지고 있는 만큼 생산과 소비에 필요한 에너지의 자립 노력도 중요합니다. 에너지 자립은 생명을 살리는 한살림의 농사로 함께 고려되어야 할 것입니다.

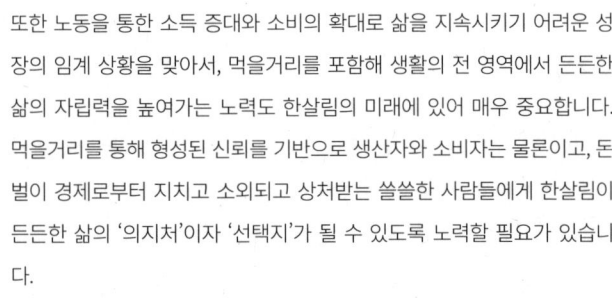

또한 노동을 통한 소득 증대와 소비의 확대로 삶을 지속시키기 어려운 성장의 임계 상황을 맞아서, 먹을거리를 포함해 생활의 전 영역에서 든든한 삶의 자립력을 높여가는 노력도 한살림의 미래에 있어 매우 중요합니다. 먹을거리를 통해 형성된 신뢰를 기반으로 생산자와 소비자는 물론이고, 돈벌이 경제로부터 지치고 소외되고 상처받는 쓸쓸한 사람들에게 한살림이 든든한 삶의 '의지처'이자 '선택지'가 될 수 있도록 노력할 필요가 있습니다.

한편, 비전위원회를 통한 논의 과정에서 한살림의 새로운 30년 미래와 관련해서 집중해서 노력해야 할 실천과제들도 다양하게 제안되었습니다. 한살림 꿈을 실현하는 '사람'을 기르고 '한살림 하는 사람'이 되도록 하는 노력과 함께, 참여와 소통을 확대하여 아래로부터 한살림의 활력을 끌어올리는 노력이 강조되었습니다. 또한 한살림 하는 사람들의 마음을 모으고 자원을 결집하고 실력을 길러냄으로써 한살림의 '구심력'을 높이는 노력과, 다양성을 살리면서 경계를 넘어 확장하고 확산해 가는 '원심력'을 높이는 노력이 동시에 이루어질 필요가 있다는 점도 중요한 제안으로 확인하였습니다.

또한, 조직 문화와 환경, 구조와 체계 전반을 포함해 한살림의 체질을 미래지향적으로 바꿔내는 노력도 강조되었습니다. 여기서 중요한 것은 한살림 안팎의 빠른 변화와 도전들을 고려할 때 체질 개선을 위한 준비와 노력의 시간이 그리 넉넉지 않다는 점입니다. 따라서 비전위원회에서는 향후 4~5년이 한살림의 향후 30년의 미래를 결정지을 만큼 중요한 시기로 보고, 이 기간에 마음과 지혜를 모아 한살림의 체질을 지속가능한 방향으로 개선할 수 있기를 제안하였습니다.

이처럼 한살림의 새로운 30년과 관련한 다양한 과제와 제안 의견들이 구체적으로 검토되고 실행되기 위해서는 한살림 차원에서 집중해서 논의하고 준비하는 단위를 만들 필요가 있으며, 여기서 밀도 있는 공부와 토의, 경청과 공유의 과정을 통해 새로운 30년을 향한 한살림의 비전과 전략을 구체화하고 계획을 세워 단계별로 변화를 만들어 나가야 할 것입니다.